JÜDISCHE LEBEN

Lutz van Dijk, geboren 1955 in Berlin, Dr. phil., deutsch-niederländischer Schriftsteller und Historiker, zuerst Lehrer in Hamburg, später Mitarbeiter des Anne-Frank-Hauses in Amsterdam. Seit 2021 Mitgründer eines Hauses für benachteiligte Kinder und Jugendliche in einem Township bei Kapstadt. Seine Bücher handeln von historischem und aktuellem Engagement von und für Minderheiten. Sie wurden in viele Sprachen übersetzt und mehrfach ausgezeichnet. Zuletzt erschien sein Bilderbuch über die Holocaustüberlebende Rozette Kats *Damals hieß ich Rita* im Peter Hammer Verlag (mit Illustrationen von Francis Kaiser). Er ist regelmäßig zu Veranstaltungen in Deutschland.
www.lutzvandijk.co.za

Renate Schlicht arbeitet als Designerin und Illustratorin mit den Schwerpunkten Editorial-, Web- und Ausstellungsdesign im Rahmen kultureller, historischer und auch internationaler Projekte. Ihre Arbeiten im Bereich Zeitschriften- und Brochuredesign wurden im Kasseler Kunstverein / Museum Fridericianum ausgestellt, ihre freien Fotografien u. a. im Rat für Formgebung, Darmstadt, und vom Museum für Moderne Kunst in der Schirn Kunsthalle Frankfurt. Sie war elf Jahre Dozentin für Fotografie im Bereich Ästhetik und Kommunikation an der FH Frankfurt. Renate Schlicht lebt seit 2015 in Wiesbaden.
www.renateschlicht.de

Lutz van Dijk

JÜDISCHE LEBEN

Berichte aus 4000 Jahren

Mit Illustrationen
von Renate Schlicht

Peter Hammer Verlag

MIX
Papier | Fördert gute Waldnutzung
FSC® C129413

Erweiterte und aktualisierte Neuauflage 2024

Auf dem Cover sind dargestellt (von oben nach unten):
Moses Mendelssohn, Herschel Grynszpan, Golda Meir und Rozette Kats (mit eigenem Kinderfoto), gestaltet von Renate Schlicht.

Karten: Ditta Ahmadi, Berlin
Lektorat: Laurenz Bollinger
Gesamtgestaltung und Illustrationen: Renate Schlicht
Druck und Bindung: PrintBest, Estland
ISBN 978-3-7795-0749-9

Für Tamar Laakmann (1935-1993),
die Freundin und Kollegin,
die sich in Israel und Deutschland für ein Zusammenleben
von Juden und Nichtjuden engagierte ...

... und für meine Patenkinder Gesche und Malte Jäger,
die längst keine Kinder mehr sind,
und ihre Mutter, Elke Eisen-Jäger (1946-2017),
die mich an ihrem Aufwachsen teilhaben ließ.

LvD

Inhalt

Tausendundeine Geschichte der Juden

Es gibt nicht die eine Geschichte der Juden. Wie in der Tradition orientalischer Erzähler kommt man der Wahrheit vielleicht am nächsten, wenn man viele verschiedene Geschichten so anschaulich und wahrheitsgetreu wie möglich erzählt. Sie alle zusammengenommen können im besten Fall einen ersten Eindruck von der Vielfalt, vom Reichtum und Elend, vom Leben und Überleben der Juden geben.

Auch dieses Buch kann nicht vollständig sein. Aber es will eines: neugierig machen! Neugierig auf den Lebens- und Überlebenswillen einer der ältesten Völker- und Religionsgemeinschaften – und auf die Lebensgeschichten von Menschen, die Wege suchten, ein glückliches und sinnvolles Leben zu führen – auch wenn sie als Minderheit oft einer feindlichen Mehrheit gegenüberstanden.

Ich glaube nicht, dass man Vorurteile „bekämpfen" kann. Menschen mit Vorurteilen, ja auch solche, die hassen und morden aufgrund von Vorurteilen, haben ein starkes Bedürfnis nach Vereinfachung und klarer Orientierung – eben nach Vorurteilen. Widersprüchlichkeiten können sie kaum aushalten. Dies anzuklagen hilft wenig. Manchmal kann man diese Menschen überraschen. Manchmal gestatten sie sich, über ihr eigenes Glück nachzudenken – und nicht das anderer zu zerstören. Manchmal sind sie neugierig – und entdecken Gemeinsamkeiten mit jenen, die ihnen bislang nur fremd und bedrohlich erschienen.

Manchmal. Auch dafür lohnt es sich.

Und natürlich für alle anderen, die weniger gefährdet sind, Vorurteilen zu erliegen. Auch die, die schon viel wissen, haben Hunger nach neuen Perspektiven, brauchen Nahrung für gute Argumente, für Entscheidungen bei Konflikten und vielleicht auch für den ermutigenden Gedanken, dass Glück eben nicht bedeuten muss, mit den Wölfen zu heulen.

Wo anfangen? Natürlich beim Stammvater Abraham. Gleich.

Zuvor will ich von meiner ersten bewussten Begegnung mit Juden berichten. Zehn Jahre nach dem Ende des Zweiten Weltkriegs wurde ich in Berlin geboren, wuchs auf am südwestlichen Stadtrand zwischen Ruinen und Feldern, die bald darauf von einer abenteuerlich anmutenden, weil selbst nachts mit Scheinwerfern angestrahlten Mauer, jener berühmt-berüchtigten „Berliner Mauer", zertrennt wurden.

Ein deutscher Junge, einer von vielen in einer einfachen Mietshaussiedlung, wo es ziemlich schlimm war, als ich mit neun Jahren eine Brille bekam und nicht mehr Fußball spielen durfte. Noch schlimmer aber waren häusliche Konflikte zwischen den Eltern, die uns Kinder liebten und alles für uns gaben, aber aneinander und vor allem an den vielen Schrecken des erlebten Krieges litten, ohne eine Sprache dafür zu finden. Seit ich zwölf war, wollte ich aufbrechen in die weite Welt, was immer das sein mochte.

Mit siebzehn Jahren trat ich aus der evangelischen Kirche aus und nannte mich trotzig Atheist. Mit achtzehn Jahren, nach einigen vergeblichen Versuchen, stand ein gewaltiger Plan: Ich würde von Berlin nach New York gehen. Warum New York? Weil es weit weg war, das Weiteste, das ich mit meinem neben der Schule verdienten Geld bezahlen konnte. Das billigste One-Way-Ticket gab es damals von Brüssel aus. Bis Hannover nahm mich ein Freund auf dem Motorrad mit. Dann ein Stück mit dem Zug und den Rest getrampt.

In New York fand ich keine Arbeit. Die erschummelte Arbeitserlaubnis verhalf mir im Bundesstaat Pennsylvania, in einer kleinen Stadt zwei Autostunden von New York, zu einem Job als Busfahrer. Dort begann ich mein Schulenglisch zu erproben, die deutsche Aussprache unüberhörbar. Vor allem einige ältere Frauen gehörten zu meinen Stammkunden. Die Älteste von ihnen, eine kleine grauhaarige Dame mit rotlackierten Fingernägeln, steckte mir beinah täglich ein paar Münzen, zuweilen sogar eine zusammengefaltete Dollarnote in die Brusttasche meiner Uniformjacke. Nach etwa einer Woche erkundigte sie sich nach meinem Namen. Nach drei Wochen gab sie mir eine Telefonnummer und fragte, ob ich sie nicht mal nach der Arbeit anrufen wolle.

Ich tat es am gleichen Abend. Wir trafen uns in einem Café ganz in der Nähe der Endhaltestelle. Ich hatte ihr eine Blume mitgebracht. Sie bestand darauf, die Getränke zu bezahlen. Dann schwiegen wir. Nach einer ganzen Weile zog sie ihren linken Ärmel hoch und ließ eine fünfstellige eintätowierte Nummer sehen. „Weißt du, was das ist?", fragte sie auf Deutsch ohne jeden Akzent.

Ich wusste es und erschrak. So etwas hatte ich bisher allein im Geschichtsbuch auf grauschwarzen Fotos gesehen, gleich neben den Aufnahmen von Bergen ausgemergelter, nackter Leichen. Ich nickte, aber brachte kein Wort heraus. Auch sie schwieg wieder längere Zeit. Endlich fragte ich unsicher: „Aber hassen Sie mich nicht? Ich bin doch ein Deutscher!"

„Nein", antwortete sie. „Ich habe dich treffen wollen aus einem sehr egoistischen Motiv – ich wollte so gern noch einmal meine Muttersprache benutzen mit einem jungen Deutschen, der nach allem geboren wurde. Ich brauche das, ohne es dir näher erklären zu können."

Spontan entgegnete ich: „Aber ich bin nicht besser als meine Eltern."

„Wie alt war dein Vater, als Hitler an die Macht kam?"

„Fünf."

„Dann war er elf Jahre, als der Krieg begann", fuhr sie fort. „War er noch Soldat?"

„Ja, im letzten Jahr, mit gerade sechzehn."

„Da war ich im zweiten Jahr in Auschwitz", sagte sie und streifte den Ärmel wieder hinunter.

Ich traf Mrs. Goldblum noch vier Mal in diesem Café nach meiner

Arbeit. Sie begann mir ihre Geschichte der Juden zu erzählen, die vom Stammvater Abraham direkt zu Moses führte, „dem ersten Aufklärer".

„Dem biblischen Moses?"

Sie lachte: „Nein, dem großen Moses Mendelssohn in Preußen!" Von dort ging es in unmittelbarer Linie weiter zu Sigmund Freud und Martin Buber ... Aber da verlor ich meinen Job als Busfahrer und musste zurück nach New York. Sie gab mir eine Anschrift zum Abschied, an die ich mehrfach schrieb, aber niemals eine Antwort erhielt. Erst Jahre später erfuhr ich durch einen Zufall, dass sie kurz nach unserem letzten Treffen an einem Herzschlag verstorben war.

Mrs Goldblum hatte mich neugierig gemacht. Ich werde sie niemals vergessen.

PS: Neue Ausgaben dieses Buches haben seit über 20 Jahren immer wieder Aktualisierungen notwendig gemacht: Was jedoch seit dem 7. Oktober 2023 im Nahen Osten mit dem grausamen Überfall von Hamas-Kämpfern auf israelische Zivilist*innen begann und seitdem zu unendlichem Leid auch bei zivilen palästinensischen Menschen im Gazastreifen als Folge der Aktionen der Armee Israels führte, hat eine neue schreckliche Dimension mit weltweiten Ausstrahlungen. In einem aktuellen Kapitel ab S. 209 wird eine Annäherung an teilweise noch unabsehbare Konsequenzen versucht. Jüdische Geschichte in aller Vielfalt und Gegensätzlichkeit zu verstehen ist wichtiger denn je.

Anfänge:
Die alt-israelitischen Stämme

Circa 2000 v. Chr. bis 70 n. Chr.

Was ist Zeit? Was ist Geschichte? Wie weit reicht unsere Erinnerung? Bis wann ist sie zuverlässig? Ab wann vermischen sich Erinnerungen mit Mythen und Märchen?

Schon immer haben Menschen sich gefragt, warum es sie gibt, woher sie kommen und was ihr Platz ist auf dieser Erde und in diesem Weltall. Unsere Fantasie reicht dabei nicht sehr weit, denn unser Gehirn ist so entwickelt, dass wir nur räumlich denken können. Unser Verstehen basiert auf den drei Dimensionen eines Raumes: Länge, Breite und Höhe. So sprechen wir von Zeit-Raum: etwas, das irgendwann begann, in dem wir jetzt – in diesem Moment – leben und das ins Unendliche weitergeht.

Vor dieser Unendlichkeit kann man schon Angst bekommen. Gab es denn schon immer Zeit? Was war, bevor die Zeit anfing? Können wir uns diese Unendlichkeit überhaupt vorstellen? Und gibt es einen Sinn hinter all dem?

Zu allen Zeiten haben Menschen sich diese Fragen gestellt und Antworten in der Religion und der Philosophie gesucht. Im Altertum, bei den Babyloniern, Griechen und Römern, glaubten die Menschen an Götter, die für ganz bestimmte Lebensbereiche zuständig waren. Sie beteten sie an, um vor Hunger, Krankheit und Naturkatastrophen geschützt zu werden oder weil sie Glück und Wohlstand erbitten wollten. Andere Kulturen verehrten ihre toten Vorfahren, wie etwa die alten Ägypter mit ihren riesigen Pyramiden, die alten Chinesen, die nach der Lehre des Philosophen Konfuzius lebten, oder auch die vielfältigen Kulte der Ureinwohner Amerikas, Afrikas, Asiens und Australiens. Allen gemeinsam ist der Glaube oder die Hoffnung, dass es noch „etwas anderes“ neben dem Sichtbaren und jenseits von Zeit und Raum gibt.

Einige dieser Kulturen schrieben die Geschichten auf, mit denen sie sich die Welt erklärten. So erzählten sie sich, woher sie kamen und welchen Platz sie in dieser Welt haben. Heute geht man davon aus, dass es den modernen Menschen mit seiner einzigartigen Fähigkeit, abstrakt zu denken, zu sprechen und so seine Umgebung bewusst zu gestalten, seit etwa 40 000 Jahren gibt. Doch erst seit viel kürzerer Zeit schreiben Menschen ihre Geschichte auf und geben sie an nachfolgende Generationen weiter. Die Berichte der jüdischen Bibel, die die Christen das Alte Testament nennen, erzählen von der Erschaffung der Welt durch einen Gott in der Vorzeit und von den Anfängen des jüdischen Volkes ungefähr 2000 vor unserer Zeitrechnung, also vor 4000 Jahren. Neben babylonischen Sagen über den König Gilgamesch, der vermutlich um 2600 v. Chr. gelebt hat, und altchinesischen Dokumenten, die etwa 1600 v. Chr. niedergeschrieben wurden, ist die Bibel damit eines der ältesten Geschichtsbücher überhaupt. 40 000 Jahre menschliche Existenz und 4000 Jahre wechselvolle Geschichte der Juden – damit sind sie die älteste lebendige Religions- und Völkergemeinschaft, die wir kennen.

Wer ist Jude oder Jüdin?

- Juden nennt man die Angehörigen der jüdischen Weltreligion. Jude wird man durch Geburt (als Kind einer jüdischen Mutter) oder freiwilligen Beitritt in eine jüdische Gemeinde.
- Im Altertum wurden Juden auch als Stamm der Hebräer oder Israeliten bezeichnet. Damals konnte man von einem jüdischen Volk sprechen. Heute dagegen leben auch im Staat Israel nicht nur Juden. Auch dort beheimatete Araber können israelische Staatsbürger sein.
- Von den weltweit circa 15 Millionen Juden leben rund 6,5 Millionen in Israel und fast 7 Millionen in den USA. Es gibt Juden auch in vielen anderen Ländern, wo sie in der Regel Staatsbürger dieser Länder sind und die jeweiligen Landessprachen auch ihre Muttersprachen sind.
- Es gibt keine „jüdische Rasse“, es gibt nur eine Rasse – die Menschenrasse. Zur Familie der semitischen Sprachen gehört neben Hebräisch zum Beispiel auch Arabisch. Die Hetze gegen Juden als Semiten („Antisemitismus“) ist nicht nur unmenschlich, sondern auch unlogisch.

Die biblischen Geschichtsbücher sind ohne Frage beeindruckende Dokumente der Menschheitsgeschichte, egal, ob man an sie glaubt oder nicht. Längst nicht alles ist im historischen Sinne wahr, also zum Beispiel durch archäologische Funde belegbar.

Der erste Teil der Bibel erzählt von der Schöpfung der Welt und des ersten Menschen (das hebräische Wort für Mensch ist Adam). Der bis heute gültige jüdische Kalender datiert die Erschaffung der Welt mehr oder minder willkürlich auf das Jahr 3760 v. Chr. – entsprechend ist das christliche Jahr 2000 in der jüdischen Zeitrechnung das Jahr 5760. Weiter wird in der Bibel berichtet von der Vertreibung aus dem Paradies, der Sintflut und der Rettung von Mensch und Tier in Noahs Arche, vom Bau des Turms von Babel und der Zerstreuung der Menschen in viele Völker mit verschiedenen Sprachen. Die Weisheit dieses Teils der Bibel liegt in der Überlieferung uralter Mythen. Einige dieser Erzählungen finden sich auch bei anderen Kulturen. Die Geschichte einer Sintflut zum Beispiel finden wir auch eingraviert in einer mesopotamischen Grabsäule (circa 3000 v. Chr.) oder im Epos über den bereits erwähnten König Gilgamesch, das etwa um 1600 v. Chr. von den Babyloniern verfasst wurde.

Auch für Abraham gibt es außer dem biblischen Bericht keine historischen Beweise. Mit ihm beginnt die Geschichte der Juden als Volk. Die Bibel berichtet, dass er, anders als die Völker in seiner Umgebung, die mehrere Götter verehrten, sich für den einen Gott entschied und ihm die Treue hielt. Er und seine Nachkommen Isaak und Jakob gründeten so das „auserwählte“ Volk Gottes. Damit wurde er nicht nur für die Juden zur Inspiration, sondern für zwei weitere Weltreligionen, die ebenfalls nur an einen Gott glauben: für das Christentum und den Islam. Diese entstanden zwar erst gut 2000 beziehungsweise 2600 Jahre später, aber auch sie betrachten Abraham als ihren Stammvater.

Abraham: Stammvater der Juden, Christen und Muslime

Abraham wird um 2000 v. Chr. in der südbabylonischen Stadt Ur geboren, die heute im Süden des Irak liegt. Die Stadt befindet sich in einem fruchtbaren Tal zwischen dem Fluss Euphrat und dem persischen Golf. Das Land wird zudem durch eigene Systeme bewässert. Dies zieht auch andere Stämme an. Zu Abrahams Lebzeiten wird die Stadt von den Amoritern („die aus dem Westen kommen") besetzt. Abrahams Vater beschließt daraufhin, mit seiner Familie Ur zu verlassen und selbst nach Westen zu ziehen. Sie kommen bis in die syrische Stadt Haran, wo der alte Vater stirbt.

Auch Abraham ist mit 75 kein junger Mann mehr, als ihn in Haran der Ruf Gottes erreicht: „Ziehe hinweg ... aus deines Vaters Hause in das Land, das ich dir zeigen werde; so will ich dich zu einem großen Volke machen." (1. Mose 12, 1-2). Abraham macht sich gehorsam auf und zieht – nach einem Umweg über Ägypten – ins Land Kanaan, das heutige Israel und Palästina, eine Region, die schon damals von mehreren Völkern bewohnt wurde („Damals aber waren die Kanaaniter im Land", 1. Mose 12, 1-2).

Da das Land sehr karg ist, kommt es bald zu einem Streit um knappe Weidegründe zwischen Abraham und seinem Neffen Lot. Darauf teilt sich die Familie: Abrahams Familie lässt sich in der Gegend von Hebron nieder, Lots Familie zieht weiter nach Sodom.

Sodom und Gomorrah

Sodom wie auch die Nachbarstadt Gomorrah galten damals als verkommen und lasterhaft. Ihre Bewohner hatten einen Ruf als Spieler und Verbrecher. So beschließt Gott eines Tages, beide Städte mit „Schwefel und Feuer" auszulöschen. Er kündigt seinen Entschluss gegenüber Abraham an, der versucht, ein gutes Wort einzulegen: „Willst du mit dem Gottlosen auch den

Gerechten wegraffen? Vielleicht sind fünfzig Gerechte in der Stadt ..." Gut, antwortet Gott, wenn du fünfzig Gerechte findest, werde ich die Städte verschonen. Abraham wird aber unsicher und beginnt zu verhandeln: Und wenn ich nur vierzig oder dreißig finde? Auch damit bin ich einverstanden, entgegnet Gott geduldig. Schließlich endet ihr Dialog bei „zehn Gerechten". Wenn Abraham wenigstens die finden würde ... Doch nichts zu machen, nicht mal die lassen sich auftreiben! Das Schicksal der Städte ist besiegelt. Freundlicherweise sendet Gott aber noch rechtzeitig zwei Engel zu Lots Familie, um sie zu warnen. In letzter Minute entfliehen sie der drohenden Feuerhölle. Die Engel rufen: „Rette dich! Sieh nicht hinter dich!" Aber Lots Frau kann es nicht lassen, schaut doch zurück – und erstarrt zur Salzsäule.

Bis auf den heutigen Tag kann ein jüdischer Gottesdienst nur abgehalten werden, wenn mindestens „zehn Gerechte“, das heißt zehn Juden (oder im Reformjudentum: auch Jüdinnen) zusammenkommen können.

Obwohl Abraham schon sehr alt ist und Gott ihm so viele Nachkommen „wie Sterne am Himmel“ versprochen hat, ist seine Ehe bis jetzt kinderlos geblieben. Da schlägt Sara ihrem Mann vor, ein Kind mit ihrer ägyptischen Magd Hagar zu zeugen. Als der alte Abraham die Magd Hagar geschwängert hat, wird Sara aber doch eifersüchtig und jagt Hagar aus dem Haus.

Hagar, 25 Jahre alt, ägyptische Sklavin, in Hebron, circa 1900 v. Chr.:

» Sie haben mich ihre ‚Magd‘ genannt – in Wirklichkeit war ich die Sklavin meiner Herrin Sara. Erst dachte ich, meine Herrin mag mich. Ich war damals ein junges Mädchen und noch sehr naiv, denn als ich mit Abrahams Nomadenzug mitreisen konnte, dachte ich erst an große Abenteuer, vielleicht sogar an einen jungen schönen Mann, der mich irgendwann abkaufen würde. Und dann das! Als Sara mir eines Morgens nach ihrem Bad sagte, dass ich die folgende Nacht im Zelt ihres Mannes verbringen sollte, dachte ich erst, ich hätte nicht recht gehört. Aber sie befahl streng: „Du wirst dich schön machen für ihn, dich nackt ausziehen und neben ihn auf sein Lager legen.“ Was sollte das werden? Der Mann war damals schon weit über achtzig! Gut, er war immer freundlich zu mir, viel netter als seine Frau, aber er war doch ein Greis. Aber ich war nur eine Sklavin. Sie konnten mich jederzeit töten. So ging ich am Abend zu Abraham und tat alles so, wie meine Herrin befohlen hatte.

Nach ein paar Monaten merkte ich zu meinem Schrecken, dass ich schwanger war. Ich verbarg es so lange wie möglich, aber schließlich war es nicht mehr zu übersehen. Sara fuhr mich an: ‚Ist das von meinem Mann?‘ Ich antwortete ehrlich: ‚Ja, von wem denn sonst? Sie selbst haben mich doch damals zu ihm geschickt!‘ Da wurde sie wütend und schrie mich an: ‚Wie wagst du es, so mit mir zu reden?‘ Sie nahm eine Kamelpeitsche, die neben ihrem Bett lag und schlug mir quer übers Gesicht. Das hatte sie noch nie getan! Und es wurde noch schlimmer. Jeden Tag schikanierte sie mich. Als ich mich einmal bei Abraham beschweren wollte, sagte der nur: ‚Deine Herrin ist Sara!' Als ich es nicht mehr aushielt – immerhin war ich nun schon im siebten Monat schwanger –, lief ich eines Nachts heimlich weg. Ich ging nur im Dunkeln aus Angst, dass sie mich fangen könnten und kam bis zu einer Oase, die auf dem Weg nach Sur lag. Dort erschien mir ein Engel und fragte, wohin ich wollte. Ich erzählte ihm alles, und er sprach: ‚Kehre zurück zu deiner Herrin. Du wirst einen Sohn gebären, den sollst du Ismael nennen, weil der Herr dich erhört hat.' Ismael bedeutet wörtlich: ‚Gott hört'. Ich hatte noch immer Angst. Aber er tröstete mich damit, dass Abraham meinen Sohn anerkennen würde. Und so ging ich tatsächlich zurück. «

Abraham, der auf arabisch Ibrahim heißt, ist 86 Jahre alt, als sein unehelicher Sohn Ismael geboren wird. Die Anhänger des Islam betrachten sich als direkte Nachkommen dieses Ismael, dem Gott – oder „Allah" im Arabischen – ebenfalls eine große Nachkommenschaft voraussagte.

Als er 99 ist und seine Frau Sara 90, erscheint Gott wieder bei Abraham und teilt ihm mit, dass er einen besonderen „Bund" mit ihm schließen will: Er und Sara

Sara und Hagar mit Ismael; nach einer Darstellung aus dem 13. Jahrhundert

würden ein eigenes Kind haben, einen Jungen, der Isaak heißen soll. Außerdem soll die Familie, die ja nur Fremde in Kanaan waren, das Land zu ewigem Besitz erhalten. Zum Zeichen des Bundes soll Isaak acht Tage nach seiner Geburt beschnitten werden. In dieser Tradition werden auch heute noch alle jüdischen Jungen beschnitten.

Da er und Sara inzwischen sehr alt sind, kann Abraham diese Verheißung nur schwer glauben und bittet sicherheitshalber darum, dass in jedem Fall Ismael begünstigt werden soll, falls es schiefgehen sollte. Gott verspricht, auch Ismaels Nachkommen zu einem großen Volk zu machen, den ewigen Bund will er aber allein mit den Nachkommen Isaaks eingehen. Amen! („Amen" zuerst in Hebräisch, später auch in Arabisch und vielen anderen Sprachen gleichbedeutend etwa so viel wie: „So geschehe es!").

Tatsächlich gebiert Sara einen gesunden Jungen – Isaak. Eine Zeit des Friedens bricht an. Abraham schließt einen Vertrag mit Abimelech, dem gegnerischen König, der Worte an Abraham richtet, die auch heute ohne weiteres als Vorwort für ein Friedensabkommen gelten könnten: „So schwöre mir nun bei Gott, dass du weder an mir noch an meinen Kindern und Kindeskindern treulos handeln willst; sondern die Freundschaft, die ich dir erwiesen habe, sollst du auch mir erweisen und dem Lande, darin du als Fremdling weilst." (1. Mose 21,23).

Wenig später wird Abraham vor die schwerste Prüfung seines Lebens gestellt: Gott erscheint ihm erneut und fordert ihn auf, seinen Jungen Isaak, der noch ein Kind ist, als Brandopfer zu bringen. Abraham spricht mit niemandem darüber, bepackt seinen Esel mit Brennholz und zieht mit seinem Sohn zu einem Opferberg. Dort angekommen, schichtet er das Holz zu einem Altar, bindet den Jungen darauf und zieht sein Messer. Erst in diesem Moment ruft ihm vom Himmel ein Engel des Herrn zu, seinen Sohn zu verschonen. Es sei nur ein Test gewesen, wie treu und stark Abrahams Glauben sei. Aus heutiger Sicht würde man Abrahams Vorhaben fraglos als Verbrechen eines religiösen Fanatikers ansehen. Damals verschaffte es ihm zusätzliches Ansehen.

Kurz nach Isaaks Geburt setzt Sara durch, dass Hagar mit ihrem Jungen Ismael vertrieben wird. Aber Gott beschützt die beiden auch in der Wüste: Ismael wächst zu einem guten Bogenschützen heran, und Hagar findet für ihren Sohn eine Ägypterin, die später seine Frau wird.

Abraham und Isaak mit dem Engel; nach einer Darstellung von 1285

Nach Saras Tod sucht Abraham auch für Isaak eine Frau, die jedoch weder aus Ägypten noch aus Kanaan, sondern aus dem Land seiner Herkunft stammen soll. Am Ufer des Euphrat lebt noch ein Bruder Abrahams, und dessen Tochter Rebekka soll es sein. Wenig später „führte Isaak die Rebekka ins Zelt hinein, und er nahm sie sich zum Weibe und gewann sie lieb".

Im „biblischen Alter" von 175 Jahren stirbt Abraham. Seine beiden Söhne Ismael und Isaak bestatten ihn neben Sara im gemeinsamen Familiengrab in Hebron.

Die Patriarchen: Abraham, sein Sohn Isaak und sein Enkel Jakob

Isaak und Rebekka bekommen Zwillinge: Jakob und Esau. Es gibt viel Eifersucht zwischen den Brüdern um die Gunst ihres Vaters Isaak. Als Isaak schon alt und beinah blind ist, überlistet Jakob ihn und erhält als einziger den Segen und das Erbe des Vaters. Jakob verdankt der heutige Staat Israel seinen Namen: Eines Nachts kämpft er an einem Fluss mit einem starken Gegenüber, das er jedoch nicht genau sehen kann. Sie ringen miteinander, bis die Morgenröte anbricht. Kurz bevor es so hell wird, dass Jakob den anderen erkennen könnte, versetzt dieser ihm einen letzten Schlag und spricht: „Du hast mit Gott gestritten." Und so erhält Jakob den Namen Israel, was in Hebräisch „der Gottesstreiter" bedeutet. Seine Nachkommen nennen sich auch die Kinder Israels oder Israeliten.

Jakob heiratet später die Schwestern Lea und Rahel. Gemeinsam mit ihnen sowie Rahels Magd Bilha und Leas Magd Silpa bekommt Jakob zwölf Söhne und eine Tochter. Sein liebster Sohn ist Joseph. Aus Eifersucht verkaufen ihn seine älteren Brüder an einen Sklavenhändler nach Ägypten, als er erst siebzehn Jahre alt ist.

Joseph kommt an den Hof des Pharao, wo er durch seine rechtzeitige Warnung vor einer Hungersnot („Nach den sieben fetten Jahren kommen sieben magere Jahre!") und seine Vorschläge zu ihrer Bekämpfung zum obersten Verwalter aufsteigt. Aufgrund der anhaltenden Hungersnot ziehen auch die Brüder Josephs später nach Ägypten, ohne in dem hohen Beamten des Pharaos zunächst ihren Bruder zu erkennen. Auch der alte Vater Jakob, der nun offiziell den Namen Israel trägt, folgt nach.

Kurz vor seinem Tod segnet Israel zehn seiner Söhne und zwei Enkelkinder, Söhne von Joseph. Diese begründen die zwölf alt-israelitischen Stämme, die viele Jahre später aus Ägypten unter Führung von Moses zurück ins „gelobte Land Kanaan" ziehen werden.

Moses: Der Bund mit dem einen Gott

Historiker datieren die Ankunft der Israeliten in Ägypten auf circa 1800 v. Chr. Aber mit genauer Sicherheit kann man das nicht sagen, weil bis heute über den Aufenthalt der jüdischen Stämme nur wenig Belege gefunden werden konnten.

Das damalige Ägypten erschien stark und unangreifbar. Die Macht war fest in den Händen einer Priesterkaste, an deren Spitze ein Pharao stand. Besondere Aufmerksamkeit wurde dem Leben nach dem Tode gewidmet. Die verstorbenen Pharaonen wurden auf ihrer Reise ins Totenreich mit unermesslichem Reichtum ausgestattet und in riesigen Pyramiden beigesetzt.

Dieses starke Reich wurde um 1650 v. Chr. vom Stamm der Hyksos, die aus dem Osten kamen, zum Teil erobert. Die israelitischen Stämme begrüßten die Ankunft der neuen Fremdlinge. Das war langfristig nicht sehr klug, da die Ägypter schon bald wieder an Boden gewannen. Wo immer der Stamm der Hyksos zurückgedrängt werden konnte, wurden die Israeliten von den Ägyptern zu Sklaven gemacht.

Etwa 1350 v. Chr. kam ein junger ägyptischer Pharao an die Macht, der sich Echnaton nannte und als Einziger in der ägyptischen Geschichte versuchte, ebenfalls einen alleinigen Gott – den Sonnengott Ra – durchzusetzen. Das Symbol von Ra ist eine Sonnenscheibe, auch „Aton" genannt. Historiker haben darauf hingewiesen, dass dieses Wort auffallend ähnlich dem hebräischen Wort für „der Herr und Ewige" – „Adon" oder „Adonai" – ist. Die Idee des einen Gottes könnte später auch Einfluss auf den jungen Moses gehabt haben.

Echnaton starb früh mit 30 Jahren, und alle Nachfolger schafften seine Reformen umgehend wieder ab. Der Sieg der alten ägyptischen Welt wurde von Pharao Ramses II. vollendet, der um 1290 v. Chr. an die Macht kam und endgültig den Stamm der Hyksos aus Ägypten verjagte. Die Israeliten in Ägypten wurden unter ihm vollständig versklavt. Sie mussten Zwangsarbeit im Bauhandwerk und auf den Feldern leisten. Auch gab es immer wieder Befehle, israelitische Jungen bei der Geburt zu töten.

In diese Zeit (etwa ab 1300 v. Chr.) fällt die Geburt Moses, dessen Eltern zum israelitischen Stamm der Leviten gehören, den Nachkommen von Levi, einem der zwölf Söhne Jakobs. Um das Leben ihres Kindes zu retten, legt Moses' Mutter den gerade Geborenen in einen Korb aus Papyrus und setzt ihn am Ufer des Nils unter heimlicher Aufsicht seiner älteren Schwester Miriam aus. Diese kann der Mutter nach einiger Zeit erleichtert berichten, dass das Baby von der Tochter des Pharaos gefunden worden ist. Die Prinzessin zieht den kleinen Moses wie ihr eigenes Kind auf, wobei es seiner Mutter gelingt, als Kinderfrau am Hofe Dienst zu tun und so ebenfalls sein Aufwachsen zu begleiten.

Als junger Mann – so berichtet die Bibel – fühlt er sich, trotz seiner Erziehung als ägyptischer Prinz, zu den israelitischen Sklaven hingezogen. Als er einmal beobachtet, wie ein Ägypter einen Diener schlägt, tötet er den ägyptischen Herrn. Danach muss er fliehen, um nicht selbst die vom Pharao verhängte Todesstrafe zu erleiden. Er sucht Exil im Land Midian (heute: Süd-Jordanien und Südspitze Israels), wo er bis zu seinem 80. Lebensjahr als einfacher Schafhirte bleibt. Dort erscheint ihm eines Tages am Berg Horeb Gott in Gestalt eines brennenden Busches und spricht zu ihm: „Nun ist das Schreien der Israeliten zu mir gedrungen, ich habe auch gesehen, wie hart die Ägypter sie bedrücken. Wohlan, so will ich dich denn zum Pharao senden, dass du mein Volk, die Israeliten, aus Ägypten führest" (2. Mose 3,9-10). Moses soll die Israeliten zurückführen nach Kanaan, das Land der Väter, in dem Milch und Honig fließen.

Moses ist anfangs nicht begeistert von diesem Auftrag. Unsicher fragt er zurück: „Wer bin ich schon, dass mir ein ganzes Volk folgen soll? Und was soll ich ihnen sagen, wenn sie mich fragen, wer du bist? Welchen Namen soll ich ihnen nennen?"

Wer ist der eine Gott?

Die Antwort an Moses lautet: „Ich bin, der ich bin." Ein namenloser und unsichtbarer Gott, den bei Todesstrafe niemand erblicken, noch gar „ein Bild von ihm machen" darf. Genauso streng verboten ist es, andere Götter neben ihm zu haben. Er fordert, der einzige Gott zu sein: „Jahwe, der Gott eurer Väter, der Gott Abrahams, der Gott Isaaks und der Gott Jakobs." Mit verschiedenen Umschreibungen hat das Judentum versucht, die Aufgabe zu lösen, keinen Namen zu gebrauchen: so durch Umschreibungen wie „der Ewige" (Adonai) oder Weglassungen von Buchstaben wie JHWH (Jahwe bzw. JHWH vom Hebräischen: das Sein). In jiddisch-deutschen Übersetzungen frommer Juden wird der Name Gottes ebenfalls niemals ausgeschrieben, sondern die Leerstelle des Vokals mit einem Anführungszeichen gekennzeichnet: G"tt. Ein besonderes Merkmal des alttestamentarischen Gottes ist, dass man bei aller Strenge seiner Gesetze doch mit ihm diskutieren und sich über ihn beklagen darf. Es gibt keine „Stellvertreter Gottes" auf Erden, sondern jeder ist selbst verantwortlich für sein Leben und kann direkt Kontakt zu Gott finden.

Aber Moses ist noch längst nicht überzeugt. Gott verspricht ihm, dass er ihn Wunder verrichten lassen wird, damit er sowohl den Pharao als auch sein eigenes Volk beeindrucken kann. Doch Moses ist noch immer nicht gewonnen: „Ich bin kein großer Redner, sende mal lieber jemand anderen!" Da wird Gott wütend und verdonnert Moses schließlich: „Dann mach es gefälligst mit deinem Bruder Aaron zusammen, der ist im Reden geübt!" Wohl oder übel akzeptiert Moses den Auftrag, der als 40-jähriger Exodus seines Volkes in die Geschichte eingehen wird.

Zu seinem Glück ist der Pharao, der ihn noch als jungen Mann gekannt hat, inzwischen verstorben. Als er bei dem neuen ägyptischen Herrscher gemeinsam mit Aaron vorspricht, zeigt sich dieser lange unwillig, die billigen Arbeitskräfte ziehen zu lassen. Obwohl mit Gottes Hilfe jede Menge Plagen, Krankheiten und Naturkatastrophen über das Land kommen, bleibt der Pharao stur. Als schließlich die erstgeborenen ägyptischen Kinder auf mysteriöse Weise sterben, während alle israelitischen Kinder am Leben bleiben, gibt der Pharao auf. Zur Erinnerung an den Auszug aus Ägypten wird bis heute das Passah- oder Pesach-Fest im jüdischen Monat Nissan (März/April) gefeiert.

Der Pharao lässt die israelitischen Stämme tatsächlich nach Kanaan aufbrechen. Kurz darauf aber jagt er ihnen dann doch noch eine Armee auf den Hals. Doch Moses kann sie am Roten Meer durch ein neuerliches Wunder abhängen: Das Meer teilt sich und erlaubt den Israeliten, trockenen Fußes ans andere Ufer zu gelangen. Über den ägyptischen Soldaten aber schlägt es wieder zusammen.

Die Bibel berichtet, dass die Karawane der Israeliten aus weit mehr als 600 000 Männern samt Frauen und Kindern bestanden haben soll. Diese Zahl halten Historiker heute für unwahrscheinlich hoch. Die Gesamtdauer des ägyptischen Exils, in der Bibel mit 430 Jahren angegeben, kann dagegen in etwa hinkommen. Belege fehlen wiederum dafür, dass die Wanderung wirklich 40 Jahre gedauert hat. Die Bibel beschreibt viele Umwege der Israeliten: An der Mittelmeerküste lebten zahlreiche Stämme und Völker, denen Moses auswich, indem er südlich in die Sinai-Wüste zog. Hier hatten die Israeliten viele Gefahren zu überstehen, Hungersnöte und Dürreperioden, auch wiederholt Angriffe von anderen aus Streit um knappe Weidegründe.

Auf der Wanderung passiert eines der wichtigsten Ereignisse in der biblischen Geschichte der Juden. Am Berge Sinai schließt Gott den ewigen Bund mit „seinem" Volk. Zum Zeichen des Bundes gibt er Moses die steinernen Gesetzestafeln mit den zehn Geboten, nach denen alle Juden leben sollen.

Nur Moses darf mit seinem Diener Joschua auf den Berg steigen. Das Volk schaut aus der Ferne zu, wie er zwischen schweren Wolken, Blitz und Donner verschwindet, um Zwiesprache mit dem einen Gott zu halten.

Aaron, 84 Jahre, Israelit aus dem Stamm der Leviten, im Sinai, circa 1215 v. Chr.:

» Da standen wir nun: Mit rund siebzig anderen Weisen hatte ich meinen drei Jahre jüngeren Bruder noch ein kleines Stück begleiten dürfen. Weit unten, am Fuße des Berges, standen Hunderte Frauen und Männer und schauten angstvoll zu uns hinauf. Was würde Gott uns zu verkünden haben? Hatten wir während des nicht enden wollenden Zuges durch die Wüste nicht schon genug Entbehrungen durchstehen müssen? Was würde dieses Mal kommen?

Nach wenigen Minuten waren Moses und Joschua in den dunklen Wolken verschwunden. Wie lange sollten wir warten? Niemand wusste es. Bei mir dachte ich: Das hat sich Moses gut ausgedacht. Mir sollte wieder was einfallen, um das Volk ruhig zu halten. Wie nur?

Ich beriet mich mit den anderen Weisen: Wir vereinbarten, vorerst geduldig abzuwarten. Vielleicht würde Moses ja bald zurückkommen. Doch nichts geschah. Nach drei Tagen noch immer kein Zeichen, nur die Unwetter tobten weiter um die Bergspitze.

Nach einer Woche nahm die Unruhe zu. ‚Das hier ist ein schlechter Lagerplatz!', beschwerten sich die Ersten, ‚Lasst uns weiterziehen!' Andere reagierten zornig: ‚Sollen wir etwa unseren Anführer Moses im Stich lassen?'

Als wir nach zwei Wochen noch immer nichts von Moses gehört hatten, begann auch ich, mir Sorgen zu machen. Sowohl um ihn, als auch um die stetig wachsende Unruhe im Volk. Wiederholt hatte es im Lager Schlägereien um nichts gegeben.

Nach etwa drei Wochen kam eine Delegation zu mir und sprach: ‚Mache uns einen Gott, der vor uns herziehe, denn wir wissen nicht, was aus Moses geworden ist!' Natürlich wusste ich, dass mein Bruder über den Frevel eines selbstgeschaffenen Götzenbildes erzürnt sein würde. Andererseits war aber auch niemandem damit gedient, wenn sich das Volk spalten und Moses hier nur noch die Reste eines zerstrittenen Haufens antreffen würde.

Ohne länger zu grübeln, rief ich: ‚Bringt allen Goldschmuck herbei!' Und so fertigte ich mit ein paar Arbeitern die Tonform eines Kalbes an, in die wir zwei Tage später das flüssige Gold gossen. Am Abend darauf stellten wir das goldene Kalb an einen zentralen Platz und bauten einen Altar davor. Und dann begann ein Fest, wie wir es noch nicht gefeiert hatten seit dem Aufbruch aus der Sklaverei: ausgelassen, übermütig, so viel Essen und Trinken, wie jeder wollte, alle kamen und machten mit! Und genau 40 Tage nach seinem Aufbruch zur Bergspitze, mitten hinein in das wilde Treiben, kam plötzlich Moses zurück von seiner Begegnung mit Gott ... «

Tatsächlich ist Moses bereits von Gott vorgewarnt worden: „Ich sehe, dass dieses Volk ein halsstarriges Volk ist!" Moses aber ist in seinem Zorn nicht zu bremsen. Zuerst zerschmettert er die Gesetzestafeln, die er gerade von Gott erhalten hat. Dann schart er den Stamm der Leviten um sich, der ihm als einziger noch treu verbunden ist, und macht dem Fest ein grausames Ende. 3 000 Menschen lässt er zur Strafe erschlagen. Aaron wird verschont, gibt viele Opfer zum Zeichen seiner Reue und versöhnt sich mit Gott „am zehnten Tag des siebten Monats". Dieser Versöhnungstag – in Hebräisch: Jom Kippur – ist bis heute der heiligste Tag im religiösen Jahr der Juden.

Bei einem zweiten Besuch auf dem Berg Sinai erhält Moses von Gott noch einmal die Gesetzestafeln. Dieses Mal gelobt das Volk, sich treu an alle Gebote und Vorschriften zu halten. Die Gesetzestafeln enthalten zahlreiche Vorschriften, die beinah alle Aspekte des Zusammenlebens – von der Ernährung über Besitzverhältnisse bis zur Ehe- und Sexualmoral – regeln sollen. Zentral sind die zehn Gebote, der Dekalog, die später auch von den Christen übernommen werden.

Das mosaische Gesetz formuliert eine Idee der Gerechtigkeit, wie sie die Menschen bis dahin noch nicht gekannt haben: Zum ersten Mal werden Herren und Diener, Frauen und Männer, Reiche und Arme vor dem Gesetz gleich behandelt. Noch niemals zuvor mussten sich Herren für Misshandlungen ihrer Sklaven verantworten.

Die Thora enthält einige Passagen, die später oft als besondere Grausamkeit ausgelegt wurden – zum Beispiel die berühmte Forderung „Auge um Auge, Zahn um Zahn" (2. Mose 21,24). Doch das ist eher eine Begrenzung maßloser Rache, die damals wesentlich üblicher war – eben: nicht mehr als

Moses mit den Gesetzestafeln; nach einer mittelalterlichen Handschrift

ein Auge für ein Auge und nicht mehr als ein Zahn für einen Zahn. Bemerkenswert ist auch die prinzipiell freundliche Haltung gegenüber Fremden: „Einen Fremdling sollst du nicht bedrücken noch bedrängen; ihr seid ja auch Fremdlinge gewesen in Ägypten." (2. Mose 22,21).

Das Gesetz führte auch den Feiertag Schabbat ein, den siebten Tag der Woche (von Freitagabend bis Samstagabend), an dem nicht gearbeitet werden soll. Es enthielt außerdem ausführliche Vorschriften der koscheren Ernährung (koscher: hebräisch-jiddisch für „geeignet, zulässig") und Hygiene: Das Händewaschen vor dem Essen zum Beispiel stammt aus dieser israelitischen Tradition. Dies trug zu einem gesunden Lebensstil und einer Reduzierung von Seuchen bei, was von vielen Kulturen erst wesentlich später entwickelt wurde.

Nach vierzig Jahren Wanderung fühlt der inzwischen 120-jährige Moses den Tod nahen. Noch immer ist sein Volk nicht im Lande Kanaan angekommen. Bevor er stirbt, ernennt er seinen Diener Joschua zu seinem Nachfolger. Vom Berg Nebo aus (heute: Jordanien) kann Moses das „gelobte Land" sehen, ohne selbst dort anzukommen. Dies bleibt Joschua vorbehalten, der die israelitischen Stämme nach Moses Tod und vielen Kämpfen tatsächlich nach Kanaan führt. Dort teilen elf Stämme das Land unter sich auf. Die Leviten als zwölfter Stamm beanspruchen kein eigenes Gebiet, sondern verteilen sich als Priester unter den anderen. So kommen die Israeliten ins Land Abrahams zurück. Doch eine Nation sind sie noch nicht.

Zur Erinnerung an die Wüstenwanderung und das Wohnen in Zelten feiern Juden bis heute das siebentägige Laubhüttenfest – Sukkot – jedes Jahr im Herbst, wodurch es gleichzeitig eine Art Dankfest für die eingebrachte Obst- und Weinernte ist. Aus Palmwedeln und belaubten Zweigen werden während dieser Woche kleine Hütten errichtet. Wer keinen Garten hat, feiert auf dem Balkon oder am offenen Fenster.

Debora: Höchste Richterin Israels

Joschua ist nicht nur oberster General, sondern wird auch erster Richter. Nach der Ankunft der Israeliten im gelobten Land ist das Richteramt etwa 200 Jahre lang das höchste Amt.

In dieser Zeit kommt es immer wieder zu Kämpfen mit den Völkern, die bereits vor den Israeliten in Kanaan lebten. Vor allem die Philister, die sich etwa ab 1200 v. Chr. an der Südküste Kanaans (heute: Gazastreifen) ansiedelten, sind starke Gegner. Nach ihnen nennen die Römer das Land später Syria Philistäa – der Ursprung des Namens „Palästina". Der israelitische Stamm von Dan wird von ihnen sogar völlig vertrieben (obwohl sich viele Sagen um den wehrhaften Daniten Samson ranken) und muss sich ein neues Wohngebiet im äußersten Norden Kanaans suchen. Es gibt Zeiten, in denen die Philister die Mehrheit der israelitischen Stämme unterwerfen.

Unter den Richtern wird eine Frau besonders berühmt. Sie ist die einzige weibliche Anführerin in der hebräisch-israelitischen Geschichte bis zur Gründung des modernen Staates Israel. Ihr Name ist Debora (hebräisch: die „Biene"). Sie lebt etwa von 1180 – 1120 v. Chr.

Trotz weitreichender Benachteiligung von Frauen im allgemeinen gelingt es Debora, sich durchzusetzen. Sie wohnt in einem kleinen Ort zwischen Rama und Bethel, der nach ihr auch die „Palme Deboras" genannt wird. Hier spricht sie Recht, von hier aus verwaltet sie große Ländereien und vermehrt den Wohlstand der Region. Ihre größte Sorge sind die gegenseitigen Überfälle mit den Völkern der Umgebung.

Eines Nachts hat sie einen Traum, in dem Gott ihr offenbart, dass die Zeit der entscheidenden Schlacht gekommen ist und eine Frau siegen wird. Am nächsten Morgen ruft sie ihren obersten Feldherrn Barak zu sich.

Debora zieht in den Krieg;
nach einer Darstellung aus dem 13. Jahrhundert

Barak, 30 Jahre, israelitischer General, beim Berg Tabor, circa 1130 v. Chr.:

» Vor einem Jahr haben wir von hier aus unseren großen Angriff gegen die Truppen des gegnerischen Generals Sisera begonnen. Ich muss ehrlich sagen, dass ich bis zu diesem Zeitpunkt nicht von unserem Sieg überzeugt war. Die kanaanitischen Soldaten von König Jabin waren nicht zu unterschätzen, und Sisera war ein erfahrener Mann.

Als Debora mir ihren Schlachtplan erläuterte, entgegnete ich: ‚Wir haben nur eine Chance, wenn sich alle unsere Stämme endlich vereinen!' Sie lehnte sich zurück und meinte ruhig: ‚Das wird nie gelingen, das weißt du. Wenn wir Glück haben, machen die Leute von Efraim, Naftali und Sebulon, vielleicht noch die von Benjamin und Issachar mit. Den Rest kannst du vergessen, die denken zuerst an sich.' Dann ergriff sie meinen Arm und sprach: ‚Wir werden gewinnen. Es hieß in meinem Traum: Eine Frau wird siegen!' Da setzte ich alles auf eine Karte: ‚Dann musst du mitkommen zur Schlacht, Debora!' Ich war sicher, dass sie dies nicht tun würde. Aber sie blieb entschlossen und sagte nur: ‚Ich werde mit dir und deinen Männern gehen.'

Mit gut zehntausend Soldaten zogen wir zum Berg Tabor, um uns zu sammeln. Debora ritt neben mir. Sie war hell gekleidet und machte großen Eindruck auf die Soldaten.

Aber dann gab sie ihren verrückten Befehl: ‚Von hier aus stürmen wir nach Taanah!' Wahnsinn! Die kanaanitische Stadt Taanah liegt an einem Seitenarm des Flusses Kishon, gut 25 Kilometer südwestlich von hier – bis dahin wären wir erschöpft, und Sisera und seine Leute würden ein leichtes Spiel haben!

Sie blieb jedoch hart. Und sie behielt Recht: Als wir schon dicht bei Taanah waren, stießen wir auf die Kanaaniter, als sie gerade mit ihren schweren Eisenwagen beim Durchqueren des Sumpfgebietes waren. Sie versuchten, sich in Kampfstellung zu formieren, aber versanken dadurch immer tiefer. Wir jedoch waren beweglich und erschlugen die meisten ohne ernsthafte Gegenwehr.

Am Abend merkten wir, dass General Sisera nicht unter den Toten war, sondern entkommen sein musste. Obwohl die Siegesstimmung ohnehin

Die 12 Stämme Israels im Alten Palästina
Mittelmeer
Damaskus
Aramäer
Naftali
Ascher
Manasse
Sebulon
Genezareth
Berg Tabor
Kanaaniter
Issachar
Manasse
Gad
Efraim
Dan
Jericho
Benjamin
Ammoniter
Jerusalem
Philister
Ruben
Juda
Hebron
Moabiter
Amaleriter
Totes Meer
Edomiter
Simeon

schon überwältigend war, rief Debora dazwischen: ‚Sisera wird nicht entkommen!' Niemand verstand, was sie meinte. Am Nachmittag des folgenden Tages erreichte uns die Kunde, dass Sisera zu den Zelten des befreundeten Keniters Heber geflohen war, um sich zu verstecken, aber nachts im Schlaf von Hebers Frau Jael getötet worden war. ‚Ein Sieg der Frauen, weißt du noch?', erinnerte mich Debora. Gottes Offenbarung war Wirklichkeit geworden. «

Die Bibel berichtet, dass nach diesem Sieg 40 Jahre Frieden in diesem Teil Kanaans herrschte. Im Lied der Debora (Richter 5,1-31) werden die Erfolge Deboras und Baraks besungen, aber auch die mangelnde Unterstützung der israelitischen Stämme Ruben, Dan, Ascher und anderer angeprangert. Das Lied, das Debora vermutlich selbst verfasst hat, gilt als das älteste Heldenepos der jüdischen Geschichte. Debora wird darin als die „Mutter von Israel" bezeichnet.

Trotzdem – der Sieg über die Kanaaniter und die vielen Niederlagen gegen die Philister hatten eines deutlich gemacht: Die israelitischen Stämme konnten sich auf Dauer nur behaupten, wenn sie zusammenhielten.

Es war der letzte Richter und Prophet Samuel (etwa ab 1050 v. Chr.), der den „Stämmebund der Israeliten" schmiedete. Was die feindlichen Stämme so stark machte, war ihre Einigkeit. Deshalb sprachen verschiedene Vertreter der Israeliten bei Samuel vor, um zu beraten, ob sie nicht auch einen gemeinsamen König einsetzen sollten, der von allen Stämmen als Anführer akzeptiert würde. Dies gab es bisher nicht, da sie sich nur gegenüber Gottes Gesetzen verantwortlich gefühlt hatten.

Im Jahr 1020 v. Chr. führte Samuel deshalb den ersten israelitischen König Saul in sein Amt ein. Ihm folgten die Könige David (ab 1000 v. Chr.) und Salomo (ab 966 v. Chr.).

David: Jerusalem wird Hauptstadt

David wird in der Bibel so ausführlich dargestellt wie keine andere Person. Vieles davon ist Legende. Sicher ist, dass David den israelitischen Stämmen, die damals noch als Nomaden umherzogen, an zentralem Ort eine Hauptstadt errichtete und ihnen ein Gefühl der Zusammengehörigkeit gab. Davids Bedeutung und Ausstrahlung reichen weit über seinen Tod hinaus. Immer, wenn in späteren Zeiten die Hoffnung auf einen neuen, von Gott gesandten Befreier der Juden (oder Messias) aufkeimte, dann hatte dieser große Ähnlichkeit mit David. Trotzdem war David – wie alle anderen großen jüdischen Persönlichkeiten – kein Heiliger, auch er machte Fehler.

Wie Jesus, den rund 1 000 Jahre später einige Juden als den Messias (griechisch: Christos, der „Gesalbte“) begrüßen, wird auch David in Bethlehem geboren. David ist der Sohn einer vornehmen Familie aus dem Stamm der Judäer. Schon in jungen Jahren erlangt er großen Ruhm, als er mit einer Steinschleuder den wesentlich stärkeren Philister Goliath im Zweikampf tötet. David ist aber nicht nur stark und klug, sondern auch musikalisch begabt. Daher holte ihn der König Saul, der häufig schwermütig ist, an seinen Hof, um ihn aufzumuntern.

David und der gleichaltrige Königssohn Jonathan werden zu engen Freunden, ein inniges und geradezu zärtliches Verhältnis, das sich später auch in der Not bewährt. Immer häufiger übernimmt David auch militärische Aufträge und darf als Belohnung schließlich Michal, die jüngere Königstochter, heiraten. Doch schon bald wird der König misstrauisch und verdächtigt David, selbst König werden zu wollen. In einem Wutanfall versucht er, David zu töten. Buchstäblich in letzter Minute kann David durch eine List Michals entkommen.

Michal, 24 Jahre, Königstochter und erste Frau Davids, Jerusalem, circa 1002 v. Chr.:

» Ich kann nur sagen: ich habe ihn geliebt! Und ich liebe ihn noch immer, auch wenn ich später von Vater gezwungen wurde, einen anderen Mann zu heiraten. David war einfach Liebe pur, der sinnlichste Mann, den ich jemals getroffen habe. Mein Bruder Jonathan und ich waren beide verrückt nach ihm. Wenn er da war, ging es uns gut. Wenn er in irgendwelche Schlachten zog, zitterten wir um ihn. Ich bin stolz darauf, dass ich ihn rechtzeitig warnen konnte und ihm so einen guten Vorsprung ermöglichte. Ich bin für ewig traurig, dass mein größter Wunsch unerfüllt blieb: ein Kind von ihm, meinem David. «

Von Jonathan erfährt David, dass der König alles daran setzt, um ihn für immer auszuschalten. David flieht, doch egal, wohin er sich wendet, überall spüren ihn die Häscher des Königs auf. Schließlich läuft David zu den feindlichen Philistern über. Auch hier wird er Militärführer. Gut zwei Jahre lang sichert er in gemeinsamen Aktionen von Philistern und seinen Judäern sowie anderen israelitischen Südstämmen das Land gegen die Beduinen. Gegenüber König Saul hält er sich zurück und wartet ab. Als der König und sein Sohn Jonathan, Davids geliebter Freund, in einer Schlacht umkommen, ordnet er Trauer an und beklagt seinen persönlichen Schmerz in Gedichten.

Gleichzeitig aber nutzt er die Gunst der Stunde, eilt nach Hebron und lässt sich, gerade 30 Jahre alt, zum König des Südreichs Judäa krönen. Die Philister unterstützen ihn anfangs weiter. Sauls letzter Sohn, Ischbaal, flieht mit einem Heer nach Norden und kämpft von hier gegen David. Nach dessen Tod tragen auch die israelitischen Nordstämme David die Krone an. Zum Zentrum seiner Macht erklärt David die Stadt Jebus, die ab nun Jerusalem („Stadt des Friedens") heißt. Jerusalem wird nicht nur die Hauptstadt des neuen Reiches Israel, sondern auch ihr religiöses Zentrum. David lässt die „Bundeslade", die Truhe, in der sich die seit Moses bewahrten steinernen Gesetzestafeln befinden, auf dem Jerusalemer Berg Zion aufstellen.

Niemals zuvor und niemals danach war Israel in seiner räumlichen Ausdehnung so groß wie zu Davids Regierungszeit. Natürlich half es, dass die damaligen Großmächte Ägypten und Assyrien stark mit internen Machtstreitigkeiten beschäftigt waren und David deshalb gewähren ließen.

So erfolgreich David politisch ist, so problematisch ist sein Privatleben. Nachdem er Söldner bei den Philistern geworden ist, verheiratet König Saul seine Tochter Michal an einen anderen Mann. Auch wenn David viele Jahre später Michal zurückgewinnen kann, bleibt diese Ehe doch kinderlos. Zu seiner Lieblingsfrau wird Batseba, die er einem seiner Krieger raubt und die die Mutter des späteren Thronfolgers Salomo wird.

Batseba, 25 Jahre, Ehefrau von Urija, Jerusalem, circa 995 v. Chr.:

» Es begann als eine wilde Leidenschaft: David hatte mich vom Dach seines Palastes heimlich beim Baden beobachtet. Noch am gleichen Tag stand einer seiner Diener vor unserer Tür und bat mich höflich, mit zum König zu kommen. Ich hatte bis dahin keine Ahnung, um was es ging. Ich zog meine besten Kleider an und lief mit dem Diener hinüber zum Palast. Dort empfing mich der junge König in einem seiner Privatgemächer. Ohne Umschweife begann er, mich auszukleiden und zu küssen. Ich erstarrte, denn schließlich war ich verheiratet. Aber David verführte mich nach allen Regeln der Kunst. Zuletzt gab ich mich ihm hin. So eine Leidenschaft hatte ich noch niemals zuvor erlebt.

Wir trafen uns noch mehrmals, bis eines Tages mein Mann Urija von seinem Dienst zurückkehrte. Ich hatte wahnsinnige Angst, dass er dahinterkommen würde, dass ich nicht nur mit dem König geschlafen hatte, sondern inzwischen von ihm schwanger war. David schlug vor, dass es das Beste wäre, wenn ich auch mit Urija schlafen würde, denn dann könnten wir später behaupten, dass das Kind von ihm wäre. Aber bis zum heutigen Tag denke ich, dass Urija etwas ahnte. Er wollte die ganzen Tage seines Heimaturlaubs nicht mit mir ins Bett. Er blieb kühl, obwohl er mich nie direkt beschuldigte.

Als er wieder in die Schlacht ziehen musste, schickte David einen Brief an seinen Feldherrn Joab und befahl ihm, Urija direkt an die Front zu

David und Batseba; nach einer mittelalterlichen Darstellung

senden. Dort fiel mein Mann wenig später. Von diesem Brief erfuhr ich erst hinterher. Ich war entsetzt, aber fügte mich dann doch in mein Schicksal. Nun wollte ich zumindest, dass mein Kind auch wirklich von David als Thronfolger anerkannt werden würde. «

Das erste gemeinsame Kind stirbt. Der zweite Sohn ist Salomo. David selbst empfindet später tiefe Reue über den Verrat an Urija und bittet Gott um Vergebung. Als David stirbt, wird 966 v. Chr. Salomo zum neuen König von Israel gesalbt.

In den Jahren seiner Herrschaft festigt Salomo das neue Reich weiter. Allerdings ist er innen- und außenpolitisch nicht so erfolgreich wie sein Vater. Er lässt zwar von rund 30 000 Arbeitern den ersten Tempel bauen, in dem die Bundeslade mit den Gesetzestafeln aufbewahrt wird. Wegen seiner anspruchsvollen Projekte aber müssen seine Untertanen hohe Abgaben und Fronarbeit leisten. Obwohl er in seinen richterlichen Entscheidungen als weise gilt (weshalb man auch noch heute von einem „salomonischen Urteil" spricht), wächst die Unzufriedenheit. Unmittelbar nach seinem Tode 930 v. Chr. kommt es zu Unruhen. Der Staat fällt wieder auseinander in ein Nord- und ein Südreich, und die israelitischen Stämme verlieren ihre Vormachtstellung in der Region.

Das Nordreich Israel bestand rund 200 Jahre und wurde ab 722 v. Chr. von den Assyrern besetzt, wobei viele Israeliten aus der Region vertrieben wurden und flüchteten. Das Südreich Judäa gab es rund 350 Jahre, dann wurde es von den Babyloniern unter ihrem Heerführer Nebukadnezar erobert. Nach anderthalbjähriger Belagerung nahmen die Babylonier 586 v. Chr. Davids Stadt Jerusalem ein und zerstörten den ersten Tempel sowie die heilige Bundeslade. Die meisten jüdischen Männer, Frauen und Kinder wurden als Sklaven ins babylonische Reich verschleppt.

Aber auch hier gaben die Juden ihren Glauben nicht auf: Da sie keinen Tempel mehr hatten, versammelten sie sich im eigenen Haus oder der Synagoge, einem Versammlungsort, an dem Schriftgelehrte Lesungen aus den fünf Büchern Moses, der Thora, anleiteten. Ihre Auslegungen der Thora gaben den Juden im Exil Orientierung im täglichen Leben. Das Judentum als Weltreligion findet hier seinen Ursprung.

Die babylonische Herrschaft wurde 538 v. Chr. abgelöst durch die Perser, die den Juden neue Rechte zustanden. Unter dem Perserkönig Kyros erhielten sie sogar das Recht, nach Israel und Judäa zurückzukehren. Viele machten von diesem Angebot Gebrauch, andere aber blieben im Persischen Reich, wo es ihnen relativ gut ging. In diese Zeit des persischen Reiches (538-332 v. Chr.) fällt die Geschichte von Esther, einer Israelitin, die wegen ihrer Schönheit vom persischen König Xerxes (der in der Bibel Ahasveros heißt) geheiratet worden war, ohne dass dieser von ihrer Herkunft wusste.

Esther: Rettung ohne Waffengewalt

Esthers Eltern gehören zu jenen Juden, die nicht nach Israel zurückgekehrt sind, sondern in der persischen Königsstadt Susa geblieben waren. Ihnen scheint das Leben unter den Persern besser zu gefallen als eine unsichere Zukunft in Israel und Judäa, wo verschiedene Gruppen sich bekämpfen und es keine stabile Ordnung mehr gibt wie zu früheren Zeiten unter den Königen Saul, David und Salomo.

Die Eltern sterben, als Esther noch klein ist. Ihr älterer Cousin Mordechai übernimmt ihre Erziehung. Sie wächst zu einem attraktiven Mädchen heran. Als sich nach einem Erlass des Königs unverheiratete junge Frauen als mögliche Liebhaberinnen an seinem Hof vorstellen können, bewirbt sie sich ebenfalls.

Esther, 21 Jahre, Königin von Persien, im Palast von Susa, circa 480 v. Chr.:

» Es war kurz nach meinem fünfzehnten Geburtstag, als Mordechai zu mir sagte: ‚Das ist deine Chance, Esther! Der König steht auf schlanke und dunkelhaarige Mädchen. Aber sage niemandem, dass du Jüdin bist, lieber nicht!' Ich kam tatsächlich in die engere Wahl, was bedeutete, dass ich zwölf Monate auf die Begegnung mit dem König vorbereitet wurde: Ich wurde täglich eingeölt, lernte alle möglichen Schönheitsmittel zu benutzen und brauchte mich um nichts anderes zu kümmern als um mein Äußeres. Irgendwann begann es mir auf die Nerven zu gehen, aber ich dachte: Durchhalten – zumindest einmal sehen will ich den König! Und dann war ich plötzlich eines Tages dran.

Vom ersten Augenblick an merkte ich, dass er mich mochte. Ich konnte anfangs nicht so viel von ihm sehen, denn ich kniete natürlich nieder und wagte kaum, in seine Richtung zu schauen. Aber dann musste ich mich aus-

Esthers Krönung in Persien; nach einer mittelalterlichen Handschrift

ziehen und umdrehen und dabei konnte ich ihn beobachten. Er fragte mich, ob ich einen Wunsch hätte. Ich traute mich nicht, etwas zu wünschen, und senkte nur den Blick. Zwei Tage später wurde ich in seine Schlafkammer geführt ... und die Nacht darauf wieder und so ging es beinah zwei Wochen.

Schließlich flüsterte er mir ins Ohr, dass er mich zu seiner Königin machen wolle, woraufhin ich total erschrak, denn seine Frau Vasthi war doch Königin! Aber er meinte es ernst, gab ein Riesenfest – und heiratete mich und setzte mir das Diadem der Königin auf den Kopf. Vasthi war nirgends mehr zu sehen. Wenigstens war sie nicht umgebracht worden, sondern hatte nur ihre Sachen packen müssen.

Zum Glück blieb er nett zu mir. Er war natürlich viel älter als ich, aber es ging weiter gut zwischen uns. Einmal kam Mordechai zu mir und berichtete von einem geplanten Attentat auf den König, von dem er zufällig Wind bekommen hatte. Ich lief sofort zum König und die beiden, die meinen Mann hatten ermorden wollen, wurden gepackt und aufgehängt. Ich sagte: ‚Den Hinweis hat der Jude Mordechai gegeben.' Aber ohne zu verraten, dass er mein Cousin ist.

Und dann wurde dieser unangenehme Haman zum ersten Minister befördert, ein ziemlich dummer und herrschsüchtiger Kerl! Außerdem ein Judenhasser schlimmster Sorte. Wie konnte mein Mann nur auf ihn hereinfallen?

Bei irgendeiner blöden Gelegenheit kam es zum Zusammenstoß, als Haman durch die Stadt ritt und alle wie immer vor ihm niederknien sollten und Mordechai als Einziger stehen blieb. Als die Soldaten Hamans ihn fragten warum, entgegnete er: ‚Ich bin Jude und diene nur einem Herrn!' Woraufhin Haman der Kragen platzte und er dem König einen Plan vorlegte, um alle Juden im persischen Reich zu töten.

Dies geschah in einer Zeit, nachdem mich der König bereits beinah einen Monat nicht mehr zu sich gerufen hatte. Es war jedem, auch mir, verboten, mich einfach so zum König zu begeben. Von Mordechai erfuhr ich, dass mein Mann dem Plan Hamans zugestimmt hatte und bereits entsprechende Befehle vorbereitet waren. Was sollte ich nur tun? Mordechai sagte klipp und klar: ‚Mach den Mund auf, Esther! Du musst mit deinem Mann reden, wenn wir nicht alle draufgehen sollen!' Aber ich kannte die Regeln am Hof natürlich besser als er. Wenn ich einfach zu ihm laufen würde und sagen würde: ‚Dein Haman ist ein Bandit, und ich bin Jüdin!', dann wäre ich selbst geliefert. Also machte auch ich einen Plan.

Ich stellte mich an den Rand eines Innenhofes, von dem ich wusste, dass der König vorbeikommen würde. Natürlich hatte ich ein Kleid angezogen, dass er besonders mochte. Tatsächlich blickte er zu mir und ließ mich sein goldenes Zepter berühren zum Zeichen, dass ich reden dürfe. ‚Darf ich dich und Haman heute Abend zum Essen einladen?' Er schien verwundert, aber stimmte zu und ließ auch Haman informieren.

Am Abend hatte ich sein Lieblingsessen zubereitet und die beiden tranken und aßen und erzählten von den schrecklichen Plänen der Ermordung aller Juden im persischen Reich. Ich druckste hin und her und fand einfach keine gute Möglichkeit, um dazwischenzugehen. Am Ende stotterte ich nur: ‚Bitte kommt morgen noch einmal zum Essen zu mir!' Auf dem Heimweg begegnete Haman wieder Mordechai, der sich weigerte niederzuknien. Haman ließ daraufhin ohne Wissen des Königs einen eigenen Galgen nur für Mordechai aufrichten, um ihn zum Auftakt der Judentötungen aufzuhängen.

In der Nacht konnte der König nicht gut schlafen und las in seinem Tagebuch über den Mann, der vor längerer Zeit das Attentat auf ihn verhindert hatte. Als er fragte, wer das gewesen sei und was dieser Mann als Belohnung erhalten habe, antwortete ein Diener: ‚Nichts bisher – und es war Mordechai, ein Jude.'

Am nächsten Morgen fragte der König Haman, wie er jemanden ehren würde, der ihm das Leben gerettet habe. Haman dachte, dass der König ihn auszeichnen wolle und antwortete: ‚Ich würde ihm ein Gewand und das Pferd des Königs geben und ihn über den Stadtplatz geleiten mit jemandem, der sein Pferd führt und ruft: Dieser Mann wird vom König geehrt!'

‚Gute Idee!', sagte mein Mann und fuhr fort: ‚Du wirst heute den Juden Mordechai auf diese Weise ehren!' So brutal der Kerl gegenüber Schwächeren war, so unterwürfig war er gegenüber Stärkeren – und führte tatsächlich meinen Cousin auf einem Pferd des Königs über den Stadtplatz. Die Leute glaubten, ihren Augen nicht trauen zu können. Noch atmete aber niemand auf, denn der Befehl zur Tötung der Juden war noch nicht vom Tisch.

Am Abend dann also wieder das Essen bei mir. Nun wusste ich, was ich tun würde. Als der König und Haman am Tisch saßen und der König mich fragte, ob er mir einen Wunsch erfüllen könne, da sprach ich: ‚Ich habe nur einen Wunsch: Dass mein Volk nicht getötet wird, denn ich bin auch Jüdin!' Es gab einen Moment Grabesstille – dann sah ich, wie mein Mann die volle Wahrheit begriff und ohne Zögern wissen wollte: ‚Wer hat geplant, dich zu töten?' Das war mein Moment: ‚Der da!', rief ich und zeigte auf Haman.

So ganz korrekt hatte sich mein Mann ja nicht verhalten, denn zuerst hatte er schließlich auch der Tötung der Juden zugestimmt. Als ihm nun aber klar wurde, dass ich dann auch dran glauben müsste, gefiel es ihm, nur Haman als Schuldigen auszuweisen. Einen Tag später hing Haman an dem Galgen, der eigentlich für Mordechai bestimmt war – und mein Mann hob nicht nur den Tötungsbefehl auf, sondern erlaubte den Juden im persischen Reich sogar, ab nun gegen ihre Feinde auch mit Waffen vorzugehen. Draußen in den Straßen der Stadt Susa tanzten meine Leute vor Freude – und ich blieb persische Königin! «

Zur Erinnerung an das Los – hebräisch: Pur – das Haman über die Juden im persischen Reich hatte bringen wollen, dass aber durch Esther und Mordechai vereitelt worden war, wird bis heute das fröhliche Purimfest im Monat Adar (Februar/März) für einen Tag gefeiert. Zu Purim darf man sich lustig verkleiden, und es gibt ähnlich wie beim Karneval Straßenparaden und leckere Speisen und Getränke. Eine Spezialität sind Hamantaschen oder Hamanohren. Wann immer der Name Hamans ausgesprochen wird, dürfen alle laut schreien und Krach machen. Vor allem Kinder finden dies herrlich. Jeder darf mal Esther oder Mordechai sein oder einem anderen – dem Haman – mit einem Plastikhammer auf den Kopf hauen!

Auch die Juden, die ins „gelobte Land" zurückgekehrt waren, fanden Unterstützung durch die Politik des persischen Reiches. Der persische König Darius gab selbst Geld, damit die Juden in Jerusalem ihren Tempel wieder aufbauen konnten, was 516 v. Chr. mit einer feierlichen Einweihung abgeschlossen wurde. Um 400 v. Chr. hatte das Judentum eine neue Blüte erreicht, ohne dabei einen eigenen Stämmebund, ein Königreich oder einen Staat zu haben.

Die tolerante Politik der Perser wurde von den Griechen fortgesetzt, die unter ihrem legendären jungen Feldherrn Alexander dem Großen (356-323 v. Chr.) die Perser vertrieben und griechische Kultur von Athen über den Orient bis nach Indien verbreiteten. 331 v. Chr. gründete er an der ägyptischen Nilmündung die Stadt Alexandria. Es half den Juden, dass Alexander der Große, der eine Erziehung durch den griechischen Philosophen Aristoteles genossen hatte, sein Leben lang den Dialog zwischen den Kulturen und Religionen förderte.

Auch unter späteren Besatzern blieb das religiöse Klima tolerant. Ab circa 250 v. Chr. begannen jüdische Schriftgelehrte, die Thora vom Hebräischen ins Griechische zu übersetzen, und machten so die jüdische Religion im gesamten Mittelmeerraum zugänglich. Nach der Legende haben 70 Gelehrte daran gearbeitet, weswegen diese Übersetzung auch Septuaginta (lateinisch für 70) heißt.

Erst 168 v. Chr. kam es zu einem neuen Konflikt, als die Syrer die jüdische Religion verbieten wollten und damit einen Aufstand der Juden unter Anführung der Makkabäer provozierten. Der Aufstand gelang, die Juden eroberten auch den von den Syrern besetzten Tempel von Jerusalem zurück und weihten ihn 165 v. Chr. erneut ein. Die Legende erzählt, dass damals eine kleine Öllampe im Tempel wie durch ein Wunder acht Tage brannte, ohne zu erlöschen.

Zur Erinnerung an diese Tempelweihe wird bis heute im Monat Kislev

(November-Dezember) das Chanukka-Fest gefeiert, auch das Lichterfest genannt. Während acht Tagen wird täglich eine zusätzliche Kerze an einem achtarmigen Leuchter entzündet.

Nach ihrem Sieg errangen die Juden sogar politische Selbstständigkeit. Es kam jedoch zu Konflikten zwischen den verschiedenen jüdischen Parteien, die zum Bürgerkrieg führten. Dabei ging es um Kernfragen der jüdischen Identität, zum Beispiel, ob und wie andere Menschen zum jüdischen Glauben übertreten dürften. Der Bürgerkrieg nahm so blutige Formen an, dass einige Juden sich an die Römer wandten und sie baten, Frieden zu stiften.

Die Römer waren in der Zwischenzeit die bedeutendste Macht im Mittelmeerraum geworden. Der römische Feldherr Pompejus beendete die Streitigkeiten und besetzte das Land 63 v. Chr. Damit hatten die Juden ihren selbstständigen Staat wieder verloren, die gesamte Region wurde zur römischen Provinz. Die Juden durften allerdings regionale und religiöse Angelegenheiten selbst regeln, wozu eine zivile Leitung – der Sanhedrin – eingesetzt wurde. Ab 37 v. Chr. jedoch wurde Herodes, ein zum Judentum übergetretener „Ausländer", vom römischen Senat als neuer König von Judäa eingesetzt. Herodes wird bekannt durch seine Bauvorhaben: Er lässt den Tempel im griechischen Stil mit viel Gold errichten und die neue Hafenstadt Cäsarea aus dem Boden stampfen. Vor allem aber wird er berüchtigt für seine Grausamkeit. Er nutzt seine Macht, um politische Gegner, wie viele Vertreter des Sanhedrin, zu ermorden. Selbst vor seiner Familie macht er nicht halt und lässt seine Frau und zwei Söhne töten. Der römische Kaiser Augustus sagt über ihn: „Es ist besser, das Schwein eines solches Mannes zu sein als sein Sohn."

In seine Tyrannenherrschaft fällt die Geburt des jüdischen Kindes Jesus in der Stadt Bethlehem – durch die junge Maria und ihren Verlobten Josef, einen einfachen Zimmermann.

Maria: Jüdische Jugendliche oder heilige Jungfrau?

Offiziell beginnt die christlich-westliche Zeitrechnung, die heute in den meisten Kulturen verwendet wird, mit der Geburt jenes Jesus in der Stadt Bethlehem. In diese kleine Stadt südlich von Jerusalem waren Maria und ihr Josef aus dem Norden des Landes, aus der Stadt Nazareth in Galiläa, aufgebrochen, um an einer Volkszählung teilzunehmen. Jenes Jahr 0, das angebliche Geburtsjahr, ist jedoch keineswegs exakt, sondern liegt eher zwischen acht bis vier Jahre vor diesem viel später festgelegten Datum.

Fest steht, dass das Baby von Maria und Josef noch zur Zeit der Herrschaft des Königs Herodes geboren wurde. Dieser aber starb im Jahre 4 vor der christlichen Zeitrechnung. Im Neuen Testament der Bibel wird beschrieben, wie Herodes davon hört, dass in jenem Bethlehem ein zukünftiger „König der Juden" geboren sein soll. Daraufhin ordnet dieser die Tötung aller Neugeborenen in Bethlehem an. Gerade noch in letzter Minute können Maria und Josef mit dem kleinen Jesus nach Ägypten fliehen.

Josef, 26 Jahre, jüdischer Zimmermann aus Nazareth, in Alexandria, 2 v. Chr.:

» Wenn ich Mirjam nicht so lieben würde, hätte ich diese verrückte Beziehung schon längst sausen lassen. Es begann mit ihrer Schwangerschaft: Wir waren ja damals erst verlobt und noch nicht verheiratet. Warum? Weil ich einfach nicht das Geld dafür hatte. Ich bin nur einfacher Zimmermann, und Mirjam war doch erst sechzehn. Außerdem waren ihre Eltern ziemlich streng.

Aber richtig geschlafen hatten wir jedenfalls noch nicht zusammen. Und dann war sie plötzlich eine Weile sehr niedergeschlagen, bis sie mir endlich gestand, dass sie schwanger sei. Mirjam weinte nur und sagte dann, dass ein Fremder sie verführt habe und dass ihre Eltern sie garantiert verstoßen würden, wenn sie davon Wind bekämen.

Ich weiß – ein anderer Mann hätte nun wahrscheinlich ein Heidentheater veranstaltet und sie geschlagen oder sonst wie fertiggemacht. Aber ich bin nicht so. Das Leben ist zu kurz. Und unser Einer G"tt will, dass wir uns in diesem Leben gut verhalten. Oder wie mein Vater immer den alten Holzfäller Hillel zitiert hatte, dem er auf seinem Weg von Babylon nach Judäa in Nazareth zugehört hatte und der später ein so berühmter Rabbi werden sollte: ‚Tue anderen nicht an, was du nicht willst, dass man dir antue. Das ist Judentum. Der Rest ist Auslegung.' Also nahm ich sie in meine Arme und sagte nur: ‚Mirjam, dein Kind ist unser Kind, ich halte zu dir.'

Schlimm war nur, dass gerade zu der Zeit diese römische Volkszählung stattfand und sie inzwischen hochschwanger war. Aber es half nichts. Ich packte unsere paar Sachen auf einen Esel und zog mit ihr los zu meiner Geburtsstadt, wo wir uns melden mussten. Kurz vor Bethlehem ging es einfach nicht mehr. Die Wehen hatten schon eingesetzt. Ich versuchte noch ein bezahlbares Zimmer in der Stadt zu bekommen, aber die Leute verlangten überall Wucherpreise, weil so viele Reisende unterwegs waren wegen der Zählung. Im letzten Moment konnten wir wenigstens die Nacht in einem Stall zubringen – und da wurde auch schon unser Baby geboren.

Mirjam wollte ihn gern Joschua nennen, nach dem treuen Diener von Moses. Als wir endlich ein bisschen zur Ruhe gekommen waren, wurden wir aufgeweckt durch drei andere Reisende, die ein Heidenspektakel um unseren Kleinen machten und meinten, dass er einmal ein König werden würde. Sie kamen offensichtlich aus dem fernen Orient, ich verstand auch nicht alles, was sie sagten. Aber sie ließen dann noch jede Menge wertvoller Geschenke da, bevor sie wieder loszogen. Ich war sicher, dass die uns verwechselt hatten, aber da wir nicht wussten, wohin sie gegangen waren, beschlossen wir, die Geschenke dann doch erst mal zu behalten.

Inzwischen ist davon nichts mehr über, denn mit ihrem fanatischen Gerede waren sie offensichtlich bis zu König Herodes, dem Schrecklichen, gelangt. Als der hörte, dass in Bethlehem ein neuer König geboren worden war, hat er sofort einen Befehl zur Ermordung aller Neugeborenen gegeben. So ein Mistkerl ist das! Nur durch den Verkauf der wertvollen Becher und

Ketten der drei reichen Männer haben wir dann sofort unsere Flucht mit einer Karawane nach Ägypten organisieren können. Und da sitzen wir nun in dieser Riesenstadt Alexandria und Mirjam hat immer noch Angst, dass wir verfolgt werden könnten. So hat sie sich vorsichtshalber in Maria umbenannt und den Kleinen in Jesus. Ich bin der Meinung, dass wir bald zurückgehen können, denn immerhin ist Herodes schon zwei Jahre tot. Aber leider ist auch noch nicht sicher, wie sich sein Sohn aufführen wird. Trotzdem – irgendwann wird die Sache vergessen sein, und wir gehen bestimmt zurück. «

Mirjam ist die hebräische Form des lateinischen Namens Maria. Nach ältesten christlichen Überlieferungen ist Josef noch der rechtmäßige Ehemann von Mirjam und Vater von Jesus. Erst später, in den Evangelien des Matthäus und des Lukas, heißt es, dass Mirjam ihr Kind vom „Heiligen Geist" empfangen hat.

Die wichtigsten Quellen über das Leben von Jesus sind die Texte seiner Schüler Matthäus, Markus, Lukas und Johannes. Sie wurden aufgeschrieben in der zweiten Hälfte des ersten Jahrhunderts, als diejenigen, die ihn noch persönlich gekannt hatten, alt wurden und zu sterben begannen. Es ist wichtig, die Zeitumstände vor Augen zu haben, unter denen ihre Texte entstanden, um zu verstehen, was sie beschrieben und was sie weggelassen haben.

Zum einen war Jesus längst nicht der Einzige, der in einer unruhigen Zeit voller Fanatiker von sich behauptete, der Messias, der von Gott gesandte Erlöser, zu sein. Er war aber fraglos einer, der beeindruckte. Er provozierte sowohl die römischen Besatzer als auch manche seiner jüdischen Glaubensgenossen, indem er sich bewusst mit Ausgestoßenen solidarisierte und viele Konventionen brach. Seine berühmte Bergpredigt ist bis heute eine Ermutigung für alle Unterdrückten und Benachteiligten.

Als seine Popularität wuchs, wurden auch die römischen und jüdischen Autoritäten auf ihn aufmerksam. Zum Passah-Fest, vermutlich im Jahr 33, wurde Jesus, nachdem ihm Tausende bei seinem Einzug in Jerusalem zugejubelt hatten, von Angehörigen des jüdischen Sanhedrin festgenommen.

Nach Verhören durch die Hohepriester wurde er der Gotteslästerung angeklagt und dem damaligen römischen Statthalter Pontius Pilatus zur Verurteilung vorgeführt. Nach römischem Gesetz erhielt er die Todesstrafe durch Kreuzigung.

Die Schüler Jesu berichteten später, dass Pontius Pilatus wegen des Passah-Festes einen Verurteilten freilassen wollte, sich aber die Menge nicht für Jesus, sondern für einen gewöhnlichen Verbrecher entschied. Die ersten Christen waren noch voller Hass auf ihre ehemaligen jüdischen Glaubensbrüder. Andererseits wollten sie es sich nicht mit den Römern verderben, weil sie hofften, diese für sich zu gewinnen und vielleicht zu bekehren. Deshalb wird der römische Statthalter, der ansonsten als äußerst korrupt bekannt war, in der christlichen Bibel sehr positiv dargestellt, während der jüdische Sanhedrin sehr schlecht wegkommt.

Aber zurück nach Judäa: Im Jahr 37 wurde Caligula neuer römischer Kaiser. Er erklärte sich selbst zum Gott und zwang alle Untertanen, also auch die Juden, ihn anzubeten. Er befahl, dass seine Statue im Jerusalemer Tempel aufgestellt werden sollte, was Juden als unglaubliche Beleidigung empfanden. Es folgten nacheinander mehrere unfähige und bestechliche Machthaber, die den Zorn in Judäa immer mehr zum Kochen brachten. Im Frühjahr 66 beschlagnahmte der römische Statthalter Florus jüdische Schätze aus dem Tempel und brachte damit das Fass zum Überlaufen. Überall im Lande brachen Unruhen aus, wobei es jedoch eher Partisanenangriffe waren als organisierte militärische Aktionen.

Erst dem römischen General Vespasian gelang es, ab 67 erneut Kontrolle über das Land zu bekommen. Zu seinem Erfolg beigetragen hat der Verrat eines der jüdischen Anführer mit Namen Joseph ben Mattathias, der zu den Römern überlief und sich später römisch umbenannte in Flavius Josephus. Als Autor des Buches „Der Jüdische Krieg“ gab er später einen detaillierten Bericht über die Ereignisse.

General Vespasian übergab die Führung seinem Sohn Titus, als er Kaiser in Rom werden sollte. Titus belagerte ab Frühjahr 70 Jerusalem, wobei ihm noch wochenlang erbitterter Widerstand geleistet wurde. Im Sommer jedoch mussten die jüdischen Verteidiger aufgeben und als Erstes wurde der Tempel erobert und niedergebrannt. Nur ein Teil der westlichen Außen-

So ähnlich sah der Tempel zur Zeit der Römer aus

mauer, die heute als die Klagemauer bekannt ist, blieb stehen. Bis zum Herbst 70 war ganz Jerusalem wieder fest im Griff der römischen Machthaber. Eine letzte Gruppe jüdischer Zeloten-Rebellen konnte sich noch bis 73 auf der Bergfestung Masada halten. Als die römischen Soldaten nach zweijähriger Belagerung die Festung stürmten, wählten die verbliebenen 960 jüdischen Männer, Frauen und Kinder den Freitod, um nicht in die Hände der Römer zu fallen.

Titus war überzeugt, dass mit der Zerstörung des Tempels auch das Judentum untergehen würde. Darüber hinaus hatte er rund 25 Prozent aller Juden in Judäa töten lassen und weitere 10 Prozent als Sklaven weggeführt, wodurch die verbleibenden Juden eine Minderheit in ihrem ehemaligen Land wurden. Im Jahr 132 gab es noch einmal einen jüdischen Aufstand, angeführt von Simon Bar Kosiba (genannt: Bar Kochba, der „Sternensohn"). Als auch dieser blutig niedergeschlagen war, durften Juden nicht mehr in Jerusalem wohnen und der Name des Landes Judäa wurde von der Karte gestrichen: Die römische Provinz hieß fortan Syria Philistäa bzw. Palästina.

Aus heutiger Perspektive jedoch irrte Titus: Das Römische Reich ist schon lange untergegangen. Das Judentum behauptete sich dagegen unter verschiedensten Bedingungen bis heute.

Diaspora: Jüdische Gemeinden in der Welt

70 n. Chr. bis etwa 1900

Das griechische Wort „Diaspora“ bedeutet Zerstreuung: Menschen, die bislang einen Ort und ein Land als ihre Heimat betrachtet haben, werden vertrieben und müssen – in alle Winde zerstreut – woanders ein neues Zuhause finden. Immer wieder trifft dieses Schicksal einzelne Menschen und ganze Völker. Hunger, Krankheiten und Armut können Menschen zwingen, ihre Heimat zu verlassen. Oder sie werden von anderen vertrieben, die genau diese Region wegen fruchtbarer Erde, Bodenschätzen oder aus strategischen, politischen oder religiösen Gründen für sich beanspruchen. Flucht und Vertreibung: Für beides gibt es unendlich viele Beispiele in der Menschheitsgeschichte.

Und oft scheint es wie ein Kreislauf zu sein, der das Recht der einen und das Unrecht der anderen durcheinanderwirbelt: Es entsteht ein Heimatgefühl, andere konkurrieren um dieselbe Heimat, man verteidigt die Heimat oder wird vertrieben, beginnt an einem neuen Ort, verwurzelt sich neu und trifft dort auf neue Gruppen und Konflikte.

Fast immer sind diese Vertreibungen von unsäglichen Grausamkeiten begleitet. Die Geschichtsschreiber ergreifen dabei in der Regel Partei für die Gruppe, der sie sich am meisten verbunden fühlen. Die einen sind dann die Guten, die Sieger, die Befreier – die anderen sind die Bösen, die Verlierer oder die Unterdrücker. Aber Geschichte ist nicht so schlicht schwarz-weiß. Wir können sie nur verstehen, wenn wir auch Widersprüche und Entwicklungen erkennen.

Das heißt nicht, dass es kein Recht und Unrecht mehr gibt. Erst seit wenigen Jahrzehnten gibt es Versuche, ein von allen Staaten und Völkern anerkanntes Recht zu schaffen, das Menschen vor Vertreibung und Verfolgung schützen soll. Nach den schrecklichen Ereignissen der beiden Weltkriege des letzten Jahrhunderts wurde 1948 eine „Allgemeine Erklärung der Menschenrechte“ von den gerade gegründeten „Vereinten Nationen“ („United Nations Organization/UNO“) verabredet. Hier steht, welche Grundrechte jeder Mensch hat – egal ob jung oder alt, Mann oder Frau, unabhängig von Nationalität oder Religion –, um ein menschenwürdiges und glückliches Leben führen zu können. Aber noch immer werden diese Verabredungen von Einzelnen ignoriert oder für eigene Zwecke missbraucht. Doch diese Menschenrechte sind der höchste Standard dessen, was wir Menschen bislang zur Verhinderung neuer Grausamkeiten – begangen von Menschen an Menschen – entwickelt haben. Vertreibungen sind eindeutig Verletzungen von Menschenrechten. Denn es ist ein Grundrecht aller Menschen, in Freiheit die eigene religiöse, weltanschauliche oder politische Überzeugung leben zu können, solange damit niemand anderem Schaden zugefügt wird.

Nach der Vertreibung durch die Römer waren die Juden gezwungen, eine Region zu verlassen, in der sie mehr als tausend Jahre gelebt hatten. Zwar hatte es auch in dieser langen Zeit Ausnahmen gegeben, als zum Beispiel Juden nach Babylon entführt wurden und nach der Gefangenschaft zum Teil freiwillig im Persischen Reich blieben. Doch der konkrete Ort, die heilige Stätte des Tempels, in dem seit Moses die Bundeslade mit den Gesetzestafeln aufbewahrt wurde, war nun zerstört.

Wie würde sich das Leben verändern, wenn jüdische Menschen nun als Minderheiten unter anderen Völkern und Religionen leben mussten? Wie weit würden sie sich anpassen können, ohne völlig unter den vielen anderen aufzugehen? Wie stark würden sie sich abgrenzen müssen, um die eigenen Werte und den eigenen Zusammenhalt zu bewahren? Würde die Mehrheit die Eigenheiten und Unterschiede tolerieren? Oder würde sie die Minderheit zur Anpassung zwingen und mit Strafe, Tod oder neuer Vertreibung drohen?

Diese Fragen ziehen sich wie ein roter Faden durch die folgenden zweitausend Jahre der Geschichte der Juden: Sie konnten sich anpassen und Gefahr laufen, ihre Identität zu verlieren. Oder sie konnten sich abgrenzen, was die Gefahr nach sich zog, dass die Mehrheit sich aggressiv gegen das Fremde wehren würde. Weil beide Alternativen immer wieder scheiterten, wurde am Ende dieser langen Zeitspanne eine dritte Möglichkeit erwogen: der Traum von der Heimkehr ins „gelobte Land“. Darüber später mehr.

Ein Mann, der den Konflikt zwischen Anpassung und Abgrenzung in besonderer Weise verkörperte, war der Philosoph Moses Mendelssohn(1729-1786), von dem mir als jungem Mann schon jene Mrs. Goldblum aus der kleinen Stadt in Pennsylvania berichtet hatte. „Niemand vor ihm“, so hatte sie gesagt, „hat die jüdischen Gesetze so konsequent gelebt und gleich-

Moses Mendelssohn;
nach einem zeitgenössischen Stich

zeitig das Gespräch mit der christlichen Bevölkerung in Deutschland so intensiv gesucht."

„Aber war er erfolgreich? Wenigstens in seiner Zeit?", wollte ich wissen.

„Was ist Erfolg?", entgegnete Mrs. Goldblum. „Kennst du die Geschichte der Ringparabel aus Lessings Theaterstück *Nathan der Weise*?"

Es war lange her, dass ich von dem Stück im Deutschunterricht gehört hatte.

„Der christliche Dichter Lessing und der jüdische Philosoph Mendelssohn waren befreundet", fuhr sie fort. „Und Lessing hat seinem Freund mit dem Nathan ein Denkmal gesetzt. Wenn das kein Erfolg ist ..."

Und dann erzählte sie die Ringparabel noch einmal nur für mich:

» Die Geschichte spielt in Jerusalem gegen Ende der Kreuzzüge. Der muslimische Sultan Saladin hat nach jahrelangen blutigen Kämpfen die Stadt von den Christen zurückerobert. Nun fragt er den Juden Nathan, welche der drei großen Religionen die wahre und beste sei: Judentum, Christentum oder Islam? Nathan antwortet mit einer Geschichte:

Vor langer Zeit lebte einmal ein Mann, der einen Ring von unschätzbarem Wert besaß. Der Ring hatte einen Opal in hundert schönen Farben, der geheime Kräfte hatte: Jeder, der ihn trug, wurde von Gott und den Menschen geliebt. Dieser Ring wurde mehrmals vom Vater auf den Sohn vererbt und kam schließlich zu einem Mann, der drei Söhne hatte, die ihm alle drei gleich lieb waren. Zu Lebzeiten brachte der Vater es nicht übers Herz, zwei Söhne zu benachteiligen, und so versprach er nacheinander jedem von den dreien den Ring. Als er den Tod nahen fühlt, beauftragt er insgeheim einen Künstler, zwei weitere Ringe anzufertigen. Und tatsächlich gelingt es dem Künstler, die neuen Ringe so gut zu fertigen, dass der Vater keinen Unterschied feststellen kann. Erfreut gibt der Vater jedem Sohn einzeln und nacheinander einen Ring und seinen Segen. Kurz darauf stirbt er.

Natürlich bricht nach dem Tode des Vaters ein Streit unter den drei Brüdern aus. Jeder zeigt seinen Ring und verdächtigt die anderen beiden des Betrugs. Auch Experten können nicht feststellen, welches der wahre Ring ist. Schließlich gehen alle drei vor einen Richter, damit dieser entscheiden möge. Der Richter verweigert ein Urteil, aber gibt einen Rat: Vielleicht, so erklärt er, wollte euer Vater ja die Tyrannei des einen Rings beenden. Sicher ist aber wohl, dass er euch alle drei gleich geliebt hat. Nun solltet ihr euch ihm würdig erweisen und darum wetteifern, die wahre Wirkung des Ringes – von Gott und den Menschen geliebt zu werden – zur Entfaltung zu bringen. Und sollte es noch nicht euch gelingen, so gebt den Auftrag weiter an eure Kinder und Kindeskinder. Und falls sich dann die Kraft des Steines in tausend Jahren eindeutig geäußert hat, so mögen jene erneut vor dieses Gericht treten und einen weiseren Mann als mich beschließen lassen.

In seinem Theaterstück lässt Lessing den Sultan am Ende sagen: „Nathan, lieber Nathan! Die tausend Jahre deines Richters sind noch nicht um ... «

Im Nahen Osten der damaligen ersten Zeit nach der Vertreibung verdient noch eine andere Person Erwähnung. Der Pharisäer Jochanan ben Sakkai ließ sich in einem Sarg aus Jerusalem schmuggeln, um wenig später in dem kleinen Ort Jawne nahe der Hafenstadt Jaffa eine Schule zu eröffnen, für die er später sogar eine Genehmigung von den Römern erhielt. Er und seine Nachfolger (unter anderen Rabban Gamaliel) entwarfen hier neben der

Bis heute werden Thorarollen sorgfältig mit der Hand kopiert

bisherigen schriftlichen Lehre der Thora eine mündliche Lehre. Diese sollte den Juden helfen, den Glauben auch ohne den Jerusalemer Tempel zu leben.

Andere jüdische Gelehrte hatten in Babylonien, wo seit persischen Zeiten jüdische Gemeinden bestanden, mit einer ähnlichen Arbeit begonnen. Nach gut 200 Jahren wurde diese mündliche Lehre aufgeschrieben in der Mischna (hebräisch für „Lehre"), die dann erneut von den Rabbinern diskutiert wurde. Die Niederschrift dieser Diskussionen in Jawne und Babylonien hieß Gemara (hebräisch für „Vollendung"). Mischna und Gemara zusammen bilden den Talmud (hebräisch für „Studium"), jenes große Regelwerk der jüdischen Religion, das neben der Thora die Basis für das Studium eines jeden frommen Juden darstellt. Der babylonische Talmud gilt als der klassische Talmud.

Für die Juden in der Diaspora war das Studium der Bücher sehr wichtig. Als Jochanan ben Sakkai den Sanhedrin neu gründete, wurden die Mitglieder nicht mehr allein ausgewählt wegen ihres Reichtums oder gesellschaftlichen Einflusses, sondern auch wegen ihrer Kenntnis der Schriften. Die Oberhäupter der wichtigen jüdischen Akademien in Babylonien wurden für viele zu den eigentlichen geistigen Führern der Juden in der Diaspora. Von überall in der Welt holte man ihre Entscheidungen ein. Die jüdische Geschichte der Diaspora ist reich an Geschichten junger armer Menschen, die aufstiegen und großes Ansehen errangen wegen ihres Lernwillens und Engagements für die Gemeinde.

Als eine vollständige jüdische Gemeinde galt und gilt, wenn zehn Gläubige zusammenkommen können. Sie sind berechtigt, religiöse Handlungen gemäß Thora und Talmud selbstständig und auch ohne Anwesenheit eines Rabbiners durchzuführen.

Von Äthiopien bis China: Inseln jüdischen Glaubens

Jüdische Gemeinden gab es schon vor der Vertreibung aus Jerusalem und Judäa in anderen Teilen der Welt. Die wichtigen jüdischen Gemeinden Babyloniens wurden schon genannt. Allein im damaligen Römischen Reich, das sich von Italien über den ganzen Mittelmeerraum von Nordafrika über den Nahen Osten, den Balkan, Griechenland und Spanien bis ins nördliche Frankreich und zum deutschen Rhein erstreckte, lebten rund viereinhalb Millionen Juden. Das waren fast zehn Prozent der Bevölkerung des Römischen Reiches. Weniger bekannt ist, dass es Inseln jüdischen Glaubens in den entferntesten Regionen der Welt gab und zum Teil bis heute gibt. Um die Vielfalt der jüdischen Gemeinden in der Diaspora anzudeuten, sollen hier erst fünf vorgestellt werden, bevor wir wieder zu der Zeit unmittelbar nach der Vertreibung aus Palästina zurückkehren.

Äthiopien

Die dunkelhäutigen Angehörigen der jüdischen Gemeinde in Äthiopien nennen sich Falascha und gehen nach ihrer Tradition auf den „verlorenen“ israelitischen Stamm Dan aus dem Altertum zurück. Sie haben durch die Jahrhunderte der Isolation eigene Riten und Traditionen entwickelt, weshalb es lange Zeit Zweifel an ihrer jüdischen Identität gab. Erst 1975 erkannte der Staat Israel sie als Juden an und verlieh ihnen damit gleichzeitig das Recht auf israelische Staatsangehörigkeit. Während des Bürgerkriegs und der Hungerkatastrophe 1985 litten die Falascha zusätzlich, weil sie zwischen die Fronten der Eritrea-Rebellen einerseits und der marxistischen Regierung andererseits gerieten. In einer Geheimaktion mit dem Namen „Operation Moses“ gelang es dem Staat Israel, die meisten der etwa 30 000 Falascha-Juden nach Israel auszufliegen.

Juden in der Welt heute

Leningrad
Moskau
Charkow
Odessa
Russland
el Aviv
Jerusalem
Israel
rika
Pazifischer Ozean
Indischer Ozean
Australien
Länder mit bedeutender jüdischer Einwohnerzahl
circa 6 Millionen
100 000 bis 500 000
circa 100 000
Städte mit bedeutender jüdischer Einwohnerzahl
über 1 Million
100 000 bis 1 Million
bis 100 000

China

Die ersten Beweise für jüdische Gemeinden in China gehen zurück bis ins 8. Jahrhundert. Sie kamen vermutlich mit Handelskarawanen aus Persien. Auf Einladung des Herrschers von Kaifeng in der Provinz Honan zog eine Gruppe von rund 1000 jüdischen Kindern, Frauen und Männern um das 9. oder 10. Jahrhundert ebenfalls aus Persien nach China. Heute leben etwa 250 Nachkommen dieser Einwanderer in Kaifeng, die sich durch Heiraten weitgehend angepasst haben. Als Marco Polo im 13. Jahrhundert durch China reiste, berichtete er von mehreren jüdischen Gemeinden vor allem in den Küstenstädten Chinas, aber auch von einzelnen wohlhabenden Juden in der Hauptstadt Peking. In der modernen Zeit siedelten sich Juden, vor allem aus dem Irak und Indien kommend, in der Stadt Hongkong an, die ab 1840 unter britischer Hoheit stand. Um 1935 lebten rund 10 000 Juden in China. Die Zahl verdreifachte sich durch Flüchtlinge aus Hitlerdeutschland, die eine unsichere Bleibe von 1938-41 im von Japan besetzten Shanghai fanden. Nach dem Beginn des Zweiten Weltkriegs im Pazifik wurden die japanischen Juden ebenfalls nach Shanghai deportiert. Nach dem Ende des Krieges versuchten die meisten Juden, den miserablen Lebensverhältnissen in Shanghai zu entkommen. Einige schafften es nach Amerika oder Israel, viele russische Juden wurden in die damalige Sowjetunion zurückgeschickt. Nur einige ältere Juden blieben in Shanghai, um dort zu sterben. Heute gibt es außer in Hongkong kaum noch Juden in China.

Mexiko

Die Geschichte der Juden in Mexiko geht zurück auf die Zeit der spanisch-portugiesischen Kolonisation nach der „Entdeckung" Amerikas durch Kolumbus. Es gibt zum Beispiel eine Gruppe jüdischer Mestizen und Indianer, die sich Israelitas nennen. Viele von ihnen wurden Opfer religiöser Verfolgung durch die katholische Kirche, die Überlebenden flohen ins Landesinnere von Mexiko.

Eine zweite Einwanderungswelle europäischer Juden kam nach dem

Ersten Weltkrieg ab 1918 und dann während der Nazizeit ab 1933. Heute leben rund 35 000 praktizierende Juden in Mexiko, von denen rund 20 000 aus Osteuropa stammen.

Südafrika

Bereits unter den ersten portugiesischen Seefahrern und niederländischen Handelsleuten, die Südafrika erreichten, gab es Juden. Sie durften ihren Glauben jedoch nicht praktizieren. Erst seit der britischen Kolonisierung Südafrikas ab 1806 konnten Juden sich als solche zu erkennen geben. Bis 1880 wanderten rund 4 000 Juden vor allem aus England und Deutschland ein. Von 1880-1910 kam eine Welle von etwa 40 000 überwiegend osteuropäischen Juden hinzu, die vor Verfolgung durch die russischen Zaren flüchteten. In dem neuen Industriezentrum in und um Johannesburg bildete sich die größte jüdische Gemeinde Südafrikas. Bis zu 120 000 Juden lebten in ganz Südafrika.

Zwischen 1933 und 1940 kamen etwa 5 500 jüdische Flüchtlinge aus Nazideutschland ins Land, die jedoch nicht von allen willkommen geheißen wurden. Die oppositionelle Nationale Partei (NP) rief zu Antisemitismus auf. Erst als die NP nach dem Krieg 1948 selbst in die Regierung gewählt worden war und die rassistische Apartheidspolitik zur völligen Unterdrückung der schwarzen Bevölkerungsmehrheit gesetzlich eingeführt hatte, gab sie ihren Antisemitismus auf, „um die Weißen untereinander nicht zu spalten". Die Juden Südafrikas hatten lange Zeit als Gemeinschaft keine eindeutige Haltung gegenüber der Apartheid. Einige unterstützten den Rassismus der NP. Andere, wie die Politikerin Helen Suzman (1917-2009), protestierten mutig dagegen. Wie alle Weißen profitierten die Juden vom System der Apartheid bis zu dessen Ende und den ersten demokratischen Wahlen Südafrikas 1994, als Nelson Mandela Präsident des Landes wurde. Ende 2000 wurde in Kapstadt das Jüdische Museum Südafrikas neben einem neugegründeten Holocaust Center eröffnet. Dort werden die Zusammenhänge zwischen Antisemitismus und Apartheid kritisch dargestellt. Heute leben rund 53 000 Juden in Südafrika.

Die Chasaren

Anders als im Christentum und im Islam ist der Gedanke der Mission oder Bekehrung dem Judentum fremd. In der jüdischen Religion geht es eher um die Bezeugung des einen Gottes durch gläubiges Handeln, nicht um das Überzeugen oder gar Zwingen anderer Menschen. Trotzdem hat es zu allen Zeiten Menschen gegeben, die sich vom Judentum angezogen fühlten und selbst Juden werden wollten. Die Prozedur, um zum Judentum überzutreten, ist bewusst nicht leicht gemacht. Gemäß einer talmudischen Regel soll der „Fremde, der Jude zu werden wünscht, zuerst abgewiesen werden" mit dem Hinweis, ob er nicht wisse, dass er vorhabe, in eine Leidensgemeinschaft einzutreten. Nur wer dann immer noch übertreten wolle, dürfe aufgenommen werden.

Ungewöhnlich ist der Fall eines ganzen Volkes, das zu Beginn des 8. Jahrhunderts zum jüdischen Glauben übertrat: Der König der Chasaren, eines der bedeutendsten mongolischen Völker in Südrussland zwischen 700 und 1000, war beeindruckt von der jüdischen Gelehrsamkeit und lud Schriftgelehrte in sein Reich. Mit ihm traten beinah der gesamte Adel und danach auch weite Teile der Bevölkerung zum Judentum über, wobei keine Untertanen dazu genötigt wurden. In der Zeit seiner Blüte war der Chasarenstaat ein jüdischer Staat.

Während der Zeit der jüdischen Chasaren war jedoch längst nach dem Judentum und dem Christentum eine dritte monotheistische Religion auf der Weltbühne erschienen, deren Einfluss die Welt bis heute entscheidend prägen sollte: der Islam.

Von Bagdad bis Spanien: Zusammenleben von Muslimen und Juden

Um das Jahr 600 lebten auf der arabischen Halbinsel vor allem nomadisierende Beduinen und arabische Händler, die in den Städten wohnten. Die meisten Araber beteten mehrere Götter an, obwohl einige Städter von den Religionen der Juden und Christen angetan waren. Hier liegt der Ursprung des Islam, hier lebte sein Verkünder Mohammed.

Von seiner Jugend an war der um 570 in Nordostarabien geborene Mohammed viel herumgekommen, zuerst als Karawanenführer, später selbst als Kaufmann. Als er genug Geld verdient hatte, ließ er sich mit seinem Geschäft in Mekka nieder und vertiefte sich zunehmend in religiöse Studien. Aufmerksam las er die Texte der Juden und Christen. Zum Beten und zur Meditation verließ er regelmäßig die Stadt und ging zu einer einsamen Höhle auf dem Berg Hira, einige Kilometer außerhalb Mekkas. Dort, so berichtete er später, erschien ihm im Jahr 610 der Erzengel Gabriel und beauftragte ihn, die Lehre des einen Gottes niederzuschreiben und den Menschen zu verkünden. Mohammed sah sich in einer Tradition mit Abraham, Moses, David und Jesus, denen ebenfalls Engel erschienen waren und die alle Propheten des einen Gottes waren.

Mohammed begann, die Verkündigungen in Versen (Suren) aufzuschreiben und im heiligen Buch des Koran (arabisch für: Lesung) zu sammeln. Dieses fügte er der Thora von Moses, den Psalmen Davids und den Evangelien Jesu an. Seine Religion nannte er Islam (arabisch für: Hingebung an Allah, den einen Gott) und empfand sie als eine Vollendung des Juden- und Christentums. Anfangs hoffte er, dass neben den Arabern auch die Juden und Christen ihn als Propheten Gottes begrüßen würden. Aber er musste bald feststellen, dass ihm in Mekka nur einige Araber aus den ärmeren Klassen fasziniert zuhörten, während andere ihn ablehnten.

Enttäuscht verließ er 622 Mekka und zog mit einigen Anhängern nach Medina, eine Oasenstadt rund 340 Kilometer in nördlicher Richtung, in der mehr als die Hälfte der Einwohner Juden waren. Obwohl ihn auch hier die Juden ablehnten, erhielt er doch endlich unter den Arabern den Zulauf, auf den er lange gehofft hatte. Mit dem Jahr 622 beginnt deshalb auch die islamische Zeitrechnung. Mohammed wurde hier vom predigenden Kaufmann zum religiösen, politischen und militärischen Anführer. Nach harten Auseinandersetzungen mit den Juden Medinas, bei denen auch einige hundert Juden getötet wurden, akzeptierte Mohammed deren Distanzierung. Er verlegte die vorgeschriebene Gebetsrichtung von Jerusalem nach Mekka, wo ihm zuerst der Engel Gottes erschienen war.

Gleichzeitig lehnte er jede Rache oder weitere Verfolgung der Juden und Christen ab und setzte sich für ein friedliches Nebeneinander ein. Juden wie Christen sollten in den von ihm eroberten Gebieten Schutz und Glaubensfreiheit genießen (2. Sure 257). Später wurden Einschränkungen gemacht, es gab besondere Steuern für Nichtmuslime, Juden mussten gelegentlich gelbe Turbane oder gelbe Stoffzeichen tragen. Doch es kam niemals zu einer organisierten und systematischen Verfolgung. Ausbrüche einzelner muslimischer Fanatiker, die jüdische Gemeinden angriffen, blieben die Ausnahme. Nach Mohammeds Tod im Jahr 632 wuchs der Islam zu einem neuen arabischen Weltreich, das von den spanischen Pyrenäen bis zum asiatischen Fluss Indus reichte. Damit begann eine Phase der Zusammenarbeit von Muslimen und Juden, vor allem auf philosophischem und wissenschaftlichem Gebiet, von der beide Kulturen viele Vorteile hatten.

Die „Fünf Säulen des Islam"

Seit dem Beginn der islamischen Zeitrechnung im Jahr 622 wuchs diese Weltreligion nach dem Christentum (mit circa 1,55 Milliarden Anhängern) zur zweitgrößten Religion (mit circa 1 Milliarde Anhängern). Zum Vergleich: Das Judentum hat circa 15 Millionen Anhänger. Es gibt verschiedene Strömungen, doch allen Muslimen gemeinsam sind die „Fünf Säulen des Islam":

1. Das Bekenntnis zum islamischen Glauben („Es existiert kein Gott außer Allah, und Mohammed ist der Gesandte Gottes"),
2. Die Verrichtung des Gebets,

3. Das Almosengeben,
4. Die Einhaltung der Fastenzeit („Ramadan"),
5. Die Wallfahrt nach Mekka.

Der „heilige Krieg" oder „Kampf für Gottes Pfad" (arabisch: Dschihad) ist übrigens kein fester Bestandteil des Islam. Der Begriff geht zurück auf eine Stelle im Koran (2. Sure 186), die ausdrücklich friedliche Mittel vorschreibt: „Kämpft für Gottes Pfad gegen die, die euch bekämpfen, aber seid nicht aggressiv ..."

Nach der Mitte des 8. Jahrhunderts dehnte sich das islamisch-arabische Reich gewaltig aus. Für gut 400 Jahre, bis zum Beginn der christlichen „Rückeroberung", lebten rund 90 Prozent aller Juden in der Welt unter seinem Einflussbereich. Als Bagdad (heute die Hauptstadt des Irak) die Hauptstadt des islamischen Weltreichs wurde, traten zwar einige Juden in der Region freiwillig zum Islam über. Die Mehrzahl aber blieb ihrem Glauben treu. Ihre Einrichtungen – Schulen, Krankenhäuser, die Gemeindeverwaltung und ein eigener Gerichtshof – wurden von den neuen Machthabern respektiert.

Etwa ab der Mitte des 10. Jahrhunderts verlagerte sich das kulturelle Zentrum des Judentums allmählich von Bagdad nach Spanien. Dort hatte es seit den Zeiten des Römischen Reiches jüdische Gemeinden gegeben. Als das Christentum römische Staatsreligion geworden war, hatten auch spanische Juden viele Verfolgungen erleiden müssen. Sie begrüßten deshalb von Anfang an die liberale Haltung der neuen arabischen Herrscher, die ab 711 in Spanien und Portugal erschienen waren. Juden konnten jetzt selbst hohe Positionen als Minister, Ärzte, Gelehrte und Militärführer einnehmen. Gebildete Juden sprachen neben dem Hebräischen (und oft auch Griechischen) in der Regel fließend arabisch und nahmen zuweilen auch arabische Namen an. Viele Bücher erschienen gleichzeitig in Arabisch und Hebräisch. Medizin und Philosophie wurden von beiden Kulturen mit großem Eifer und Respekt für Bildung und Wissenschaft weiterentwickelt.

Im spanischen Córdoba wurde 1135 auch der berühmte Gelehrte Moses ben Maimon (noch bekannter unter der lateinischen Version seines Namens:

Maimonides) geboren. Er machte Karriere und wurde später im ägyptischen Kairo zum Leibarzt des Sultans Saladin und zum Oberhaupt der jüdischen Gemeinde. Von manchen wird er bis heute als der größte jüdische Gelehrte aller Zeiten angesehen.

Rabbi Maimonides, 43 Jahre, Arzt und Gelehrter, 1178, in Fustat (Vorstadt von Kairo):

» Erzogen und unterrichtet wurde ich wie mein jüngerer Lieblingsbruder David von meinem Vater, der als Richter am jüdischen Gericht von Córdoba arbeitete. Als Kind erlebte ich den freien Geist des Islam. Als Jugendlicher erlebte ich zum ersten Mal seine fanatische Seite, als die islamische Sekte der Almohaden von Marokko kam und – was es so vorher hier nicht gegeben hatte – plötzlich Juden und Christen zum Eintritt in den Islam zwingen wollte. Ich war damals erst dreizehn Jahre alt. Zum ersten Mal hatte ich damals Angst, dass David etwas geschehen könnte. Ich persönlich hielt mich fern von der Politik und schrieb damals meine ersten beiden Bücher, natürlich in Arabisch: das erste über den griechischen Philosophen Aristoteles, mit dem ich mich später noch oft beschäftigte; das zweite war eine kleine Abhandlung über die Funktion des modernen Kalenders.

Es blieb unruhig in Cordoba, sodass Vater beschloss, Spanien zu verlassen. Der Traum der ganzen Familie war, einmal die heiligen Orte in Palästina zu sehen. Wir wollten über Nordafrika reisen, aber blieben bereits im marokkanischen Fez hängen, sozusagen in der Höhle des Löwen, denn es war die Heimat der aggressiven Almohaden. Dies war kurz nach meinem 25. Geburtstag. Noch niemals zuvor hatte ich so viel Leid und Unterdrückung erlebt wie hier. Die Juden wurden geschlagen und beraubt, wenn sie nicht zum Islam übertraten. Ein Rabbi aus Fez sagte zu mir: ‚Wir sind da, um Zeugnis abzulegen. Wir sollten lieber als Märtyrer leiden, anstatt zum Schein dem Islam beizutreten.'

Angesichts der Not der Menschen schrieb ich ihm einen ‚Brief über das Martyrium'. Ich bin der Ansicht, dass man jüdischen Menschen erlauben muss, bestimmte jüdische Gesetze zu verletzen, wenn es das eigene Leben rettet. Sicher gibt es Grenzen, und man darf nicht so weit herabsinken, auch zu morden. Aber der Islam ist immerhin kein Götzendienst und fordert von uns nicht die schwere Sünde, Götzen anzubeten. Daher ist es besser, sich in Zwangsbekehrungen zu fügen. Allerdings sollte man versuchen, das Land der Unterdrückung so bald wie möglich zu verlassen.

Endlich, nach fünf Jahren, gelang es uns selbst, wieder aus Marokko herauszukommen. Gemeinsam besuchten wir Palästina und zogen dann nach Kairo. Als mein Vater starb, taten David und ich unser Erbe zusammen, und David eröffnete einen Handel mit Juwelen, der ihn oft auf Reisen in andere Länder führte. Von seinem Gewinn unterstützte er mich bei meinen Studien. Wo immer er war, hielten wir Briefkontakt. Das schrecklichste Ereignis in meinem persönlichen Leben geschah 1173, als mich die Nachricht erreichte, dass mein Bruder David im Indischen Ozean ertrunken sei. Niemanden habe ich in meinem Leben so geliebt wie ihn.

Erst nach einer Weile wurde mir klar, dass ich nun selbst für meinen Lebensunterhalt sorgen musste. Ich eröffnete eine Arztpraxis, die bald so erfolgreich lief, dass mich der Großwesir des Sultans Saladin bat, zusätzlich als Leibarzt des Sultans tätig zu werden. Einerseits war dies natürlich eine große Ehre. Andererseits hatte ich auch so schon viel mit meinen vielen Patienten zu tun und komme seitdem kaum noch zu meiner wissenschaftlichen Arbeit. Ich esse

Moses ben Maimon; nach einer Skulptur in seiner Geburtsstadt Córdoba

höchstens noch einmal am Tag, zu mehr ist keine Zeit. Für die jüdische Gemeinde habe ich nur noch den Schabbat reserviert, an dem viele nach dem Morgengottesdienst zu mir zur Beratung kommen. An allen Tagen der Woche ist die Arztpraxis bis in die späten Abendstunden geöffnet, wobei ich die letzten Patienten nur noch liegend und manchmal mit heiserer Stimme empfangen kann. «

Neben vielen anderen medizinischen, juristischen und religiösen Fachbüchern veröffentlichte Maimonides im Jahr 1190 sein letztes und zugleich umstrittenstes Werk: Es hieß *More Nebuchim* („*Führer der Verwirrten*") und es sollte seine Schüler ermutigen, arabische Logik und die klassische Philosophie des Aristoteles in Einklang zu bringen mit dem jüdischen Glauben und seinen Gesetzen. Für Maimonides bestand kein Widerspruch zwischen Vernunft und Glauben, und darin inspirierte er viele Denker noch Jahrhunderte später.

Maimonides wurde von Juden wie Arabern respektiert und verehrt. Doch als er 1205 starb, zeichnete sich bereits ein Ende der guten Zusammenarbeit zwischen beiden Kulturen ab. Das arabische Weltreich wurde zunehmend bedrängt von den Christen im Westen und den Mongolen im Osten, und damit veränderte sich auch das Klima gegenüber den religiösen Minderheiten.

So war Spanien – bis auf Granada – ab 1262 wieder weitgehend in christlicher Hand. Und die Christen hatten sich bereits seit den Kreuzzügen ab 1096 als wesentlich erbarmungsloser und intoleranter gegenüber Andersgläubigen gezeigt, als es die Muslime zu Zeiten ihrer Herrschaft je waren.

Im Namen des Kreuzes: Verfolgungen durch Christen

Die ersten christlichen Gemeinden wurden von den Römern lediglich als eine neue jüdische Sekte betrachtet. Diese Sekte wurde erst später als zunehmend gefährlich eingeschätzt, weil ihre Anhänger nur Jesus, „Gottes Sohn", als ihren Herrn akzeptierten und nicht den römischen Kaiser. Durch das Weitererzählen und Niederschreiben des Lebens und der Wundertaten ihres Herrn schafften es die Jünger Jesu – besonders der als Jude geborene Paulus –, immer neue Menschen für den christlichen Glauben zu begeistern.

Die römischen Kaiser versuchten beinahe 300 Jahre lang vergeblich, die Anhänger von Jesus Christus, die sich Christen nennen, durch brutale Verfolgung zu vernichten. Aber „das Blut der Märtyrer" wurde „die Saat der Kirche". Kaiser Konstantin akzeptierte schließlich die neue Macht des Kreuzes, jenes Märtyrersymbols, das die Christen zu ihrem Zeichen erkoren haben, und tolerierte 313 das Christentum als Religion. Im Jahre 380 wurde es sogar zur neuen römischen Staatsreligion.

Zu Zeiten ihrer Unterdrückung waren die ersten Christen auch von Juden attackiert worden, weil diese Jesus nicht als den lange erwarteten Erlöser verehren wollten. Nach ihrer Anerkennung richtete sich die Wut und Rache vieler Christen vor allem gegen ihre ehemaligen Glaubens-Konkurrenten. Die christlichen Überfälle auf Synagogen nahmen derartig zu, dass der römische Kaiser Theodosius I. im Jahr 393 erschrocken die jüdischen Gotteshäuser unter staatlichen Schutz stellte. Aber schon seine Nachfolger erließen Gesetze gegen Juden, die ihnen zum Beispiel verboten, öffentliche Ämter zu bekleiden oder neue Synagogen zu bauen. Das war aber erst ein Vorspiel dessen, was mit der christlichen Kirche als machtvoller neuer Institution und ihrem Oberhaupt, dem Papst in Rom, noch kommen sollte.

Zunächst gibt es jedoch eine „Ablenkung" durch das Aufkommen des Islam, der ab 638 Jerusalem erobert und ab 711 auch in Spanien Fuß fasst, wie im vorhergehenden Kapitel beschrieben. Muslime und Juden werden gemeinsam als Gegner der christlichen Kirche ausgemacht und mit zunehmender Gewalt bekämpft. Dies gipfelt im Jahr 1095 im Aufruf des Papstes Urban II. an alle Christen zur „Befreiung des Heiligen Grabes", womit die Grabstätte von Jesus in Jerusalem gemeint ist.

Christliche Führer betrachteten es als „gottgefällig", „Heiden" (das heißt alle Nichtchristen) zu bekehren und sie auch zu töten, wenn sie sich weigerten. In der aufgeputschten Stimmung bemühte man sich häufig nicht mehr um Bekehrung, sondern metzelte Nichtchristen gleich nieder. Der Einfachheit halber begann man mit dem Morden bereits vor der eigenen Haustür und lange vor Erreichen des „Heiligen Landes": Der erste Kreuzzug begann 1096 mit gewalttätigen Überfällen gegen Juden in Ostfrankreich und im deutschen Rheinland.

In diesen Städten hatten Juden vor den Kreuzzügen Jahrhunderte lang in Einklang mit den Christen gelebt. Davon war nun nichts mehr zu merken: Zuerst waren die jüdischen Gemeinden in Metz und Rouen dran, danach überfielen die plündernden und mordenden Banden die Juden in Speyer, Worms, Mainz, Trier, Köln, Neuss und Xanten und zogen dann ostwärts weiter durch Böhmen nach Prag. Wenige christliche Bischöfe protestierten gegen die barbarischen Metzeleien, die meisten sahen zu oder hetzten sogar zusätzlich auf.

Rahel bat Jehuda, 19 Jahre, Enkeltochter von Rabbi Gerschom ben Jehuda, am 22. Mai 1096, in einem Dorf bei Worms:

» Mein Großvater war der berühmte Rabbi Gerschom ben Jehuda, der 1040 in Mainz starb und von vielen bis heute als ‚die Leuchte des Exils' verehrt wird. Was ich vor vier Tagen, am 18. Mai, in Worms erlebt habe, ist so grauenhaft, so entsetzlich ... nein, Großvater hätte das niemals für möglich gehalten!

Im Grunde bin ich froh, dass beide Großeltern dies nicht mehr erleben müssen. Mein Großvater träumte von einer besseren Welt für alle Menschen und einem guten Zusammenleben von Juden und Christen. Übrigens auch von Männern und Frauen, denn Mutter hat mir oft erzählt, wie wichtig ihm sein Einsatz für die Rechte der Frauen war. So sprach er zum Beispiel ein Verbot der Ehescheidung ohne Zustimmung der Frau aus. Er wurde verehrt weit über die Grenzen des Rheinlandes hinaus ... und wie sieht seine Synagoge heute aus?

Ich weiß es nicht. Ich habe nur gehört, dass die Horden von Worms weiter nach Mainz gezogen sind. Ich war in Worms vor vier Tagen bei der Familie meines Mannes, als es begann. Am 17. Mai hatten wir gemeinsam den Schabbat gefeiert und am Sonntag, dem Feiertag der Christen, ging es schon in den Morgenstunden los. Erst vernahmen wir nur ein Grölen „Tötet die Jesusmörder!", dann zersplitterte auch schon Holz, und man hörte die ersten Hilfeschreie von Gepeinigten. Erst versuchten die Eltern meines Mannes noch, sich zu verstecken, aber wir konnten sehen, wie bei den Nachbarn auch in den Häusern alles kurz und klein geschlagen wurde.

Als sie unser Haus erreicht hatten, versuchte sich mein Schwiegervater in den Weg zu stellen, aber ihm wurde einfach mit einem Schwert der Kopf abgeschlagen. Meine Schwiegermutter stach sich daraufhin mit einem Küchenmesser selbst ins Herz und brach tot zusammen. Im letzten Moment sprang ich in einen leeren Brunnenschacht hinterm Haus, wobei ich mir meinen linken Arm brach. Ich blieb zwei Tage in dem dunklen und modrigen Schacht, und das war noch mein Glück.

Erst am Abend des zweiten Tages beugte sich das Gesicht des etwa zwölfjährigen Nachbarjungen Schlomo auf der Suche nach Wasser über die Öffnung, wobei er furchtbar erschrak, als er mich in der Tiefe hocken sah. Nur mit seiner Hilfe kam ich überhaupt wieder heraus. Er erzählte mir, dass rund 700 unserer Menschen bei der Synagoge zusammengetrieben und dort erschlagen worden seien. Er sei der einzige Überlebende seiner Familie, berichtete er heulend. Er hätte mit angesehen, wie seine Mutter ein gerade geborenes Baby getötet habe, damit es nicht in die Hände der christlichen Folterer fallen solle.

Gemeinsam blieben wir im Hof, bis es ganz dunkel war, und schlichen dann aus der Stadt. Wir haben jetzt in einem kleinen Dorf ein Versteck bei einer befreundeten Christenfamilie gefunden, die bis vor kurzem Patienten bei meinem Vater, der als Arzt arbeitet, waren. Ich muss auf Schlomo aufpassen. Er will nicht mehr leben, den ganzen Tag weint er. «

Im Sommer 1099 erreichten die Kreuzritter tatsächlich Jerusalem und stürmten die von Muslimen und Juden gemeinsam verteidigte Stadt. Unter beiden Gruppen richteten sie ein furchtbares Blutbad an. Im gleichen Jahr wurde das christliche Königreich Jerusalem ausgerufen, das sich rund 100 Jahre halten konnte, bevor 1303 der letzte christliche Posten in Palästina von den Muslimen zurückerobert wurde.

Insgesamt gab es sieben Kreuzzüge, der letzte fand 1290 statt. Sie alle verfehlten ihr ursprüngliches Ziel einer dauerhaften „Befreiung des heiligen Grabes". Letztlich waren sie nur Raubzüge und brachten unsägliches Leidüber die Nichtchristen.

Die Verfolgungen beeinflussten das religiöse Empfinden der überlebenden Juden. Unter den aschkenasischen Juden, die aus Ostfrankreich und Deutschland stammten, entwickelte sich eine nach innen gerichtete fromme Spiritualität, die nach außen tolerant und sozial eingestellt war – der Chassidismus. Seine Anhänger, die Chassidim (die Frommen), sind streng sich selbst gegenüber, sie singen ihre Gebete in höchster Konzentration und in verschiedenen Melodien, je nach Thema des Gebets. Sie wählten dazu nicht Hebräisch, sondern die Sprache des jeweiligen Volkes, denn es ging ihnen auch um ein tiefes Verstehen des Betens. Noch viele Jahrhunderte später sollte der Chassidismus in Osteuropa eine wichtige Bedeutung bekommen.

Eine andere Folge der Kreuzzüge war, dass viele Christen nun selbst Handel mit dem Nahen Orient trieben, was früher oft jüdische Kaufleute übernommen hatten. Um lästige Konkurrenz auszuschalten, verboten die Christen den Juden verschiedene Berufe. Sie drängten sie aus dem internationalen Handel in Berufe, die wenig Ansehen hatten oder den Christen verboten waren, wie das Geldgeschäft. Eines der Feindbilder des „Wucher treibenden" Juden hat hier seinen erzwungenen Ursprung.

In einigen europäischen Ländern wurde die jüdische Bevölkerung sogar systematisch vertrieben: Gegen Ende der Kreuzzüge wies 1290 der englische König Eduard I. die Juden „für immer" von den britischen Inseln. Deshalb gab es rund 500 Jahre keine jüdischen Gemeinden in England. Nach mehreren Verfolgungen jagte auch der französische König Karl VI. die Juden 1394 aus dem Land. In Deutschland, das in kleine Grafschaften und Köngreiche aufgeteilt war, gelang dies niemals landesweit: Waren die Juden bei dem einen ausgewiesen, nahm der andere sie auf – allerdings gegen eine hohe „Schutzsteuer".

Fanatische Christen rechtfertigten ihre Verfolgungen, indem sie Juden der Hostienschändung beschuldigten: Sie behaupteten, dass Juden mit einer Nadel in die geweihten Oblaten stachen, die den Leib Christi symbolisieren. Außerdem wurde behauptet, Juden würden Christenkinder ermorden und ihr Blut für religiöse Riten benutzen. Nach Ausbruch der Pest in Europa kam der schlimmste aller Vorwürfe: Da sich niemand die Ursache der Seuche erklären konnte, verdächtigte man die Juden, sie hätten die Brunnen von Christen vergiftet. In den Jahren 1348-1350 starben rund ein Drittel der europäischen Bevölkerung am „Schwarzen Tod", darunter auch viele Juden. Das Gerücht über die Brunnenvergiftung mag begonnen haben, weil es in einigen jüdischen Gemeinden anfangs weniger Opfer zu beklagen gab als bei den christlichen Nachbargemeinden – dies ist heute medizinisch erklärbar, weil die Juden zahlreiche religiöse Reinigungsvorschriften hatten und deshalb in größerer Hygiene lebten als die Christen.

All diese Vorwürfe mündeten in immer neuen Überfällen, Einschränkungen und Vertreibungen von Juden. Hier haben verschiedene Kennzeichnungsvorschriften für Juden ihren Ursprung: Sie mussten gelbe Stoffabzeichen, gelbe Ringe oder Kopfbedeckungen tragen, weil Häuser, in denen es ansteckende Krankheiten gab, im Mittelalter mit der Farbe Gelb gekennzeichnet wurden.

Nach der christlichen Rückeroberung (Reconquista) Spaniens und Portugals etwa ab 1200 gab es anfangs eine durchaus friedliche Phase. Erst etwa 200 Jahre später, mit zunehmenden wirtschaftlichen Problemen, gab es ähnliche Einschränkungen und Verfolgungen, wie dies aus anderen christlichen Teilen Europas bereits bekannt ist. Einige Juden versuchten, den Angriffen zu entgehen, indem sie sich christlich taufen ließen. Sie wurden erst Conversos (Übergetretene) genannt, später aber zunehmend verdächtigt, insgeheim dem jüdischen Glauben treu zu sein. Verächtlich erhielten sie zunehmend den Beinamen Marranos (Schweine). Da ihre Kenntnisse und Dienste aber nach der völligen Vertreibung der Muslime anfangs oft noch unentbehrlich erschienen, wurden sie noch eine Weile – wenn auch unter scharfer Kontrolle der „Glaubensgerichte" (Inquisition) – geduldet.

Die Katastrophe für die aus Spanien und Portugal stammenden sefardischen Juden brach 1492 herein. Dies war das gleiche Jahr, in dem der aus einer ehemals jüdisch-italienischen Familie stammende Christoph Kolumbus für die spanische Königin Isabella Amerika „entdeckte“. Auf Befehl der Königin mussten bis zum 31. März 1492 alle Juden Spaniens das Land verlassen. Portugal schloss sich dieser Ausweisung 1497 an.

Wohin nur? Wo waren noch Länder, die Juden eine Möglichkeit zum Leben und Überleben geben würden?

Viele waren es nicht. In Osteuropa bildete Polen eine Ausnahme, wo König Boleslaw V. den jüdischen Flüchtlingen schon ab 1264 Schutz anbot. Vor allem Juden aus Deutschland begründeten hier das osteuropäische Judentum. Ihre Sprache, das Jiddisch, ist dem Deutschen verwandt. Viele Juden aus Spanien und Portugal flohen ins türkische Reich der Osmanen, wo Muslime und Juden relativ friedlich miteinander lebten. Und einige gingen später in die Niederlande. Die Hafenstadt Amsterdam sollte in den folgenden Jahrzehnten zum „Jerusalem des Westens“ werden.

Amsterdam: Blüte des Handels

Im christlichen Europa beginnen gegen Ende des Mittelalters viele Menschen, traditionelle Denkweisen in Frage zu stellen. Der deutsche Mönch Martin Luther (1483-1546) kritisiert öffentlich die Macht der Kirche und den Anspruch des Papstes, der „Stellvertreter Gottes" zu sein. Er beginnt einen langen Streit mit den kirchlichen und staatlichen Mächten und gewinnt dabei zahlreiche Anhänger.

Für Luther steht die Bibel – „das Wort Gottes" – höher als die mächtige Kirche. Deshalb übersetzt er die Bibel aus dem Lateinischen, das nur wenige Gebildete lesen konnten, ins Deutsche. Durch die neue Technik des Buchdrucks können zum ersten Mal große Teile der Bevölkerung die „Heilige Schrift" selbst lesen. Sein Erfolg spaltet die christliche Kirche in Westeuropa in die Katholiken mit ihrem Papst in Rom und die evangelischen „Protestanten".

Anfangs hofften viele Juden, dass Luthers Ideen auch für sie Achtung und Glaubensfreiheit bedeuten würden. Immerhin hatte Luther 1523 in seinem Aufsatz „Dass Jesus sei ein geborener Jude" geschrieben: „Sie (die Päpste und Bischöfe) haben mit den Juden gehandelt, als wären es Hunde und nicht Menschen ... Darum wäre meine Bitte und mein Rat, dass man säuberlich mit ihnen umginge. Will man ihnen helfen, so muss man nicht des Papstes, sondern christlicher Liebe Gesetz an ihnen üben und sie freundlich annehmen."

Doch zwanzig Jahre später war von dieser Achtung nichts mehr übrig. 1543 forderte er in seinem Text „Von den Juden und ihren Lügen", dass man ihre Synagogen, Schulen und Häuser anzünden und ihnen die Ausübung ihres Glaubens verbieten solle. Noch Jahrhunderte später beriefen sich Menschen, die Juden hassen, auf diese letzten Schriften des alten Luther.

Erwähnenswert ist dagegen noch ein anderer christlicher Zeitgenosse Luthers, der Jurist und Dichter Johannes Reuchlin (1455-1522). Dieser hatte selbst Hebräisch gelernt und wurde für seine judenfreundliche Haltung in Köln wegen Ketzerei angeklagt. Er wurde zwar verurteilt, da er aber über die Landesgrenzen als Gelehrter berühmt war, wurde das Urteil nie vollstreckt. Er schrieb: „Niemals hat Gott den Christen verboten, mit den Juden zu verkehren, zu handeln, zusammen zu sein. Wir sollen ihre Kinder nicht ohne ihren Willen taufen und ihre Bücher nicht ohne ihren Willen an uns nehmen, denn ihre Bücher sind ihnen so lieb wie ihre Kinder."

Auch in den Niederlanden hatte sich eine „protestantische" Strömung von Christen durchgesetzt, die sich nach ihrem Begründer, dem Schweizer Johannes Calvin (1509-1564), Calvinisten nannten. Andersgläubige wurden von ihnen nicht verfolgt und durften ihren Glauben ausüben. 1619 legten sie fest, dass die Städte entscheiden durften, ob sie Juden aufnehmen wollten. Und Juden sollten keine besonderen Kennzeichen an ihrer Kleidung mehr tragen müssen.

In die große Hafenstadt Amsterdam kamen anfangs vor allem wohlhabende jüdische Kaufleute und Bankiers aus Spanien und Portugal. Die einheimischen Geschäftsleute versprachen sich von deren internationalen Kontakten und Investitionen Gewinn. Bereits 1602 wurde die erste sefardische Gemeinde gegründet, die Amsterdamer sprachen anerkennend von ihren „Portugiesen".

Wesentlich reservierter wurden die ärmeren aschkenasischen Juden empfangen. Diese waren vor Verfolgungen in Mittel- und Osteuropa geflüchtet und brachten häufig nicht mehr mit als die Kleider, die sie am Leib trugen. Ihre erste Gemeinde wurde 1635 gegründet, wobei es kein Zufall ist, dass diese Trennung noch lange bestehen blieb. Die reichen Juden aus Spanien und Portugal waren von Kleidung und Lebensstil längst Teil der Amsterdamer Oberschicht, während die vielen jiddisch sprechenden aschkenasischen Juden noch immer in sozialer Not als Straßenhändler, einfache Arbeiter und Handwerker ihr Überleben suchten.

Diese Situation verschlechterte sich ab 1632, als die Amsterdamer Bürger den Juden verboten, Mitglieder in Zünften zu werden, in denen vor allem die Handwerker organisiert waren. Das traf vor allem die kleinen Leute, da die reichen Geschäftsleute ohnehin ihr Geld außerhalb der Zünfte verdienten. Nur wenige Berufe waren von diesen Einschränkungen ausgenommen, sodass viele Juden dorthin auswichen. So arbeiteten viele als Apotheker und Ärzte, als koschere Fleischer, Buchdrucker und besonders als Diamantschleifer.

Über das Leben der Juden zu jener Zeit in Amsterdam gibt es viele lebendige Zeugnisse. So hatte der weltberühmte Maler Rembrandt van Rijn (1609-1669) in der Jodenbreestraat („Breite Judenstraße“) sein Atelier. Ein anderer berühmter Zeitgenosse ist der Philosoph Baruch de Spinoza (1632-1677). Obwohl er international bekannt war, wurde er von der jüdischen Gemeinde wegen seiner Ansichten ausgeschlossen: Er wurde „mit dem Bann belegt“ und musste isoliert und unter ärmlichen Verhältnissen leben.

Baruch de Spinoza, 28 Jahre, Linsenschleifer und Philosoph, 1660, in Den Haag:

» Meine Eltern waren getaufte Juden aus Portugal, ‚Schweine‘ hatte man uns dort genannt. Bei meiner Geburt in Amsterdam hofften meine Eltern, dass ihr Sohn einmal frei und aufrecht seinen Glauben und seine Gedanken würde leben können. Sicher hätten sie sich niemals vorstellen können, dass ich am meisten angefeindet werden würde von unseren Glaubensgenossen ... der jüdischen Gemeinde Amsterdams!

Diese Spießer, die Angst vor jeder Abweichung, vor jedem eigenen Denken haben! Schon Maimonides hat uns gelehrt, dass Verstand und Glauben kein Widerspruch sein müssen. Aber sage das mal diesen Herren, die sich vor Angst in die Hosen scheißen ...

Worum es mir geht? Seit ich das Glück hatte, den Franzosen Descartes zu lesen mit seinem Ausspruch ‚Ich denke, und darum bin ich!‘, fühle ich diese Freiheit des Menschen zu selbstständigem Denken in mir. Nimm zum Beispiel die Sünde: Es wird gesagt, sie kommt durch das Böse. Aber was ist das? Es ist das Unwissen, das uns sündigen lässt. Das uns aus Dummheit schlimme Dinge anrichten lässt, die wir bei tieferem Verständnis niemals tun würden. Darüber versuchte ich zu reden, mit Freunden, mit Nachbarn, ich schrieb auch Briefe an berühmte Philosophen in anderen Ländern, wie zum Beispiel an den Freiherrn von Leibniz nach Berlin.

Wahrscheinlich sind die Gemeindeältesten in Amsterdam einfach sauer und eifersüchtig auf diese Kontakte. Sie erzählen immer dieselben Geschichten und wollen nichts dazulernen. Als ich ihnen, nachdem sie mich angeklagt hatten, entgegenrief: ‚Dann lest doch endlich mal selbst das Neue Testament! Von Jesus können wir genauso lernen wie von Moses!', da war der Ofen endgültig aus. ‚Bann über diesen Kerl!', schrie einer und irgendwann schlossen sie sich ihm alle an. Da war ich gerade mal 24 Jahre ...

Gebannt sein bedeutet, dass niemand aus der Gemeinde mit dir – weder privat noch geschäftlich – umgehen darf. Und das ist hart. Aber so kriegen sie mich nicht klein! Nur wenn ich öffentlich widerrufe und eine Bußsumme bezahle, könnte ich eine Aufhebung des Banns beantragen. Danke sehr – nicht mit mir! Aus Protest habe ich meinen hebräischen Vornamen Baruch, der Gesegnete, ins Lateinische übersetzt und nenne mich fortan Benedictus.

Mein Traum ist, meine Gedanken über Theologie und Politik in einem Buch zusammenzufassen. Es soll heißen *Tractatus Theologico-Politicus*. Aber ob mir das jemals gelingen wird? Zur Zeit muss ich vor allem für meinen täglichen Broterwerb sorgen. Zum Glück habe ich das Handwerk des Glasschleifens erlernt. Nachdem ich Amsterdam verlassen habe, konnte ich hier in Den Haag eine Anstellung bei einem Betrieb finden, der Linsen für Fernrohre herstellt. Die Arbeit ist so langweilig, dass ich zumindest die meiste Zeit über meine Philosophie nachdenken kann ... Widerrufen werde ich niemals! «

Baruch (oder Benedictus) de Spinoza gelingt es tatsächlich, das große Buch seines Lebens 1670, wenn auch anonym, zu veröffentlichen. Inzwischen hat er vom Glasstaub Lungenschäden und leidet immer öfter an Atemnot. Doch selbst als ihm die deutsche Universität Heidelberg eine Professur anbietet, lehnt er ab, weil er fürchtet, wieder neue Kompromisse machen zu müssen. Mit nur 44 Jahren stirbt er arm und einsam, aber bis zuletzt frei in seinem Denken und Glauben. Ein zweites Manuskript über „Ethik" wird erst nach seinem Tod veröffentlicht. Jahrhunderte später werden ihn berühmte Dichter wie Johann Wolfgang von Goethe, Naturwissenschaftler wie Albert Einstein und Philosophen wie Bertrand Russell zitieren.

Ab 1670 dürfen Juden in Amsterdam öffentlich sichtbare Synagogen bauen.

Schon 1671 eröffnet die „Große Synagoge“ der aschkenasischen Gemeinde. Die „Portugiesische Synagoge“ der sefardischen Juden, ein dem Jerusalemer Tempel nachempfundener prachtvoller Bau, wird 1675 eingeweiht.

Im gleichen Jahrhundert, in dem sich die kleinen Niederlande für verfolgte Juden öffneten, mussten weitere Zufluchtsorte gefunden werden. Besonders rege waren die Juden, die in den Niederlanden bereits sicheren Boden unter den Füßen hatten. Über verschiedene Handelsgesellschaften, die oft von reichen Amsterdamer Juden finanziert wurden, segelten Schiffe in die „Neue Welt“ von Amerika, um dort Lebensmöglichkeiten zu erkunden. Das war nicht immer einfach. 1654 weigerte sich Peter Stuyvesant, der Gouverneur von Nieuw Amsterdam (das ab 1664 New York heißen sollte), eine neu angekommene Gruppe Juden zuzulassen. Stuyvesant war Angestellter der West-Indischen Kompagnie, einer Handelsgesellschaft, die zu einem großen Teil von Amsterdamer Juden finanziert wurde. Als ihnen zu Ohren kam, dass ihre Glaubengenossen nicht in Nieuw Amsterdam wohnen durften, drohten sie damit, ihr Geld in französische Handelsunternehmen zu stecken, die auch in Amerika tätig waren. Wenige Tage nach Erhalt des Protestbriefs wurden die Juden in Nieuw Amsterdam aufgenommen.

Ein anderer Amsterdamer Jude, der Verleger und Rabbi Manasse ben Israel (1604-1657), ein Nachbar Rembrandts, schaffte es, den mächtigen Staatsmann und „Lordprotektor“ von England, Schottland und Irland, Oliver Cromwell, dazu zu bewegen, nach beinah 500 Jahren ab 1656 auch auf den britischen Inseln wieder Juden zuzulassen.

Solchen Erfolgen standen andere Rückschläge gegenüber: Ab 1618 waren in Deutschland lang schwelende Anfeindungen zwischen katholischen und evangelischen Christen in einen offenen Bürgerkrieg übergegangen, der im Laufe seiner Entwicklung auch Dänemark, Schweden und Frankreich mit hineinzog. Das Hauptschlachtfeld aber blieben die deutschen Länder, in denen sich unvorstellbare Grausamkeiten und Verwüstungen abspielten, die niemanden, auch die Juden nicht, verschonten. Es drehte sich schon längst nicht mehr um Glaubensfragen, sondern um Macht. Erst 1648 konnte der „Dreißigjährige Krieg“ mit dem „Westfälischen Frieden“, der beiden christlichen Konfessionen gewisse Rechte zusicherte, beendet werden. Im gleichen Jahr kam eine andere Schreckensmeldung aus Polen:

Dort hatten Juden seit König Boleslaw V. Schutz gefunden und über viele Jahrhunderte beachtliche Positionen errungen. Doch nach dem Tod des polnischen Königs Wladislaw IV. 1648 kam es zu einem Gemetzel. Rund 100 000 Juden wurden ermordet, etwa 18 000 Synagogen niedergebrannt. Der ukrainische Teil des Königreichs Polen mit der Hauptstadt Kiew wurde dem russischen Zarenreich eingegliedert. Dieser Schock ging tief und beendete die Jahrhunderte lange Ostwanderung der Juden.

Wie schon nach den Massakern der Kreuzzüge erlebte der Chassidismus nun in Osteuropa nach dieser neuen Katastrophe eine Wiedergeburt. Anders als die abstrakte Argumentierkunst traditioneller Schriftgelehrter oder die Rätselsprache der Kabbala-Mystik vertraten die Chassidim eine volkstümliche Frömmigkeit. Ihr Begründer in Osteuropa, Israel ben Elieser (ca. 1700-1760), später vor allem bekannt als Baal Schem Tow („Meister des göttlichen Namens"), lehnte das Trauern und Fasten ab. Er war für eine einfache Religiosität, bei der auch tägliches Essen, Trinken, Tanzen, Singen, Baden, ja auch der Geschlechtsverkehr als fromme Handlungen angesehen wurden, die man mit Freude ausüben solle. Die meisten Anhänger fand der Chassidismus unter den armen Juden in Galizien und der Ukraine, während viele Rabbinate in Litauen diese Strömung ablehnten. Gemeinsam blieb ihnen die Distanz gegenüber den Ideen der Aufklärung im Westen.

Doch dieser einmal erwachte Geist der Aufklärung war im Westen Europas nicht mehr aufzuhalten. Viele Juden, die dort lebten, sollten zu seinem Erstarken beitragen.

Chassidim feiern das Neujahrsfest

Deutschland und Frankreich: Erfolge der Aufklärung

Als Moses Heymann 1729 als Sohn des armen Thoraschreibers und Lehrers Mendel Heymann in der deutschen Residenzstadt Dessau geboren wurde, begann sein Leben nicht vielversprechend. Bereits als Kind hatte er einen Buckel, stotterte und war gehbehindert. Außerdem blieb er kleiner als andere Kinder seines Alters. Doch fiel seinem Vater schon früh auf, dass er besonders begabt für Sprachen war. Nachdem der Vater ihm Hebräisch in Wort und Schrift beigebracht hatte, durfte er weiteren Unterricht beim besser geschulten Rabbiner David Fränkel nehmen. Als Moses 14 Jahre alt war, erhielt sein Lehrer eine gut bezahlte Stelle als Oberrabbiner in der ersten Berliner Gemeindesynagoge. Was sollte aus Moses werden?

Kurzentschlossen machte sich der Junge trotz seiner Gehbehinderung auf den Weg – von Dessau nach Berlin, immerhin rund 120 Kilometer. Aber er schaffte es, erreichte das Südtor der Stadt und erfuhr, dass Juden nur durch das Tor Rosenthaler Straße, im Norden der Stadt, herein dürften. Als er endlich dort ankam, taten sich zwei neue Schwierigkeiten auf: Das wenige Geld, das ihm sein Vater für die erste Zeit in Berlin mitgegeben hatte, ging bereits hier drauf für den sogenannten „Leibzoll", der damals als Demütigung allein für Juden und Vieh entrichtet werden musste. Dann sollte er dem Zöllner seinen Namen nennen.

„Moses ist mein Name, Moses Menachem Heymann ...", stotterte der Junge unsicher. Der Zöllner hatte ihn nicht verstanden: „Wie heißt du?"

Noch einmal betete Moses seinen vollständigen Namen herunter. Wieder begriff der Beamte nicht. Dann fuhr er ihn unfreundlich an: „Und der Name deines Vaters?"

„Mendel ...", antwortete Moses und entschied sich, dieses Mal nur den Vornamen zu nennen.

„Also, du bist Mendels Sohn? Dann heißt du hier Moses Mendelssohn. Punkt. Und jetzt verschwinde!"

Unter diesem Namen sollte er über Deutschlands Grenzen hinaus berühmt werden. Und er sollte auch persönlich dazu beitragen, dass derartige Schikanen gegenüber Juden eines Tages der Vergangenheit angehören würden.

Moses Mendelssohn, 48 Jahre, Philosoph, 1777, in Berlin:

» Meine ersten sieben Jahre in Berlin waren die schwersten. Ich half Rabbi Fränkel und in der Gemeinde, wo ich konnte, denn von ihrer Gunst hing es ab, ob ich bleiben durfte. Vater hatte selbst nicht genug, um mir Geld schicken zu können. Nebenbei lernte ich wie besessen: natürlich zuerst das Talmud-Studium, aber daneben auch Deutsch, Französisch, Latein, Griechisch, Mathematik, Naturwissenschaften und oftmals alles durcheinander, gerade so, wie ich Bücher leihen konnte oder jemand der älteren Schüler Zeit für mich hatte. Es gab Tage, da konnte ich abends nicht einschlafen vor Hunger. Aber niemals wagte ich zu betteln.

Als ich 21 war, fand ich eine Stelle beim Seidenfabrikanten Isaak Bernhard, zuerst als Hauslehrer, später auch als Buchhalter. Noch immer hatte ich keine eigene Aufenthaltsgenehmigung oder einen „Schutzbrief für Juden", wie es damals hieß, sondern durfte mich nur in Berlin aufhalten, weil Herr Bernhard mich als festen Angestellten auswies ...

Die wohl wichtigste Begegnung meines Lebens war die mit dem Dichter Gotthold Ephraim Lessing, der mir inzwischen zum lieben Freund geworden ist. Er sah von Beginn an viel mehr in mir, als ich mir je allein zugetraut hätte: „Schreib deine Gedanken auf, Moses!", sagte er immer wieder zu mir. Ich bewunderte ihn maßlos. Bereits als junger Mann hat er ein Theaterstück mit dem Titel *Die Juden* veröffentlicht, worin er als Christ uns Juden als ernst zu nehmende, achtbare und vielfältige Persönlichkeiten schildert! Ich weiß noch, wie mein Herz beim ersten Mal lesen klopfte. Und als ich ihm später persönlich gegenüberstand, fühlte ich ein großes Glück: Hier war jemand, dem ich mich nicht erklären musste, sondern der Verstand hatte und verstehen konnte.

Als die Königlich-Preußische Akademie 1763 wieder zu ihrem angesehenen wissenschaftlichen Wettbewerb aufrief, meinte Gotthold zu mir:

'Sende einen deiner Aufsätze ein – du schreibst ausgezeichnet.' Ich zögerte lange: 'Als Jude habe ich doch keine Chance!' Doch er blieb beharrlich: 'Versuch es wenigstens!' Und mit einem Lächeln: 'Gib ihnen auch eine Chance!' Wenig später erfuhr ich, dass der berühmte Philosoph Immanuel Kant, der fünf Jahre älter ist als wir, sich auch beworben hatte. Ich war sicher, dass ich es nicht schaffen würde.

Umso größer war die Überraschung, als mir die Akademie mitteilte, dass der erste Preis an mich ginge, und mich fragte, ob ich die Erlaubnis zum Druck meines Manuskripts gäbe. Ich weiß nicht, ob mich jemals zuvor eine deutsche Institution um Erlaubnis gefragt hat. Gotthold war begeistert! Langsam setzte sich auch bei mir die Freude durch.

Mit 36 Jahren veröffentlichte ich mein erstes Buch – in Deutsch. So wie ich es zwischen Gotthold, meinem christlichen Freund, und mir selbst täglich erlebe, bin ich überzeugt, dass Christen und Juden viel voneinander lernen können. Dazu bedarf es einer gemeinsamen Sprache. Deshalb habe ich auch vor, die hebräische Bibel ins Deutsche zu übersetzen. Obwohl die meisten Juden in Preußen das Jiddisch als Muttersprache sprechen, schwebt mir vor, sie so an das Deutsche, an seine Dichtung und Kultur heranzuführen und damit aus der Isolation zu holen. Andererseits will ich den deutschen Christen die Ideen des Judentums näher bringen. Es geht nicht darum, jemanden zu bekehren – ich werde immer Jude bleiben und Gotthold ein Christ –, aber gerade im respektvollen Dialog über Unterschiede können wir einander aufklären über dumme Vorurteile.

In der jüdischen Gemeinde Berlins werden meine deutschen Publikationen völlig gegensätzlich aufgenommen: Viele sind begeistert, der Verkauf der Bücher geht hervorragend, aber einige der älteren Rabbiner sind außer sich vor Wut und rufen: 'Das ist Blasphemie! Mendelssohn muss gebannt werden!' Aber bisher haben sie sich zum Glück nicht durchsetzen können.

Ich beobachte mit viel Zustimmung, was sich gegenwärtig in Amerika abspielt. Mir gefällt an der Unabhängigkeitserklärung der Vereinigten Staaten, dass dort nun seit einem Jahr Staat und Kirche voneinander getrennt sind. Jeder kann gleichberechtigter Bürger eines Landes sein – und doch seiner eigenen Religion treu bleiben. Es ist lächerlich, dass der 'Leibzoll für Juden und Vieh' in Deutschland noch immer nicht abgeschafft ist!

Die Aufklärung – oder wie wir im Hebräischen sagen: die Haskala – wird uns das Licht der Vernunft bringen. Mein Traum ist, eine freie Schule in Berlin zu haben, wo junge Juden unter Achtung ihres Glaubens aufgeklärt erzogen werden. Was man in der Jugend lernt, begleitet einen als Schatz durchs ganze Leben, den einem niemand mehr nehmen kann – oder etwa nicht? «

Vier Jahre später, 1781, im gleichen Jahr, in dem sein bester Freund Lessing starb, öffnete tatsächlich in Berlin die „Jüdische Freischule" ihre Tore, in der im Geiste Mendelssohns unterrichtet wurde. Traditionelle Rabbiner kritisierten diese Schule, weil sie fürchteten, dass solche liberalen Gedanken den Kern der jüdischen Gemeinde aushöhlen würden. Wie lange würde es dauern, bis sich die Juden kaum noch von den Christen unterscheiden würden?

Moses Mendelssohn selbst trat überzeugt für den Dialog und das Recht auf Verschiedenheit ein. Von christlichen Freunden war er mehrfach gutmeinend aufgefordert worden, zum christlichen Glauben überzutreten. Er hat dies bis zu seinem Tode 1786 wiederholt strikt von sich gewiesen. Doch schon die nächste Generation sollte beginnen, anders darüber zu denken. Das politische Klima änderte sich, in Österreich und Preußen durften Juden auch Christen heiraten und erstmals auch bislang verbotene Berufe ausüben. Alle Kinder Mendelssohns (mit einer Ausnahme) wurden evangelische Christen, auch sein weltberühmter Enkel, der Musiker Felix Mendelssohn-Bartholdy (1809-47). Andere bekannte jüdische Zeitgenossen, die christlich getauft wurden, waren der Dichter Heinrich Heine (1797-1856) und Karl Marx (1818-83), der Philosoph und Begründer der nach ihm benannten ökonomisch-politischen Lehre des Marxismus.

Nicht nur in Deutschland gab es Verbesserungen für Juden. Nach den Revolutionen in den USA und Frankreich verbesserte sich ihre Lebenssituation auch dort.

Im amerikanischen Unabhängigkeitskrieg erreichten die Amerikaner die Freiheit ihres Landes von England. Zahlreiche Juden kämpften auf der Seite der Amerikaner oder gaben Geld. Die Unabhängigkeitserklärung von 1776 verkündete die Religions- und Gewissensfreiheit: Damit wurde zum ersten

Mal die Gleichberechtigung der Juden in der Verfassung eines Landes festgelegt. Als George Washington 1789 zum ersten Präsidenten gewählt wurde, schickten die Vertreter der jüdischen Gemeinden ein Glückwunschschreiben. In seinem Antwortbrief dankte der Präsident den Juden für ihre Unterstützung im Unabhängigkeitskrieg. Ab 1820 wanderten immer mehr europäische Juden in die USA aus.

In Frankreich erhob sich die Bevölkerung gegen die Adligen, die in Prunk und Protz lebten, während die Masse der Arbeiter und Bauern Not litt. Die Wut über diese extremen Ungerechtigkeiten machte sich im Jahr 1789 in einer Revolution Luft, bei der Arbeiter, Bauern und Bürger gegen den Adel auf die Barrikaden gingen und diesen hinwegfegten. Die Formel der Revolutionäre lautet: Gleichheit – Freiheit – Brüderlichkeit. Ihr Grundsatz: Alle Menschen sind gleich und frei geboren. Auch die Juden!

Die junge französische Republik versank jedoch bald in einem Chaos der Gewalt, das erst endete, als Napoleon Bonaparte (1769-1821) in einem Militärputsch die Macht an sich riss. Napoleon begann einen Eroberungszug durch Europa und ließ sich 1804 zum Kaiser von Frankreich krönen. Andererseits brachte er den liberalen Geist der Revolution und eine moderne Rechtsprechung in die eroberten Länder. Von Anfang an sagte Napoleon den Juden gleiche Rechte und Religionsfreiheit zu, wenn sie die bürgerlichen Gesetze über die religiösen stellen würden. Nach militärischen Verlusten in Russland und innenpolitischen Niederlagen muss er abdanken und wird auf die Insel Elba verbannt. Viele der aufgeklärten Ideen der Französischen Revolution blieben in den Ländern West- und Mitteleuropas jedoch weiter spürbar. Zum ersten Mal schien es möglich, dass Juden gleiche Rechte erhalten könnten, wenn sie sich anpassten.

Doch nicht immer trug diese Hoffnung, wie das Leben von Rahel Varnhagen (1771-1833) in Deutschland veranschaulichen kann. Rahel Varnhagen wurde als Jüdin geboren und war von den Ideen der Aufklärung fasziniert. In ihrer Jugend verschloss sie die Augen vor bestehenden Diskriminierungen und hoffte auf ein Leben inmitten von „Liebe, Bäumen, Kindern, Musik“. Als literarisch gebildete Frau versuchte sie, die kühne Idee Lessings zu leben, dass jeder Mensch ein Recht habe, „sein Leben selbst zu denken“.

Rahel Varnhagen nach einer zeitgenössischen Darstellung

Als sie sich in den Berliner Literarischen Salons in einen christlichen Grafen verliebte, war für sie der Punkt gekommen, das Judentum aufzugeben und sich taufen zu lassen. Sie ging sogar noch einen Schritt weiter und nahm den preußischen Vornamen „Friederike" an – „um mit einem Zauberwort Mensch unter Menschen zu werden". Die Ehe bestand nicht lange, aber Rahel schaffte es doch, sich in den von Männern dominierten Künstlerkreisen zu behaupten. Sie hatte verschiedene Liebesbeziehungen, hoffte auf Napoleon und unterstützte gleichzeitig alle Bestrebungen für ein geeintes und demokratisches „Neues Deutschland". All dies half nicht gegen den wieder aufkommenden Antisemitismus, sodass Rahel am Ende ihres Lebens wieder zu ihrer jüdischen Identität zurückfindet. In ihrer Biographie über Rahel Varnhagen schrieb die Philosophin Hannah Arendt 1938: „Auf ihrem Totenbett gestand sie sich schließlich ein: Was so lange Zeit meines Lebens mir die größte Schmach, das herbste Leid und Unglück war, (als) eine Jüdin geboren zu sein, um keinen Preis möchte ich das jetzt missen."

Ein anderes Beispiel ist der Lebensweg des Frankfurter Beamten Dr. Juda Löw Baruch (1786-1837). Als man 1815 die fortschrittlichen Gesetze Napoleons wieder aufhob, wurde er als Jude entlassen. Drei Jahre später ließ er sich taufen und nahm den christlichen Namen Ludwig Börne an. Seine Hoffnungen auf Anpassung scheiterten jedoch. 1830 ging er nach Paris, von wo aus er Briefe schrieb, die begeistert von den französischen Idealen geistiger und sozialer Freiheit für alle Menschen berichteten. Nach ihm wurde 1885 der Börneplatz vor der großen Frankfurter Gemeindesynagoge benannt.

Nach französischem Vorbild versuchten auch in Deutschland engagierte Bürger ein demokratisches Parlament einzurichten. Vorübergehend gelang diese deutsche „Revolution“. In der Frankfurter Paulskirche kamen 1848 zum ersten Mal gewählte Vertreter in einer Nationalversammlung zusammen, wo auch gleiche Rechte für Juden angekündigt wurden. Doch es dauerte noch bis 1871, bis zur Gründung des Deutsches Reiches, bis die Juden in Deutschland gesetzlich verankerte, gleiche Rechte wie alle anderen Staatsbürger erhielten.

In England wurden erste Gesetze zur Gleichberechtigung der Juden 1831 verabschiedet. 1837 wurde Benjamin Disraeli (1804-81), ein zum Christentum übergetretener ehemaliger Jude, zum Parlament zugelassen und wurde unter Königin Victoria (1837-1901) sogar Premierminister. Allerdings durfte erst 1858 ein praktizierender Jude, Baron Lionel de Rothschild (1808-1879), sein Mandat als Abgeordneter antreten, ohne auf den christlichen Gott schwören zu müssen.

Ganz anders ist zu dieser Zeit die Situation in Osteuropa: Zwar hat es auch hier ab etwa 1800 unter einigen Juden Bemühungen um Haskala, die jüdische Aufklärung, gegeben. Die Haskala wurde jedoch niemals von Mehrheiten unterstützt, die Chassidim zum Beispiel lehnten die Aufklärung ab. Der russische Staat selbst war allen aufklärerischen Tendenzen gegenüber skeptisch und wachsam. Der Zar saß vorerst noch fest auf seinem Thron.

Pogrome in Russland: Auswanderung nach Amerika

Von 1772-95 war das über Jahrhunderte judenfreundliche Königreich Polen unter seinen mächtigen Nachbarn aufgeteilt worden. Ein großer Teil des Landes war russisch geworden. Seit dem Mittelalter hatte Russland jede Ansiedlung von Juden verhindert, nun wohnten plötzlich Hunderttausende Juden in seinem Herrschaftsbereich. Die russische Zarin Katharina (1729-96) verfügte umgehend die Einrichtung eines jüdischen „Ansiedlungsrayons", eines Gürtels im äußersten Westen des Landes, um eine Ausbreitung der Juden über ganz Russland zu verhindern. Nur in diesem Gebiet, das von Litauen im Norden über das ehemalige Polen und Weißrussland bis zur Ukraine im Süden reichte, durften fortan Juden wohnen. Diese Situation bestand bis zur Russischen Revolution vom Oktober 1917.

Viele Juden, die bislang auf dem Lande gelebt hatten, wurden zwangsweise in Städte umgesiedelt, wodurch viele noch stärker verarmten. Alle Juden durften nur noch untereinander Handel und Gewerbe treiben, wodurch sich allmählich isolierte jüdische Dorfgemeinschaften entwickelten – im Jiddischen *Schtetl* (Städtchen) genannt. In den *Schtetl* herrschte überwiegend große Armut und tiefe Frömmigkeit, wobei diejenigen, die als religiöse Gelehrte galten, hoch im Ansehen standen, unabhängig wie arm oder wohlhabend sie waren. Es gab die *schejnen Jidn*, die Oberschicht, jene Kaufleute und Händler, die es trotz aller Schwierigkeiten zu Wohlstand gebracht hatten (wobei es am *schejnsten* – schönsten – war, reich und gelehrt zu sein). Und da war die Masse der *proste Jidn*, der armen Juden, deren Hierarchie vom Handwerker über den Wirt bis hin zu den Hausierern, Straßenmusikern, Wasserträgern und Bettlern reichte. Es gibt selbst die Bezeichnung des „Luftmenschen" (jiddisch: *Schemer*), eines Arbeitslosen, der nichts hat, nichts verdient und wie durch ein Wunder von der Luft zu leben scheint.

Viele jiddische Worte werden auch heute noch im Deutschen benutzt, ohne dass ihr Ursprung immer bekannt ist: Ein *Ganove* ist ein Gauner, ein

Kaff ist ein Dorf. Wer im *Kittchen* gelandet ist, sitzt im *Schlamassel*. Wer pleite ist, hat kein *Moos*. Deshalb braucht man noch nicht *meschugge* zu werden, sollte aber schon neue Möglichkeiten *ausbaldowern*, damit es wieder besser wird. In keinem Fall sollte man *schummeln* oder *mogeln*. Und eine *Fratze* ziehen hilft auch nicht. Dann schon lieber *schäkern* mit jemandem, den man lieb hat. Dann wird man auch bald wieder *Massel* haben ...

Die besondere Kultur der jiddischen Sprache und des mit ihm verbundenen Schtetls entfaltete sich auch in einer eigenen Literatur und Musik. Die Straßenmusikanten machten Klezmer-Musik, eine Art fröhlicher Volksmusik, meist mit Klarinette, Flöte, Geige und Kontrabass. Das bekannte Musical *Anatevka* schildert den Alltag in dem russischen Schtetl Anatevka, bis die Dorfbewohner durch zaristische Soldaten vertrieben werden und nach Amerika auswandern. Im amerikanischen Original heißt es *Fiddler on the Roof*, also der Geiger auf dem Dach – ein treffendes Bild für die unsichere Situation der Juden Osteuropas.

„Jeder von uns ist ein Fiedler auf dem Dach", sagt Tevje, der Milchmann im Musical *Anatevka*

Das Musical basiert auf dem Roman des jiddischen Schriftstellers Scholem Aleichem (1859-1916) über *Tevje, den Milchmann* (1894). Scholem Aleichem hieß eigentlich Salomon Rabbinowitz – sein gewählter Name bedeutet: Friede sei mit dir. Er wollte seinen Glaubensgenossen Mut machen mit Geschichten, die mit viel Humor Achtung vor armen Menschen und ein Verständnis für jüdische Traditionen vermitteln. Diesen Mut hatte er zeitlebens selbst bitter nötig: Auch er, der in einem Dorf nahe der Stadt Kiew geboren wurde, wanderte nach den blutigen Pogromen (russisch für: Ausschreitungen gegen Minderheiten) 1906 aus und kam schließlich bis nach Amerika, wo er 1916 völlig verarmt im New Yorker Stadtteil Bronx starb.

Die Geschichte von *Tevje, dem Milchmann* (Scholem Aleichem, 1894), die als Musical und Film *Anatevka* (*Fiddler on the Roof*, Joseph Stein/ Jerome Robbins, New York 1964) weltberühmt wurde:

» In einem kleinen Schtetl irgendwo im russischen Westen lebt der arme Milchmann Tevje mit seinem lahmen Gaul, seiner Frau Golde und ihren Töchtern, die sich so ganz anders verheiraten, als es von Eltern, der Heiratsvermittlerin Jente und der so wichtigen Tradition her geplant ist. Es ist aber auch die wehmütige Erzählung des Schicksals eines einfachen Menschen in den Wirren zwischen alltäglicher Not und Verfolgungen. Tevje stellt sich den Problemen seines Alltags mit einem beständigen Hin und Her zwischen „einerseits" und „andererseits", persönlichen Disputen mit seinem Gott und einem eigenen Humor. So fragt er Gott angesichts nicht enden wollenden Elends: „Sicher sind wir dein auserwähltes Volk. Warum aber, o Herr, wählst du nicht wenigstens manchmal ein anderes aus?"

Seine älteste Tochter Zeitel will nicht den reichen Metzger Lazar heiraten, der für sie bestimmt ist. Sie liebt den armen Mottel, einen Schneider, der nicht mal eine eigene Nähmaschine besitzt. Hodel, die zweite Tochter, verliebt sich in Perchik, einen Studenten, der sich den Revolutionären anschließt, und folgt ihm nach Sibirien in die Verbannung. Die schwerste Sünde aber begeht Chava, die jüngste, die den Russen Fedja liebt, einen Nichtjuden. Schweren Herzens wird sie von Tevje verstoßen.

Es gibt kein Happy End: Auch wenn Tevje und Golde sich nach 25 Jahren Ehe endlich unbeholfen bestätigen, dass sie einander lieben und nicht nur aus Konvention zusammengeblieben sind, werden sie wie alle anderen Dorfbewohner von den Soldaten des Zaren vertrieben und brechen mit armseligem Gepäck in eine unsichere Zukunft gen Westen auf. «

Auch der Schriftsteller Isaac Bashevis Singer (1904-1991) wurde in Osteuropa geboren und wanderte in die USA aus. Er hat viel dazu beigetragen, um die jiddische Literatur – und damit auch das Leben des später weitgehend vernichteten osteuropäischen Judentums – vor dem Vergessen zu retten. 1978 erhielt er den Nobelpreis für Literatur.

In seiner Erzählung über die Jugendliche Yentl schildert Isaac Bashevis Singer den mutigen Weg eines Mädchens, das aus der traditionellen Frauenrolle ausbrechen will. Ihr Vater zieht sie allein auf und führt sie entgegen der Tradition an das Studium der Bücher heran. Nach seinem Tod steht sie plötzlich ganz allein da und zieht – als Junge verkleidet – in eine andere Stadt zum Talmud-Studium. Niemand erkennt sie dort und sie steigt in der Männerwelt der Gelehrten auf. Erst als sie sich in einen jungen Mann verliebt, kommt es zum Konflikt, in dem sie sich verrät. Die jüdisch-amerikanische Schauspielerin Barbra Streisand hat Yentls Geschichte 1983 zu einem erfolgreichen Spielfilm verarbeitet und dabei selbst die Hauptrolle sowie Produktion und Regie übernommen.

Frauen im Judentum

Im Judentum – wie in den meisten Gesellschaften – wurden Frauen über Jahrhunderte diskriminiert. Für Mädchen gab es keine eigenen Feiern zur Geburt und zur Aufnahme in die Gemeinde. Frauen durften sich nicht scheiden lassen und keine Gottesdienste leiten, sondern mussten von Männern getrennt auf hinteren oder oberen Reihen in Synagogen Platz nehmen. Im traditionellen jüdischen Morgengebet heißt es: „Gesegnet seist Du Ewiger, unser Gott, König der Welt, der Du mich nicht als Weib erschaffen."

1846 sprach sich erstmals eine Rabbinerkonferenz in der deutschen Stadt Breslau für eine Gleichberechtigung der Frauen aus. Aber erst 1922 führten reformjüdische und liberale Gemeinden neben der Bar Mitzwa-Feier für Jungen (ab dreizehn Jahre) zur Aufnahme in die Erwachsenen-Gemeinde auch eine Bat Mitzwa für gleichaltrige Mädchen ein. Erst durch den Einfluss der modernen Frauenbewegung, die auch unter einem Teil der jüdischen Frauen Anklang fand, konnten endlich grundsätzliche Veränderungen durchgesetzt werden. Mit Sally Priesand (*1946) wurde 1972 in den USA die erste Frau zur Rabbinerin. (1935 hatte bereits Regina Jonas in Deutschland die Rabbiner-Ausbildung abgeschlossen, sie wurde später von den Nazis deportiert und 1944 in Auschwitz ermordet.) Bis heute widersetzen sich orthodoxe jüdische Gemeinden der Gleichberechtigung von Mädchen und Frauen. Inzwischen sind jedoch über 1000 Frauen weltweit als Rabbinerinnen tätig und die Hälfte aller Studierenden in der Rabbinerausbildung sind Frauen. In den meisten Geschichtsbüchern zum Judentum werden trotzdem noch stets vor allem berühmte Männer vorgestellt. In diesem Buch wird bewusst mit dieser Tradition gebrochen.

Sally Priesand, 1972, nachdem sie zur ersten Rabbinerin ordiniert wurde

Doch noch einmal zurück zu den dunklen Zeiten im russischen Zarenreich. Für kurze Zeit gab es einen Hoffnungsschimmer für die russischen Juden: den liberaleren Zaren Alexander II. (1818-81). Dieser erlaubte 1861 gut ausgebildeten und wohlhabenden Juden erstmals auch Wohn- und Arbeitsrechte außerhalb des jüdischen Rayons.

Nach seiner Ermordung 1881 kam es zu einem Ausbruch von Gewalt gegen die inzwischen gut fünf Millionen Juden im Westen Russlands, wie es sie in dieser Brutalität bis dahin nicht gegeben hatte. Der neue Zar Alexander III. (1845-94) verfolgte eine offen judenfeindliche Politik, und erließ „provisorische Verordnungen" gegen Juden, um – wie er in Verdrehung der Wirklichkeit behauptet – die „Hauptbevölkerung vor den Juden zu schützen". Unmittelbar nach seiner Krönung wurden rund 100 Schtetl von Soldaten und russischen Nachbarn dem Erdboden gleichgemacht. Diese Pogrome ließen auch in den folgenden Jahren nicht nach, sondern brachen in verschiedenen Regionen und Städten immer wieder auf. Eine massenhafte Auswanderung gen Westen war die Folge.

Hunderttausende überwiegend arme Juden aus Osteuropa machten sich auf: Viele hatten von jenem neuen „gelobten Land Amerika" gehört, wo es gleiche Rechte für alle geben sollte. Aber der Weg dorthin war weit und viele, die eigentlich in die USA gewollt hatten, blieben in Deutschland, Österreich, England, Frankreich, den Niederlanden und Belgien hängen. In den Großstädten dieser Länder bildeten sich bald Viertel mit sogenannten „Ostjuden". Darüber waren die dortigen jüdischen Gemeinden, die es gerade zu mehr oder weniger Ansehen gebracht hatten, häufig alles andere als erfreut. Viele „Ostjuden" in all ihrer Armut, mit vielen Kindern und nach westlichen Maßstäben „ungebildet", erinnerten an ein Elend, das man gerade zu überwinden gehofft hatte.

In Berlin zum Beispiel wuchs die jüdische Gemeinde von rund 20 000 Mitgliedern im Jahr 1860 auf rund 145 000 im Jahr 1910. In Wien gab es 1860 etwa 6 000 Juden, bis 1900 waren es ebenfalls 145 000. In ganz England gab es 1880 rund 60 000 Juden, bis 1910 waren es etwa 210 000. Der englische Oberrabbiner Nathan Adler hatte vergeblich in der osteuropäischen Presse Artikel veröffentlicht, wie äußerst „ungastlich England gegenüber Juden" sei. Das jüdische „Board of Guardians", in dem die Führer der meisten jüdischen Gemeinden organisiert waren, sammelte Gelder – jedoch nicht um den Neuankömmlingen zu helfen, sondern um ihre Weiterfahrt in die USA oder ihre Rückkehr nach Russland zu finanzieren.

Viele junge Leute versuchten alles, um einen Aufstieg aus den Elendsvierteln über „bessere" Arbeit und Bildung zu erreichen. In Wien um 1900 waren zum Beispiel fast alle Büroangestellten privater Firmen – Sekretärinnen, Verkäuferinnen, Buchhalter, Vertreter – jüdisch; die nichtjüdischen Angestellten arbeiteten eher in der Verwaltung der Stadt und des Landes. Auch besuchten im Verhältnis mehr jüdische Jugendliche Oberschulen als ihre christlichen Altersgenossen: Rund 30 Prozent der Gymnasialschüler waren Juden, an manchen Gymnasien sogar mehr als die Hälfte. Diese beharrliche Aufstiegsorientierung zahlte sich in vielen Familien über die Generationen hin aus. Waren die Großeltern einfache Handwerker oder Arbeiter gewesen, so hatten es die Eltern oft schon zu einem eigenen Laden oder kleinen Betrieb gebracht. Die Kinder konnten dann bereits auf die höhere Schule oder gar zur Universität geschickt werden. Die Familie des berühmten Wiener Psychoanalytikers Dr. Sigmund Freud (1856-1939) ist typisch hierfür: Noch sein Großvater war ein frommer Chassid im Osten gewesen, sein Vater war nach Wien gezogen, und Sigmund selbst war der erste in seiner Familie, der studieren konnte.

Wegen seiner direkten Grenzen zu Russland und Österreich-Ungarn spielte Deutschland auch eine zunehmend wichtige Rolle als „Durchreiseland“: Rund zweieinhalb Millionen jüdische Auswanderer zogen von hier aus weiter nach Frankreich, England, Belgien und die Niederlande oder verließen Europa von den deutschen Häfen in Hamburg und Bremen. Der Hamburger Kaufmann Albert Ballin, Direktor der „Hamburg-Amerika-Linie“, der sich bis dahin unter anderem auf Getreideimporte aus den USA spezialisiert hatte, nutzte den leeren Frachtraum auf der Hinfahrt und begann, einen Transfer der Flüchtlinge mit hohem Profit für sein Unternehmen zu organisieren. Es ging so weit, dass er selbst Werbezettel in Osteuropa für seine „günstigen Passagen“ verteilen und dort Ticket-Verkaufsstellen eröffnen ließ. Zu Hochzeiten des Geschäfts bekamen die Reisenden Deutschland nicht mal mehr zu Gesicht: An der deutschen Grenze wurden sie nach vorgeschriebener Entlausung in Güterzügen direkt bis an den Hafen gebracht, wo sie in abgeschirmten Baracken auf ihr Schiff warten mussten.

Um 1800 lebten etwa 15 000 Juden in den USA. Zwischen 1820 und 1880 wanderten rund 250 000 Juden ein, die überwiegend aus Mitteleuropa kamen und wegen der großen Anzahl deutscher Juden oft einfach „Germans“ genannt wurden. Sie waren meist nicht reich, aber verstanden es doch, in der schnell wachsenden Wirtschaft eigene Unternehmen zu starten und Wohlstand aufzubauen.

Ein Beispiel für solch eine amerikanische Traumkarriere „vom Tellerwäscher zum Millionär" ist die des 18-jährigen Lob Strauss aus dem bayrischen Städtchen Buttenheim, der 1847 mit seiner Mutter und zwei Schwestern in die USA auswanderte. Im Hafen von New York übersetzte er seinen Vornamen. Als Levi Strauss (1829-1902) sollte er einige Jahre später eine der bis heute weltweit größten Bekleidungsfirmen gründen. Zunächst jedoch folgte er den Goldsuchern nach Westen und verdiente sich sein Geld als kleiner Händler. In einem Kaff in Kalifornien versuchte er, einem der Goldgräber ein Zelt zu verkaufen. Der brauchte jedoch eine Hose. Ohne weiter nachzudenken, zerschnitt Levi das Zelt, heuerte einen Schneider an und ließ eine stabile Hose nähen, in die besonders große Taschen und Riemen für Werkzeug eingearbeitet wurden. Der Goldgräber war begeistert und zahlte sechs Dollar. Was noch wichtiger war: Er erzählte, wer ihm die Hose gemacht hatte, und bald kamen noch mehr Aufträge für Levis Hosen. Innerhalb weniger Jahre hatte das Unternehmen „Levi Strauss & Co." Fabriken an der Ost- wie Westküste. Heute sind „Levi's Blue Jeans" eine Weltmarke – und ein Symbol des amerikanischen „way of life" dazu.

Und doch war jene erste Gruppe jüdischer Einwanderer bis 1880 trotz ihres wirtschaftlichen Einflusses klein im Vergleich zu dem Strom, der ab dann vor allem aus Osteuropa anschwoll. Von 1880 bis 1900 kamen etwa 750 000 neue jüdische Einwanderer dazu. Bis 1910 gab es insgesamt rund 2 Millionen Juden in den USA, bis 1914 waren es 3 Millionen. Als die Masse der neuen Einwanderer in Amerika eintraf, waren die scheinbar „unbegrenzten" Möglichkeiten bereits zum Mythos geworden. In den rasch wachsenden Städten wurden nun vor allem billige Industriearbeiter gebraucht.

In New York gab es 1880 rund 10 Prozent Juden, bis 1915 war ihr Anteil auf ein Drittel gestiegen. Die armen Juden wohnten vor allem dicht gedrängt – „enger als in den engsten Gassen Bombays" – in schäbigen Mietskasernen in der Lower East Side von Manhattan. Viele, oft ganze Familien, arbeiteten in der Bekleidungsindustrie unter unwürdigsten Bedingungen. Von den rund 67 000 Arbeitern in diesem Industriezweig waren allein in New York 75 Prozent Juden.

Chawa Sejdel, 13 Jahre, Näherin bei der „Triangle Waist Company", Lower East Side in New York, am 27. März 1911:

» An die Überfahrt nach Amerika habe ich keine Erinnerung. Mama sagt, ich hätte nur geschrien, ein schreckliches Baby. Beide Eltern sprechen oft in lobenden Tönen über das schöne Leben im Schtetl, da war alles so ruhig und so freundlich, jeder kannte jeden. Aber warum sind sie denn dann bloß in das verdammte Amerika gegangen? Sie können ja bis heute nicht mal richtig Englisch! Ich spreche besser als sie. Wenn Mr. Hardy, der Vorarbeiter, mit neuen Aufträgen oder Materiallieferungen kommt, und sie verstehen ihn nicht, dann muss ich übersetzen. Dabei spricht Mr. Hardy, der irgendwo aus Italien kommt und eigentlich gar nicht Hardy, sondern Gianni heißt, auch kein besonderes Englisch. Mama hält ihn für meschugge, aber wo wären wir ohne ihn?

Er hat die Kontakte zur Waist Company, für die wir uns alle abschuften, und deshalb müssen wir den Mund halten. Sechzig Stunden pro Woche Arbeit ist normal, jeden Tag zehn Stunden Knopflöcher markieren, mein älterer Bruder Joe darf schon die Knöpfe selbst annähen. Mutter schneidet zu, und Tata sitzt wie ein Besessener an der Nähmaschine, manchmal bis zu 19 Stunden am Tag. Dann isst er kaum, trinkt ab und zu und steht nur auf, wenn er aufs Klo muss. Unsere Arme sind bis zu den Ellbogen hinauf schwarz von der Farbe des Stoffes. Ich weiß gar nicht, ob das noch abgeht.

Als ich jünger war, habe ich Englisch auf der Straße gelernt, weil wir zuerst in einem Viertel ein Zimmer hatten, wo auch viel Englisch gesprochen wird. Diese zwei Jahre, als Vater noch arbeitslos war und wir von einem Onkel unterstützt wurden, der inzwischen tot ist, waren die bisher besten hier. Ich musste noch nicht arbeiten und hoffte darauf, vielleicht mal in eine richtige Schule gehen zu können.

Seit der großen Revolte der Gewerkschaften vor einem Jahr dürfen Kinder unter fünfzehn Jahren eigentlich auch nicht mehr im Akkord arbeiten. Angeblich haben damals 60 000 Schneider die Arbeit niedergelegt, allein in New York. Tata nicht, er hatte die Aufträge gerade ein Jahr und traute sich nicht. Zum Glück hat ihn niemand bei den Gewerkschaftern verpfiffen, die doch auch ganz schön brutal gegen Streikbrecher sein können. Das Einzige, was er nicht aufgegeben hat, ist der Schabbat. Am Schabbat arbeitet er nicht, auch wenn wir nichts zu essen haben.

Dabei ist es noch gut, dass wir daheim arbeiten können. Unsere ganze Wohnung besteht aus einem Zimmer. Klo und Küche teilen wir uns mit den Nachbarn vom anderen Ende des Flurs, die ganz oft widerlich stinkenden Kohl kochen. Aber wir haben ein Fenster zur Straße, das haben die anderen nicht. Im Winter ist es mit Pappe vernagelt, aber im Sommer ist es offen, und dann ist es mein Lieblingsplatz. Alles ist eng, besonders seit das Baby von Tante Riwka tagsüber auch noch hier sein muss. Aber wenn man müde ist, richtig müde, dann kann man überall schlafen ...

Häusliche Schneiderwerkstatt osteuropäischer Juden in New York um 1900

Und es ist immer noch besser, als wenn wir in einer Fabrik arbeiten müssten: Erst mal der Weg dahin, das kostet Zeit und Geld, dann die Kontrolle, und so viel besser ist der Lohn da auch nicht, meint Mr. Hardy. Vater würde trotzdem lieber in einer Fabrik arbeiten. Aber seit vor zwei Tagen in der Zentrale der Waist Company 146 Arbeiter bei einem Brand umgekommen sind, denkt er da vielleicht auch noch mal anders drüber. Warum die verbrannt sind? Mr. Hardy sagt, während der Arbeitszeit sind die Tore der Werkhalle immer abgeschlossen, weil sonst zu viel geklaut wird. Es war aber ein Versehen, dass sie von außen verriegelt waren und der Vormann eher nach Hause gegangen war. Das war wirklich Pech, meint er. «

Mit ungeheurem Einsatz schafften es im Laufe der Zeit viele jüdische Emigranten, sich aus dem Elend in bessere Positionen hochzuarbeiten. Das Judentum in den USA entwickelte zunehmend eine Stärke und Vielfalt, deren Einfluss über religiöse Belange hinaus weit in die allgemeine Politik und Kultur hineinzureichen begann. Wie umwälzend dieser Umzug vom osteuropäischen Schtetl in die amerikanische Großstadt erlebt wurde, fasste 1887 der Schriftsteller Moses Weinberger (1854-1940) so zusammen: „Ja, wie erschreckend ist die Stärke Amerikas! In einem Jahr macht es aus ‚Rachel, dem Weib des Reb Jakob' eine ‚Mrs. Jacobs' und aus ‚Reb Baruch, dem ‚Flickschuster und Schuhmacher', einen ‚Mr. Benet, Schuhfabrikation'. Nimmt man die Aufklärung in Berlin und in ganz Europa zusammen, so hat sie in einem halben Jahrhundert nicht so viel vermocht."

Aber nicht alle sahen eine sinnvolle Zukunft in der Auswanderung nach Amerika und im „Amerikanischen Traum" vom materiellen Aufstieg. Angesichts neuer judenfeindlicher Strömungen auch in Westeuropa begann etwa ab 1850 parallel noch ein anderer Traum von einem erfüllten jüdischen Leben Gestalt anzunehmen.

Traum, Katastrophe und Neubeginn: Zionismus, Holocaust und Staatsgründung Israels

Etwa 1850 bis 1948/49

Gibt es Alternativen zu Flucht, zum Verlassen und Weggehen? Was können Menschen noch tun, wenn sie beleidigt und ausgegrenzt werden, wenn ihr Eigentum nicht mehr geachtet und sie sogar körperlich angegriffen werden, ja, wenn Morde zur Tagesordnung gehören und es keine Instanz mehr zu geben scheint, die für Recht und Gerechtigkeit sorgt?

In größter Not und für eine gewisse Zeit kann eventuell Widerstand geleistet werden. Es gab und gibt auch in der jüdischen Geschichte Beispiele von verzweifelten Helden wie die Rebellen auf der Bergfestung Masada gegen die Römer oder die Frauen und Männern in jüngster Vergangenheit, die sich bis zuletzt im Warschauer Ghetto 1942-43 gegen die deutsche Übermacht wehrten. Aber das ist eben in der Regel auch ein allerletzter Schritt, wenn alle anderen Auswege verschlossen scheinen und man außer dem Leben nichts mehr zu verlieren hat.

Nach den grausamen Pogromen in Osteuropa und angesichts einer neuen judenfeindlichen Propaganda in Westeuropa gab es neben der Auswanderung nach Amerika und Westeuropa noch zwei andere Hoffnungen.

Die eine Idee wollte politische Veränderung der Gesellschaften, in denen die Juden lebten: Wenn die ungerechten Gesellschaften nur erst freundlicher und sozialer für alle werden würden, dann würde auch der Hass auf Minderheiten überflüssig werden. Zufriedene Menschen haben kein Bedürfnis, andere zu quälen, oder? Es sind die Unzufriedenen, die sich vor den Karren politischer Propaganda spannen lassen. Besonders jüdische Arbeiter zeigten sich zunehmend fasziniert von sozialistischen Theorien, bei deren Entwicklung der getaufte Jude Karl Marx (1818-83) eine zentrale Rolle gespielt hatte: Wenn der Reichtum der Kapitalisten nur gerechter verteilt werden würde, damit die große Not der Massen aufhörte, und Juden dazu auch einen sichtbaren Beitrag geleistet hätten, dann würden sie anerkannt und in Frieden mit allen Menschen leben können.

In Russland formierte sich 1897 im Untergrund die jüdisch-sozialistische Arbeiterpartei BUND, deren Mitglieder überwiegend jiddisch sprachen. BUND war die Abkürzung für „Algemeyner Yidischer Arbeter Bund in Lite, Polyn un Rusland". Die Geheimdienste des Zaren bekämpften derartige politische Aktivitäten mit allen Mitteln: Nicht wenige Funktionäre des BUND wurden erschossen oder in Arbeitslager nach Sibirien geschickt.

Der BUND demonstriert 1905 mit nichtjüdischen Parteien gegen ein Pogrom in Wilna

Dennoch gelang es dem BUND, bis 1903 rund 35 000 Mitglieder zu versammeln. Während der schlimmen Pogrome zwischen 1903 und 1905 organisierten sie Bürgerwehren zur Selbstverteidigung und Protestversammlungen, an denen auch nichtjüdische russische Sozialisten teilnahmen. Der Traum einer Solidarität der Unterdrückten, ungeachtet der Religion, schien näher zu rücken. Auswandern kam für die Mitglieder des BUND nicht in Frage. Auf Werbeplakaten wurde mutig verkündet: „Dort, wo wir leben, ist unser Land!“ In den folgenden Jahren verschwand jedoch stets mehr der jüdische Akzent. Sozialistisch denkende Juden engagierten sich zunehmend in revolutionären Kreisen, die auf einen Sturz des Zaren hin arbeiteten. Diese konspirative Arbeit wurde gefährlicher, aber auch isolierter und vertrug sich nicht unbedingt mit der Organisation einer großen Mitglieder-Partei.

Erst im Oktober 1917 gelang schließlich die Revolution, die den Zaren mitsamt dem Adel über Nacht wegfegte. Die provisorische Revolutionsregierung schaffte alle Beschränkungen aufgrund religiöser Bekenntnisse ab – Juden konnten sich nun frei in Russland bewegen. Der zweite Mann der Russischen Revolution neben Wladimir Iljitsch Lenin (1870-1924) war der Jude Leo Trotzki (1879-1940). Vier Mitglieder des vierundzwanzigköpfigen Zentralkomitees des neuen Reiches, das nicht mehr Russland hieß, sondern „Union der sozialistischen Sowjetrepubliken" (kurz: Sowjetunion), waren ebenfalls Juden. Der Traum einer klassenlosen und humanen Gesellschaft, in der jeder Mensch frei leben, denken und glauben konnte, schien endlich verwirklicht.

Jüdische Arbeiter und Intellektuelle aus aller Welt schauten anfangs fasziniert auf die junge Sowjetunion, so auch die jüdischen Mitbegründer der kommunistischen Partei in Deutschland, Karl Liebknecht (1871-1919) und Rosa Luxemburg (1870-1919), die später von nationalistischen Offizieren in Berlin ermordet wurden. Als aber Josef Stalin (1879-1953) 1924 die Macht in der Sowjetunion übernahm, wurden diese Hoffnungen bald wieder zerschlagen. Stalin baute Mitte der 30er Jahre ein Terrorsystem auf, unter dessen Räder auch die meisten jüdischen Revolutionäre der ersten Stunde gerieten. So hatte es Stalin nach heftigen Auseinandersetzungen geschafft, selbst Leo Trotzki 1929 aus der Sowjetunion auszuweisen. Stalin erlebte zwar im Kampf seiner „Roten Armee" gegen Hitlerdeutschland noch einmal eine innen- wie außenpolitische Unterstützung. Die Hoffnung auf ein freies jüdisches Leben im Sozialismus aber war ausgeträumt, zumindest in der Wirklichkeit einer kommunistischen Partei-Diktatur.

Welchen anderen Traum gab es noch, der – neben der Auswanderung nach Westeuropa oder Amerika – an Faszination gewann?

Ab der Mitte des 19. Jahrhunderts begannen einige wenige Idealisten von der „Heimkehr ins gelobte Land" zu träumen: dorthin, wo die Vorfahren vor rund 2000 Jahren vertrieben worden waren, wo die „eigentliche" Heimat der Juden war, das Land, in dem „Milch und Honig fließen" und das ihnen von Gott versprochen worden war. Dort sollten sich Juden ihren eigenen Staat und ihre eigene Gesellschaft aufbauen. Es war damals nicht absehbar, dass gerade die größte Katastrophe in der modernen jüdischen Geschichte einmal eine tragische, gleichwohl aber entscheidende Rolle bei der Realisierung dieses Traums spielen sollte.

Theodor Herzl: Heim zum Berg Zion!

Einer der Ersten, der die Idee einer „Wiedergeburt des jüdischen Volkes" formuliert, ist Moses Hess (1812-75). Nachdem die Revolution von 1848/49 in Deutschland gescheitert war und es so aussah, als ob man die Hoffnungen auf Gleichberechtigung begraben müsste, setzte er auf einen eigenen Staat für die Juden. Er sah keine Zukunft mehr im Zusammenleben, sondern baute auf eine jüdische Nation im „Heimatland" um Jerusalem. Aber er fand nur wenige Anhänger zu einer Zeit, in der die meisten Juden in West- und Mitteleuropa gerade Vertrauen in Aufklärung, Emanzipation und Eingliederung gewannen.

In Osteuropa hatte die Idee mehr Erfolg. Mit seinem Buch *Autoemanzipation* aus dem Jahr 1882 gewann Leon Pinsker (1821-91) viele Menschen für die „Selbstbefreiung" und die Auswanderung nach Palästina. Vor allem arbeitslose Jugendliche und junge Studenten konnten sich für das abenteuerlich anmutende Unternehmen begeistern. Ab 1882 wanderten rund 3000 überwiegend junge Juden aus Russland und Rumänien in einer „Ersten Alija" (hebräisch: Aufstieg) nach Palästina aus, um dort landwirtschaftliche Kolonien zu gründen. Die zaristischen Pogrome ab 1903 lösten eine noch größere Auswanderungswelle („Zweite Alija") aus, in der rund 40000 Menschen nach Palästina gingen. Gemessen an der Auswanderung in die USA sind dies bescheidene Zahlen, aber es handelte sich nun nicht mehr um isoliert und einzeln Handelnde, sondern um organisierte Gruppen. Zu den prominentesten Mitgliedern der zweiten Auswanderungswelle gehörte der spätere erste Premierminister Israels, David Ben Gurion (1888-1973), der schon im Alter von vierzehn Jahren eine zionistische Jugendgruppe gegründet hatte und mit zwanzig Jahren aus dem polnischen Teil Russlands nach Palästina übersiedelte.

Erst das Buch *Der Judenstaat* (1896) des jungen Wiener Journalisten Theodor Herzl (1860-1904) wurde zum Programm eines internationalen

Zionismus. Herzl wurde in Budapest in einer bürgerlichen Familie geboren, studierte in Wien Jura und arbeitete als Journalist in Paris. Er war zutiefst empört über einen judenfeindlichen Gerichtsskandal in Paris, über den er damals zu berichten hatte: der Prozess gegen den jüdischen Hauptmann Alfred Dreyfus (1859-1935). Dreyfus war 1894 aufgrund gefälschter Dokumente wegen Landesverrats zu lebenslanger Haft und Deportation verurteilt wurde. Obwohl Beweise auftauchten, dass Dreyfus unschuldig war, weigerte sich die französische Justiz lange, den Fall erneut zu verhandeln. Während der „Dreyfus-Affäre" brach ein bislang zurückgehaltener antijüdischer Hass in Frankreich auf. Es kam zu Straßendemonstrationen, bei denen aufgebrachte Massen Parolen wie „Nieder mit Dreyfus! Nieder mit den Juden!" bis hin zu „Tod den Juden!" schrien.

Nach diesem Erlebnis glaubte Theodor Herzl nicht mehr daran, dass die Anpassung der Juden irgendwann zu ihrer Anerkennung führen würde. Er notierte in sein Tagebuch: „Der Fall Dreyfus enthält mehr als einen Justizirrtum, er enthält den Wunsch der ungeheuren Mehrheit in Frankreich, einen Juden und in diesem einen alle Juden zu verdammen."

Die Hoffnung auf ein friedliches Zusammenleben durch Aufklärung und Emanzipation im Sinne Lessings und Mendelssohns hielt er für gescheitert. Der neue Judenhass wurde nicht mehr religiös begründet, sondern gab sich modern und „wissenschaftlich“: Von der angeblichen Verschiedenheit der „Rassen“ war nun die Rede. Die jüdische „Rasse“ sei angeblich zu den minderwertigen semitischen Rassen zu zählen, da sie als „Schmarotzer“ unter anderen Völkern lebten und nicht in der Lage seien, selbstständig zu existieren. Diesen neuen „Antisemitismus“ betrachtete Herzl eben gerade als eine Folge der Aufklärung, die nur neue Vorurteile geschaffen hatte.

Im Februar 1896 erschien sein Buch *Der Judenstaat* in Wien. Es wurde heftig diskutiert: Einige lehnten es als Unsinn oder gar Verrat ab, da er den heiligen Berg Zion in Jerusalem, den Ort des zerstörten Tempels, nicht als einziges Ziel einer Auswanderung nannte. Andere jedoch waren begeistert und wollten konkrete Taten folgen lassen. Herzl griff dieses Interesse auf und machte sich daran, einen „Weltkongress der Zionisten“ vorzubereiten.

Theodor Herzl, 36 Jahre, Jurist, Schriftsteller und Journalist, 1896 in Wien:

» Der Gedanke ... ist ein uralter. Es ist die Herstellung des Judenstaates. Die Welt widerhallt vom Geschrei gegen die Juden und das weckt den eingeschlummerten Gedanken auf ...

Von irgendeinem Einzelnen betrieben, wäre es eine recht verrückte Geschichte – aber wenn viele Juden gleichzeitig darauf eingehen, ist es vollkommen vernünftig, und die Durchführung bietet keine nennenswerten Schwierigkeiten. Die Idee hängt nur von der Zahl ihrer Anhänger ab. Vielleicht werden unsere aufstrebenden jungen Leute, denen jetzt schon alle Wege versperrt sind und denen sich im Judenstaate die sonnige Aussicht auf Ehre, Freiheit und Glück eröffnet, die Verbreitung der Idee besorgen ...

Ist das, was ich sage, heute noch nicht richtig? Bin ich meiner Zeit voraus? Sind die Leiden der Juden noch nicht groß genug? Wir werden sehen.

Der auf uns ausgeübte Druck macht uns nicht besser. Wir sind nicht anders als die anderen Menschen. Wir lieben unsere Feinde nicht, das ist ganz wahr. Aber nur wer sich selbst zu überwinden vermag, darf es uns vorwerfen ... Aus diesem Kreislauf herauszukommen ist unmöglich.

‚Doch!‘, werden weichmütige Schwärmer sagen, ‚doch, es ist möglich! Und zwar durch die herbeizuführende Güte der Menschen.‘

Brauche ich wirklich erst noch zu beweisen, was das für eine sentimentale Faselei ist? Wer eine Besserung der Zustände auf die Güte aller Menschen gründen wollte, der schriebe allerdings eine Utopie!

Ich sprach schon von unserer ‚Assimilierung'. Ich sage keinen Augenblick, dass ich sie wünsche. Unsere Volkspersönlichkeit ist geschichtlich zu berühmt und trotz aller Erniedrigungen zu hoch, als dass ihr Untergang zu wünschen wäre. Aber vielleicht könnten wir überall in den uns umgebenden Völkern spurlos aufgehen, wenn man uns nur zwei Generationen hindurch in Ruhe ließe. Man wird uns nicht in Ruhe lassen. Nach kurzen Perioden der Duldsamkeit erwacht immer und immer wieder die Feindseligkeit gegen uns. Unser Wohlergehen scheint etwas Aufreizendes zu enthalten, weil die Welt seit vielen Jahrhunderten gewohnt war, in uns die Verächtlichen unter den Armen zu sehen ...

Der ganze Plan ist in seiner Grundform unendlich einfach und muss es ja auch sein, wenn er von allen Menschen verstanden werden soll.

Man gebe uns die Souveränität eines für unsere gerechten Volksbedürfnisse genügenden Stückes der Erdoberfläche, alles andere werden wir selbst besorgen ...

Den Abzug der Juden darf man sich ... nicht als einen plötzlichen vorstellen. Er wird ein allmählicher sein und Jahrzehnte dauern. Zuerst werden die Ärmsten gehen und das Land urbar machen. Sie werden nach einem von vornherein feststehenden Plane Straßen, Brücken, Bahnen bauen, Telegrafen errichten, Flüsse regulieren und sich selbst ihre Heimstätten schaffen. Ihre Arbeit bringt den Verkehr, der Verkehr die Märkte, die Märkte locken neue Ansiedler heran. Denn jeder kommt freiwillig, auf eigene Kosten und Gefahr ...

Die Society of Jews wird mit den jetzigen Landeshoheiten verhandeln, und zwar unter dem Protektorat der europäischen Mächte, wenn diesen die Sache einleuchtet. Wir können der jetzigen Landeshoheit (Herzl meint die Herrschaft der Türken in Palästina) ungeheure Vorteile gewähren, einen Teil ihrer Staatsschulden übernehmen, Verkehrswege bauen, die ja auch wir selbst benötigen, und noch viele andere. Doch schon durch das Entstehen des Judenstaates gewinnen die Nachbarländer, weil im Großen wie im Kleinen die Kultur eines Landstriches den Wert der Umgebung erhöht ...

Ist Palästina oder Argentinien vorzuziehen? Die Society wird nehmen, was man ihr gibt und wofür sich die öffentliche Meinung des Judenvolkes erklärt ...

Palästina ist unsere unvergessliche historische Heimat. Dieser Name allein wäre ein gewaltig ergreifender Sammelruf für unser Volk ... Für Europa würden wir dort ein Stück des Walles gegen Asien bilden, wir würden den Vorpostendienst der Kultur gegen die Barbarei besorgen. Wir würden als neutraler Staat im Zusammenhange bleiben mit ganz Europa, das unsere Existenz garantieren müsste. Für die heiligen Stätten der Christenheit ließe sich eine völkerrechtliche Form der Exterritorialisierung finden. Wir würden die Ehrenwache um die heiligen Stätten bilden und mit unserer Existenz für die Erfüllung dieser Pflicht haften. «

Am 29. August 1887 trafen sich auf Initiative Theodor Herzls rund 200 Delegierte zum „Ersten Weltkongress der Zionisten" in der Schweizer Stadt Basel. Die Teilnehmer verabredeten dort ein Programm mit dem Ziel der Schaffung einer „rechtlich gesicherten Heimstätte in Palästina". Es gab zwei Möglichkeiten, dieses Programm zu verwirklichen. Herzl war dafür, mit diplomatischen Verhandlungen Land zu erwerben und international anerkennen zu lassen. Deshalb traf er mit dem türkischen Sultan Abd al-Hamid II. (1842-1918) und dem deutschen Kaiser Wilhelm II. (1859-1941) zusammen. Er suchte auch wohlhabende jüdische Bankiers auf, die ihn jedoch überwiegend als „lächerlichen Experimentierer" zurückwiesen. Kaiser Wilhelm II. signalisierte zeitweise ein Interesse an einem deutschen Engagement in Palästina, zog dies aber später wieder zurück. Eine Weile erwog Herzl selbst ein Angebot der englischen Regierung, um im ostafrikanischen Uganda Land zu erwerben.

Die andere Richtung der Zionisten war die der Praktiker, die umgehend mit der Besiedlung Palästinas beginnen und dadurch Fakten schaffen wollten. Diese Gruppe kritisierte Herzl, weil er sich mit seiner Diplomatie doch nur erneut von anderen Mächten abhängig machen würde. Auf lange Sicht wurde deutlich, dass beide Wege notwendig waren, um das gemeinsame Ziel zu erreichen.

Viele Baseler Zionisten vergaßen bei ihren Plänen, dass in dem Land, das sie als „zukünftige Heimstätte der Juden" sahen, palästinensische Araber lebten. Viele Zionisten sahen Palästina als ein leeres Land, das einfach besiedelt werden müsste. Einige formulierten selbst den naiven Slogan: „Ein Land ohne Volk – für ein Volk ohne Land!" Ein Weggefährte Herzls, Max Nordau (1849-1923), soll noch 1897 erstaunt zu ihm gesagt haben: „In Palästina gibt es ja Araber! Das wusste ich nicht! Wir begehen also ein Unrecht." Faktisch lebten um 1900 in Palästina etwa 60 000 Juden – und mehr als 500 000 arabische Palästinenser.

Herzl selbst war im Herbst 1898 zum ersten Mal in Palästina. Er betrachtete die einheimische Bevölkerung eher mit den Augen des vom Kolonialismus geprägten Europäers. Er sah nicht die jahrhundertealte arabische Kultur, sondern nur Armut und hielt sich selbst für einen möglichen Retter. Diese Ignoranz gegenüber der arabischen Geschichte und Kultur sollte sich später noch bitter rächen.

Andererseits hatte Herzl die Not der Millionen Juden in Osteuropa vor Augen. Vor allem wegen der russischen Pogrome war er selbst zur Gründung eines „Judenstaates" in Ostafrika oder Südamerika bereit. Und diese Pogrome gingen in grausamster Form weiter – auch nachdem Herzl 1904 völlig unerwartet mit nur 44 Jahren nach einem Herzanfall gestorben war.

Riwka Grynberg, 22 Jahre, Obstpflückerin in der jüdischen Siedlung Petach Tikva in Palästina, im Juli 1908:

» Geboren wurde ich 1886 in Płońsk. Noch nie von gehört? Macht nichts. Es ist eine der vielen Kleinstädte in Osteuropa, genauso dreckig und verloren wie tausend andere. Unser Płońsk liegt im Nordwesten von Warschau, so abgelegen, dass man denken sollte, da verirren sich die Soldaten des Zaren nicht hin. Leider ein Irrtum, auch Płońsk ist mehr als einmal überfallen worden. Das letzte Mal ist unser Haus mit Fackeln in Brand gesteckt worden, Mutter hat sich beide Hände verbrannt beim vergeblichen Löschen, und als wir noch stinkend vom Rauch die erste Nacht bei unseren Nachbarn im Schuppen untergekrochen waren, habe ich die ganze Nacht wachgelegen und mir schließlich gesagt: Es reicht! Ich will weg, ich will in unser Land, nach Erez Israel! Das war drei Tage vor meinem achtzehnten Geburtstag. Die ganze Idee mit dem Abhauen hatten wir schon hundert Mal besprochen in der von David Grien gegründeten Jugendgruppe: dass wir als junge Juden frei sein wollten, dass wir unser eigenes Land haben wollten, in dem es gerecht zugehen und niemand unterdrückt werden sollte. Schließlich blieben drei über, die wirklich aufbrachen: Shlomo, Berta und ich. Auch David würde bald gehen, da war ich sicher ...

Mutter schrie mich an, dass ich sie nicht im Stich lassen dürfe, jetzt ohne Haus mit den vier kleinen Geschwistern und Vater weg in Warschau mit der anderen Frau! Aber ich wusste, dass sich in Płońsk niemals etwas ändern würde. Zum letzten Mal flehte ich sie an mitzukommen: ‚Was haben wir denn hier noch zu verlieren, Mama?' Zuletzt sprach sie kein Wort mehr mit mir. Unser Abschied war mehr als bitter. Ich bin so unendlich froh, dass ich jetzt nach vier Jahren wieder über ehemalige Nachbarn, die auch ausgewandert sind, gehört habe, dass sie lebt und sogar einen neuen Mann und Vater für die Kleinen gefunden hat.

Zu dritt sind wir illegal über die Grenze nach Österreich und bis nach Wien gegangen. Berta hat sich dort von uns getrennt, weil sie plötzlich doch meinte, die Hitze in der Wüste wäre nichts für sie und dass sie doch lieber nach Amerika wolle. Typisch Berta. Ich habe ihr von Anfang an misstraut. Sie hat einfach einen neuen Kerl kennen gelernt, der behauptet, einen Onkel in New York zu haben, und Berta glaubt natürlich alles. Shlomo hat es schließlich geschafft, falsche Pässe für uns zwei zu organisieren, mit denen wir beim zionistischen Verbindungsbüro in Wien unsere türkischen Visa für Palästina bekamen. Das haben ja viele so gemacht. Ich hieß dann eben Maja Silberberg, und Shlomos falschen Namen habe ich vergessen. Mit dem Geld von Shlomos Familie konnten wir Fahrkarten für die Bahn und dann für das Schiff nach Jaffa bezahlen. Später haben wir beide Pässe wieder ganz ordentlich an ihre richtigen Besitzer nach Wien mit der Post zurückgeschickt.

Die Ankunft in Jaffa: Die letzte Nacht auf dem Dampfer habe ich kein Auge zugemacht. Dann endlich am Horizont die Küste Palästinas. Shlomo hielt die ganze Zeit meine Hand fest. Ich war gespannt, ob wir weinen würden, wenn wir den Boden des gelobten Landes zum ersten Mal betreten würden. Aber da kamen wir schließlich gar nicht zu: so ein Gedrängel beim Anlanden in den wackeligen Booten und dann das Geschrei und Geschubse bei der Immigration! Ich dachte nicht mehr an Heulen, sondern hatte nur Angst, Shlomo für immer zu verlieren. Wir haben uns nämlich verliebt auf der Überfahrt, eigentlich schon, nachdem Berta weg war. Das hatte also auch etwas Gutes.

Nur: Jaffa war ein Albtraum – ‚schlimmer als Płońsk', meinte Shlomo entsetzt: verdreckte Basare, kranke Kinder und Bettler, die im Straßenstaub saßen, eine unglaubliche Hitze, Fliegen und jede Menge anderes Ungeziefer in Schwärmen und über allem ein widerlicher Gestank nach Kot und verdorbenem Essen. Als Erstes biss mich dann auch noch ein Esel von einem dieser Dragomans in den Arm, die uns sofort einen Ritt nach Jerusalem andrehen wollten.

Endlich erspähten wir Shlomos älteren Bruder Mendel, der bereits seit einer Woche bei jedem ankommenden Schiff nach uns gesucht hatte. Ich hätte ihn beinah nicht wiedererkannt: Seine Haut war so dunkel geworden, außerdem hatte er, der ehemals immer so dünn war, hier Muskeln bekommen und sah plötzlich wie ein richtiger Mann aus! ‚Das kommt von der Arbeit auf dem Lande!', meinte er grinsend. Wir waren glücklich, dass er uns gefunden hatte.

Noch am gleichen Tag machten wir uns auf nach Petach Tikva, der ‚Hoffnungspforte', so hatten die ersten Siedler ihr kleines Dorf 1879 genannt. Mendel erzählte uns, dass es damals eher eine Höllenpforte war: Vierzehn Kilometer vom Meer entfernt hatten sie dieses tote Stück Sumpfland von den Arabern erworben, nahe bei dem Fluss Jarkon, von dem sie zu der Zeit noch nicht ahnten, dass er mit Malaria verseucht war. Am Anfang soll es da nicht mal Vögel gegeben haben. Nach ein paar Monaten gaben sie wieder auf und gingen zurück nach Jerusalem. Auf den Trümmern, die sie zurückgelassen hatten, begann eine zweite Gruppe drei Jahre später erneut – und zu diesen ist Mendel vor vier Jahren gestoßen und dabeigeblieben. Als wir dort am Nachmittag ankamen, traute ich meinen Augen nicht: Es gab Orangenhaine und Gärten und kleine Holzhäuser und um alles Zäune. Es sah so ordentlich und schön aus, dass ich jetzt doch weinen musste – vor Freude!

So sind Shlomo und ich auch in Petach Tikva geblieben. Vor einem Jahr haben wir unser erstes Kind hier geboren – den kleinen Amos. David Grien ist inzwischen auch im Lande, wie ich vorhergesagt habe. Er kam vor zwei Jahren, nennt sich seitdem David Ben Gurion und ist schon wieder in allen möglichen politischen Gruppen aktiv. Es gibt Pläne, in unserer Nähe eine ganz neue Stadt zu errichten, eine richtige Großstadt am Meer – eine jüdische Stadt. David hat erzählt, dass sie ‚Hügel des Frühlings' heißen soll – Tel Aviv. Ich glaube da vorerst nicht dran. Was brauchen wir hier jetzt schon eine Großstadt? «

Zu den wichtigsten Vertretern des Zionismus nach Herzls Tod wurde der in Russland geborene Biochemiker Chaim Weizmann (1874-1952). 1900 wanderte er nach England aus, wo er einen starken Zweig der Zionisten aufbaute. Er gewann unter den Politikern jener Jahre viele Freunde, so auch den jungen Abgeordneten und späteren Premierminister Winston Churchill (1864-1965). Weizmann erwies sich als ausgezeichneter Redner, der mit unterschiedlichsten Menschen kommunizieren konnte. „Um ein Zionist zu sein, muss man nicht unbedingt verrückt sein, aber es hilft", bemerkte er einmal trocken.

Während des Ersten Weltkriegs sah er eine Chance für eine jüdische Heimstätte in Palästina. Die Türkei, zu der Palästina damals gehörte, war an der Seite Deutschlands und Österreichs in den Krieg eingetreten und verlor zunehmend an Boden – die Vertreibung der Türken aus Palästina stand unmittelbar bevor. Tatsächlich schrieb der britische Außenminister Arthur Balfour (1848-1930) am 2. November 1917 dem Präsidenten der englischen Zionisten einen Brief, in dem er mitteilte, dass die britische Regierung „die Schaffung einer nationalen Heimstätte in Palästina mit Wohlwollen" betrachte und „größte Anstrengungen" unternehmen werde, „um die Erreichung dieses Ziels zu erleichtern". Praktische Konsequenzen hatte dies jedoch nicht: Die Engländer entwickelten keinerlei Konzept zur Umsetzung, sondern paktierten in den folgenden Jahren je nach eigenen Interessen mal mit jüdischer und mal mit arabischer Seite.

Um 1800 hatte es weniger als 10 000 Juden in ganz Palästina gegeben,

1880 war ihre Zahl nur langsam auf knapp 25 000 angestiegen. Um 1914 waren es immerhin schon etwa 85 000, wobei die meisten der Neueingewanderten aus Osteuropa stammten.

In Deutschland wurde der Zionismus niemals eine wirklich große Bewegung: Zur gleichen Zeit – zu Beginn des Ersten Weltkriegs 1914 – zählten die Zionisten in Deutschland gerade mal 9 000 Anhänger, während der „Centralverein deutscher Staatsbürger jüdischen Glaubens", in dem sich seit 1893 assimilierte Juden zur Sicherung ihrer Rechte und in Gegnerschaft zum Zionismus organisierten, mehr als 200 000 Mitglieder hatte.

Die Hälfte ihrer Mitglieder – rund 100 000 – kämpften als deutsche Soldaten und Offiziere im Ersten Weltkrieg 1914-18 überzeugt „für Kaiser

Diese Neujahrspostkarte zeigt Juden bei der Auswanderung nach Palästina

und Vaterland". Nach dem Krieg wiesen sie stolz darauf hin, dass rund 35 000 Juden mit Orden ausgezeichnet worden waren und rund 12 000 ihr Leben „an der Front" gelassen hatten. In der ersten demokratischen („Weimarer") Republik in Deutschland 1918-33 waren Juden gleichberechtigte Staatsbürger und stellten sogar fünf Minister. Erst mit zunehmenden wirtschaftlichen Problemen gewann auch hier ein aggressiver „Antisemitismus" an Zuspruch. Die demokratische Republik wurde von ihren Gegnern als „Judenrepublik" diffamiert. 1922 wurde Walther Rathenau (1867-1922), Jude und deutscher Außenminister, von deutschen Nationalisten ermordet.

Und doch: Nach den Erfahrungen der jüngsten Vergangenheit schien die Anerkennung und Gleichberechtigung der Juden in nur wenigen Ländern so stabil wie in Deutschland. Neben der jahrzehntelangen Rechtlosigkeit unter den russischen Zaren im Osten und der jüngsten „antisemitischen" französischen Propaganda im Westen war Deutschland nicht das Land, von dem Schlimmstes zu befürchten war. Eine Fehleinschätzung, in keiner Weise vorhersehbar, niemandem vorzuwerfen – mit schrecklichsten Konsequenzen ...

Anne Frank: Warum wir Juden?

Natürlich hatte es auch Vorzeichen in Deutschland gegeben. Bereits 1878 hatte der evangelische Pfarrer und kaiserliche „Hofprediger" Adolf Stoecker (1835-1909) die „antisemitische" Christlich-Soziale Arbeiterpartei (CSA) gegründet und Berufsverbote für Juden gefordert. Der Berliner Geschichtsprofessor Heinrich von Treitschke (1834-96) versuchte zur gleichen Zeit in Vorträgen und Büchern, der antijüdischen Propaganda zusätzlich einen Anschein von Wissenschaftlichkeit zu verleihen.

In der Kunst trat besonders unangenehm der Komponist Richard Wagner (1813-1883) hervor, der bereits 1850 die beleidigende Schrift „Das Judentum in der Musik" veröffentlicht hatte. In dieser Schrift rechnete er in neidvoller Weise mit jüdischen und jüdisch-stämmigen Kollegen wie dem berühmten Felix Mendelssohn-Bartholdy ab. Kein Künstler wurde später von Adolf Hitler und den Nazis so angehimmelt wie Richard Wagner.

Das alles gab es. Na und? Auch heute hetzen in verschiedenen europäischen Ländern Rechtsextremisten gegen Ausländer, Juden, Homosexuelle oder andere Minderheiten.

Warum konnte es trotzdem im „zivilisierten" Deutschland, dem „Land der Dichter und Denker", zum barbarischsten Mordwerk des 20. Jahrhunderts kommen? Die einen sagen, dass der Judenhass tief in der „deutschen Kultur" verankert war und sich irgendwann zwangsläufig ein Ventil suchen musste. Aber sind das nicht wieder nur Vorurteile – dieses Mal eben über „die" Deutschen? Um die Jahrhundertwende war der „Antisemitismus" in Osteuropa und Frankreich viel verbreiteter und aggressiver als in Deutschland, wo Juden immerhin seit 1871 vor dem Gesetz gleiche Rechte besaßen.

Andere sehen die Hauptursache in der Person des Diktators und Judenhassers Adolf Hitler (1889-1945). Nach dem verlorenen Ersten Weltkrieg und der weitverbreiteten Arbeitslosigkeit und Armut waren viele Menschen offen für seine Propaganda: Sie hörten es gern, dass sie ein besonderes Volk

In seinem Film *Der große Diktator* benutzte Charlie Chaplin die Waffe des Humors, um vor den Nazis zu warnen

seien. Hitler verkündete, das „internationale Weltjudentum“ sei schuld an der schlechten wirtschaftlichen und politischen Situation Deutschlands. Und er behauptete, die deutsch-„arische Rasse“ sei wertvoller als die jüdisch-„semitische Rasse“. Ein Jude konnte demnach kein „richtiger Deutscher“ sein. Hitlers Ziel war die „Befreiung von den Juden“, die „Vernichtung der jüdischen Rasse in Europa“ – so formulierte er bereits 1923 in seinem Buch *Mein Kampf*, das zur Bibel der „Nationalsozialistischen Deutschen Arbeiterpartei“ (NSDAP, von Gegnern auch Nazis genannt) wurde.

Neben zahlreichen wissenschaftlichen Studien über Adolf Hitler ist ein Portrait auf besondere Weise herausragend: Der Film *Der große Diktator* von Charlie Chaplin (1889-1977), der im Oktober 1940 Weltpremiere in New York hatte. Der weltberühmte Stummfilmstar Charlie Chaplin, der eigentlich Charles Spencer hieß, stammte aus ärmsten jüdischen Londoner Verhältnissen. Er war nur vier Tage älter als Hitler und trug einen ähnlichen kleinen Schnurrbart. *Der große Diktator* ist eine sarkastische Verwechslungskomödie, in der Chaplin die Doppelrolle eines armen jüdischen Friseurs und des machtbesessenen Diktators Hynkel spielt. Am Ende des Films muss der jüdische Friseur durch seine Verkleidung als Diktator Hynkel plötzlich auf einer Massenversammlung der Nazis reden – und hält ein flammendes Plädoyer für Demokratie und Freiheit! Trotz Morddrohungen und offener Einschüchterung rechter Kreise auch in den USA produzierte Chaplin seinen ersten Tonfilm 1939 als eine Anklage gegen die Zustände in Deutschland und rief gleichzeitig zum Widerstand auf. In Deutschland waren seine Filme, die sich bis dahin auch hier großer Beliebtheit erfreut hatten, bereits 1933 verboten. Hitler nannte Chaplin verächtlich einen „Zappeljuden“. Trotzdem ließ er eine Kopie des *Großen Diktators* für das Reichsfilmarchiv bestellen, die führenden Politikern nur „unter besonderen Umständen“ gezeigt werden durfte.

Die terroristische Diktatur, die die Nazis ab dem 30. Januar 1933 in Deutschland errichteten, ist meiner Einschätzung nach weder „typisch deutsch“, noch war sie allein Hitlers Schuld. Hitler konnte nur deshalb aufsteigen, weil er Unterstützung von konservativen und nationalistischen Kreisen in Deutschland erhielt. Diese hielten nicht viel von der jungen deutschen Demokratie und arbeiteten an ihrer Abschaffung. Es war auch die

Zustimmung der wichtigsten Industrie- und Wirtschaftsbosse, die den Weg freimachte für die Abschaffung der Demokratie.

Allzu häufig wird vergessen, dass Hitlers Nazipartei durch demokratische Wahlen an die Macht kam und nicht durch eine gewalttätige Revolution. Trotzdem ist es wichtig, daran zu erinnern, dass ihn nicht die Mehrheit der Deutschen gewählt hat, obwohl sie stärkste Partei geworden waren: Noch in der letzten demokratischen Wahl vom November 1932 erhielt die NSDAP nur 33 Prozent der Stimmen. Selbst unter diktatorischem Terror erhielten sie auch im März 1933 nur knapp 44 Prozent der Stimmen.

Es ist sicher unmöglich, in einem Kapitel die Lebenssituation der Juden unter dem NS-Regime angemessen differenziert wiederzugeben – ab 1933 in Deutschland und ab 1939, dem Beginn des Zweiten Weltkriegs, auch in den von Deutschland besetzten Gebieten. Wohlhabende und Arme, Orthodoxe und Liberale, Städter und Dorfbewohner, Arbeiter und Intellektuelle, Staatsbürger und Ausländer, Frauen und Männer, Junge und Alte – sie alle wurden früher oder später vom Judenhass der Nazis auf die eine oder andere Weise erfasst. Dieses Mordprogramm an den europäischen Juden, später als Holocaust („Brandopfer", hebräisch: Shoa) bekannt, forderte sechs Millionen Opfer und bestimmte darüber hinaus das Leben von vielen weiteren Millionen Menschen dieser und folgender Generationen. Die amerikanische Schriftstellerin Judith Miller (*1948) formulierte in der Achtung vor jedem einzelnen Menschenleben, dass es nicht sechs Millionen ermordete Juden waren, sondern: Es war einer und noch einer und noch einer ...

Der italienische Schriftsteller Primo Levi (1919-87), der das KZ Auschwitz überlebt hatte, schrieb, es übersteige die menschliche Kraft, sich in das Schicksal dieser Menschenmassen einzufühlen. Deshalb brauchen wir die Geschichten einzelner Menschen, wie zum Beispiel das Schicksal des jüdischen Mädchens Anne Frank (1929-45). Primo Levi schreibt: „Eine Einzelperson wie Anne Frank erweckt mehr Anteilnahme als die Ungezählten, die wie sie gelitten haben, deren Bilder aber im Dunkeln geblieben sind. Vielleicht muss es so sein; müssten oder könnten wir die Leiden aller erleiden, könnten wir nicht leben."

In der Tat gilt Anne Frank heute für viele als Symbol für jüdisches Leid während der Nazi-Zeit. Anne Franks Leben ist keine Heldengeschichte. Sie

Anne Frank, vier Jahre, und ihre ältere Schwester Margot im Jahr 1933

wird 1929 in Frankfurt am Main geboren und wächst in einer gutsituierten, weitgehend assimilierten Familie auf, die sich vor allem als deutsch und dann erst als jüdisch begreift. Ihr Vater Otto Frank hat als Soldat im Ersten Weltkrieg für sein „deutsches Vaterland" gekämpft. Trotzdem erkennt er ab 1933 schneller als die meisten anderen deutschen Juden die Gefahr durch die Nazis. Er findet eine Arbeit in Amsterdam als Direktor einer Firma zur Marmelade-Herstellung und wandert mit seiner Frau und seinen beiden Töchtern Anne und Margot in die Niederlande aus. Anne und Margot wachsen zunächst unbeschwert auf, lernen Niederländisch und fühlen sich schneller als die Eltern in der neuen Umgebung daheim. Als im Mai 1940 die Niederlande von der deutschen Wehrmacht überfallen und besetzt werden, ändert sich alles. Auch die Juden in den Niederlanden werden bald den gleichen Diskriminierungen unterworfen wie in Deutschland, die schließlich für viele mit der Deportation in die deutschen Vernichtungslager Osteuropas enden.

Als Annes Schwester Margot im Sommer 1942 als Erste einen Aufruf zur Deportation erhält, entschließt sich die Familie, in ein vom Vater vorbereitetes Versteck im Hinterhaus seiner Firma in der Prinsengracht zu ziehen. Gemeinsam mit vier anderen „Untertauchern" hoffen sie, hier auf engstem Raum zu überleben. Dies ist nur möglich durch die Hilfe von nichtjüdischen Freunden, die sie mit Nahrungsmitteln und Nachrichten von draußen versorgen. Nach zwei Jahren und allmählichen Hoffnungen auf einen baldigen Sieg der Alliierten gegen Hitlerdeutschland wird ihr Versteck durch einen bis heute Unbekannten an die Polizei verraten. Am 4. August 1944 werden sie entdeckt und zunächst in das holländische Übergangslager Westerbork gebracht. Von da werden sie mit dem letzten Zug, der angesichts der Kriegsentwicklung noch nach Osten geht, in das KZ Auschwitz deportiert. Anne und Margot werden von hier noch in das KZ Bergen-Belsen bei Hannover gebracht, wo sie Anfang Januar aufgrund der elenden Lagerbedingungen an Typhus sterben. Die Mutter, Edith Frank, kam in Auschwitz um. Als Einziger überlebt Annes Vater Otto Frank.

Nach dem Krieg erhält Otto Frank von seiner ehemaligen Sekretärin und Helferin während der Zeit im Versteck, Miep Gies, das Tagebuch und weitere Aufzeichnungen Annes, die von der Polizei bei der Räumung des Verstecks als wertlos liegengelassen worden waren. Annes Tagebuch wird später in alle Weltsprachen übersetzt, ein Theaterstück und mehrere Filme werden produziert. Ihr ehemaliges Versteck ist heute eine Gedenkstätte, die Menschen ermutigen will, gegen Rassismus und Antisemitismus den Mund aufzumachen, wo immer es nötig ist.

Anne Frank, 13 Jahre, im Versteck des Hinterhauses Prinsengracht 263, am 9. Oktober 1942 in Amsterdam:

» Heute habe ich nur traurige und deprimierende Nachrichten. Unsere jüdischen Freunde und Bekannten werden in Mengen weggeholt. Die Gestapo [die deutsche „Geheime Staatspolizei"] geht nicht zart mit ihnen um. Sie werden in Viehwagen geladen und ins Judenlager Westerbork gebracht. Westerbork muss grauenhaft sein. Für die Hunderte von

Menschen sind viel zu wenig Waschgelegenheiten und WCs vorhanden. Es wird erzählt, dass in den Baracken alles durcheinander schläft: Männer, Frauen, Kinder. Flüchten ist unmöglich. Die meisten Leute aus den Lagern sind gebrandmarkt durch ihre kahlgeschorenen Köpfe ...

Wenn es hier in Holland so schlimm ist, wie furchtbar wird es dort in der Ferne sein, wohin sie verschickt werden? Das englische Radio berichtet von Gaskammern, aber vielleicht ist das noch die schnellste Vernichtungsmethode. Miep [die nichtjüdische Helferin Miep Gies, die im Buch „Miep van Santen" heißt] erzählte von grausamen Erlebnissen und ist selbst schrecklich aufgeregt. Vor kurzem saß eine alte lahme Frau nachts bei Miep vor der Tür. Sie musste auf das Gestapoauto warten, das die Menschen nach und nach sammelt. Die alte Frau zitterte vor Angst. Die Abwehrgeschütze dröhnten, das Strahlen der Scheinwerfer flitzte durch das Dunkel, das Donnern der englischen Flugmaschinen dröhnte von den Häusern zurück. Aber Miep wagte nicht, die alte Frau hereinzuholen. Die Deutschen bestrafen so etwas sehr hart. «

Eine Frage, die die junge Anne immer wieder bewegt, ist: Warum dieser Hass gegen uns Juden? Wann werden wir wieder „Menschen sein, und nicht nur Juden"? In ihrer eingesperrten Lage im Versteck richten sich ihre Hoffnungen vor allem auf die Zeit „danach" – nach der Befreiung. Diejenigen, die sich „draußen" durchschlagen müssen, sind zusätzlich mit der Frage konfrontiert: Können wir auch etwas unternehmen – oder müssen wir nur passiv abwarten, bis wir ebenfalls „an der Reihe" sind?

Nicht alle jüdischen Jugendlichen waren in der gleichen Lage und hatten dieselben Möglichkeiten. Zu verschiedenen Zeiten, an verschiedenen Orten und mit verschiedenen Vorerfahrungen, Kontakten und materiellen Möglichkeiten entschieden sie sich für unterschiedliche Wege. Das Klischee, dass sich alle „wie Schafe zur Schlachtbank führen ließen", stimmt so nicht.

Aber was konnte man tun? Wie – zum Beispiel – wurde die Nazi-Zeit aus der Perspektive zweier ganz unterschiedlicher Jugendlicher damals erlebt?

Esther Bejarano

wird 1924 als fünftes Kind des Oberkantors der jüdischen Gemeinde von Saarbrücken, Rudolf Loewy, und seiner Frau Margarethe geboren. Im Ersten Weltkrieg hatte ihm an der Front eine Granate die rechte Hand zerfetzt. Die Familie lebt in gutbürgerlichen Verhältnissen, eine Haushälterin, die nichtjüdische Frau Müller, von allen „Kätchen" genannt, gehört ebenfalls dazu. Als die Nazis 1933 an die Macht kommen, ist Esther acht Jahre alt.

Herschel Grynszpan

wird 1921 als sechstes Kind des zeitweise arbeitslosen Schneiders Sendel und seiner Frau Riwka in Hannover geboren. Zehn Jahre zuvor waren die Eltern vor zaristischen Pogromen aus dem polnischen Teil Russlands geflohen. Drei Geschwister sind früh gestorben. In Hannover lebt die Familie unter ärmlichen Verhältnissen, die Werkstatt des Vaters ist daheim untergebracht. Sie sind Ausländer und sprechen Jiddisch, erst die Kinder lernen Deutsch auf der Straße. Als die Nazis 1933 an die Macht kommen, ist Herschel elf Jahre alt.

Esther und Herschel werden im Folgenden selbst zu Wort kommen. Vor ihren persönlichen Aussagen stehen jeweils einige Sachinformationen zu drei Phasen der Nazi-Zeit, die auch deutlich machen, dass in jenen zwölf Jahren von 1933 bis 1945 zu unterschiedlichen Zeiten Verschiedenes möglich war.

Erste Phase 1933-34:
Propaganda gegen Juden und andere Minderheiten

Der Mehrheit der Bevölkerung wird gezeigt, dass man nun endlich „aufräumt" mit der „laschen Demokratie": Politische Gegner verschwinden als Erste in einer neuen Art von Gefängnis (Konzentrationslager oder „KZ"), in die man ohne gerichtliche Verurteilung kommen kann. Juden werden öffentlich diffamiert, und Nazi-Gruppen organisieren ab dem 1. April 1933 einen Boykott jüdischer Geschäfte. Dieser Boykott hat jedoch nicht den gewünschten Erfolg und wird schon nach drei Tagen abgebrochen. Vereinzelt zeigen Nichtjuden ihre Solidarität mit den Juden.

Die Nazis beginnen mit einer systematischen Propaganda gegen die Juden. Die Hetzschrift *Der Stürmer* soll hier eine zentrale Aufgabe übernehmen. So wird darin auch die Nazi-Ideologie verbreitet, wonach „Judesein nicht eine Frage des Glaubens ist, sondern der Rasse". Daher sind auch getaufte Juden oder solche, die jüdische Eltern oder Großeltern hatten, aber sich selbst nicht als religiös verstehen, für die Nazis ebenfalls Juden. Parteien und Gewerkschaften werden verboten, und die gesamte Presse wird unter die Kontrolle des neuen Reichspropagandaministeriums gestellt. Jüdische Beamte werden entlassen.

Bald beginnt auch die Verfolgung Homosexueller, da sie als „bevölkerungspolitische Blindgänger" nicht mithelfen, zukünftige Soldaten zu produzieren, und die Trennung in klare Rollen von Mann und Frau in Frage stellen. Am Ende der ersten Phase ist deutlich definiert, wer ab nun zur ausgegrenzten Minderheit gehört (Oppositionelle, Juden, Homosexuelle sowie die Gruppe „Asozialer" und „rassisch Minderwertiger", darunter auch Roma und Sinti als „Zigeuner"). Die Mehrheit kann beruhigt sein, da sie nicht dazugehört. Einige Angehörige der Minderheiten hoffen darauf, dass „der böse Spuk" bald vorüber sein möge. Die meisten sehen noch keine zwingende Notwendigkeit auszuwandern.

Esther Bejarano:

» Auch mein Vater ging davon aus, dass der Spuk bald vorbei sein würde mit diesem angeberischen Hitler. Er konnte sich nicht vorstellen, dass es eine deutsche Regierung geben könnte, die jemanden wie ihn missachten würde. Immerhin hatte er für Deutschland gekämpft und das ‚Eiserne Kreuz' für besondere Tapferkeit bekommen.

Am Anfang war es im Saarland auch nicht so schlimm wie im übrigen Deutschland, weil das Saargebiet seit dem Ende des Ersten Weltkriegs noch bis 1935 unter französischer Verwaltung stand. Mein Vater blieb Oberkantor der jüdischen Gemeinde und leitete nebenbei sogar einen großen Arbeiterchor in einem Vorort von Saarbrücken mit über 100 Sängern.

Jeden Freitagabend zum Sabbat kam unser junger Rabbiner, Dr. Lothar

Rothschild, zu uns zum Essen. Er war höchstens 25 Jahre alt, lebte allein, sah toll aus und war sehr nett. Jedenfalls verliebten sich nacheinander meine älteren Schwestern Tosca, Ruth und ich in ihn – und gingen von da an noch mal so gern in die Synagoge.

Nach der Schule machten wir Kinder bei den zahlreichen Veranstaltungen des jüdischen Kulturbundes mit. Mein Bruder Gerhard, genannt Gerdi, spielte einmal mit großem Erfolg den Emil in dem Jugendtheaterstück *Emil und die Detektive* von Erich Kästner. «

Herschel Grynszpan:

» Am Tag nach dem 30. Januar 1933 weht bereits die Hakenkreuzfahne über unserer Schule. Wir Schüler stehen klassenweise und in Zweierreihen auf der einen Seite des Schulhofes. Die meisten Lehrer stehen links und rechts von uns. Unter ihnen hält sich auch der Schulleiter auf, steht nur stumm da und macht keine Anstalten, nach vorne zu treten und eine Rede zu halten.

Stattdessen tritt ein anderer Mensch, den wir alle nicht kennen, auf die Stufen vor dem Portal. Er ist nicht viel älter als unser junger Klassenlehrer. Er stellt sich als der neue Leiter unserer Schule vor und hält eine markige Rede, in der oft das Wort Deutschland vorkommt: ‚Deutschland ist erwacht ...', ‚das Deutschtum wird zu neuem Ansehen kommen ...' Am Ende schließt er mit einem kräftigen ‚Heil Hitler!'

Da brüllen zwei ältere Schüler aus unserem großen Haufen zurück: ‚Heil Moskau!'

Einen Moment Erstarrung. Die Augen des Schulleiters sind zusammengekniffen. Seinen Kopf wendet er langsam und erwartungsvoll zu den Lehrern der Oberklassen. Dort Unruhe und Tuscheln. Schließlich der Musiklehrer im Kasernenton: ‚Wertheim und Westenholz – raustreten!'

Erst als er zum zweiten Mal ‚Raus!' schreit und langsam auf unsere Schülergruppe zukommt, drängen sich die beiden Jungen nach hinten aus der Menge und flitzen, so schnell sie können, an den Fahrradständern vorbei zum Hinterausgang der Schule.

Mit meinen Eltern ist über nichts zu reden. Am Vormittag des 1. April 1933 schmieren irgendwelche Banditen mit weißer klecksender Schrift ‚JUDE' auf das Holzschild mit der Aufschrift ‚Schneiderei'. Aber Vater bleibt oben in der Wohnung. Er muss es doch auch gesehen haben. Und näht einfach weiter, keine Reaktion. Als meine ältere Schwester Berta bereits mittags weinend von ihrer Arbeit als Verkäuferin in einem Bekleidungsgeschäft heimkommt, wagen sie nicht nachzufragen. Sie wollen es einfach nicht wissen. Stellen sich bei lebendigem Leibe tot.

Erst viele Monate später, Anfang 1934, als alles sich etwas beruhigt hat, meint mein Vater einmal zu mir: ‚Siehst, Herschel, ist alles nicht so schlimm, wie uns die Schreier glauben machen wollen. Glaube mir, woanders ist es auch nicht besser. Ich weiß, wovon ich spreche.'

Ich kann mich nicht damit abfinden: ‚Wir haben nichts getan und werden wie Dreck behandelt. Wie kannst du das nur alles so schlucken, Vater?'

‚Nichts schlucke ich, Herschel, nicht ein bisschen. Aber ich will nicht mein ganzes Leben nach dem Äußeren ausrichten. Soll ich wieder davonlaufen? Junge, man kann nicht immer wieder aufbrechen. Kannst du das nicht begreifen?'

‚Aber warum wehrst du dich nicht?' Ich spüre, dass wir zum ersten Mal wie Erwachsene miteinander reden, und will nicht lockerlassen.

‚Ich wehre mich doch. Siehst du nicht, wie ich mich wehre, wenn ich meinem Glauben treu bleibe? Wenn ich versuche, die Schriften zu verstehen und aus ihnen zu lernen?' Vaters Augen blitzen hinter seinen Brillengläsern. «

Zweite Phase 1935-38: Gesetzliche Ausgrenzung der Juden und anderer Minderheiten

Die Mehrheit beginnt, sich entspannt zurückzulehnen. Das Abflauen der Weltwirtschaftskrise und der Rückgang der Arbeitslosigkeit werden als Erfolg der neuen Regierung dargestellt. Der Autobahnbau beginnt, und die Olympischen Spiele 1936 in Berlin, bei denen judenfeindliche Schilder vorrübergehend entfernt werden, bringen viel Anerkennung des Auslands. Außerdem wird die Organisation „Kraft durch Freude" geschaffen, die auch ärmeren Leuten, häufig zum ersten Mal im Leben, eine organisierte Urlaubsreise ins Ausland ermöglicht.

Vor dem Hintergrund dieser wachsenden Zustimmung und Beruhigung der Mehrheit kann zum einen die gezielte Kriegsvorbereitung anlaufen: Einführung der Wehrpflicht für alle jungen Männer, Organisation aller Kinder und Jugendlichen von zehn bis achtzehn Jahren in der „Hitlerjugend" (HJ) und dem „Bund deutscher Mädel" (BDM), Investition in die Rüstungsindustrie und erste militärische Auslandsaktion im spanischen Bürgerkrieg 1937. Zum zweiten wird ab 1935 mit den „Nürnberger Gesetzen" eine gesetzliche Ausgrenzung von Juden begonnen, wie es sie seit dem Mittelalter nicht mehr gegeben hatte: Ehe und intime Beziehungen zwischen „arischen Deutschen" und Juden sind ab sofort bei schwerer Strafe verboten. Die Ausgrenzung der Juden wird von den Nazis mit insgesamt über 2 000 Sondergesetzen geregelt, die ihrer Menschenverachtung einen legalen Anstrich verleihen sollen.

Am Ende dieser Phase gehen die Nazis aufs Ganze und testen, wie weit das Ausland stillhalten wird: Im März 1938 wird Österreich „angeschlossen", Deutschland nennt sich von nun an „Großdeutsches Reich". Im November 1938 wird das Attentat des 17-jährigen Herschel Grynszpan in Paris zum Vorwand genommen, um ein staatlich gelenktes Pogrom in der Nacht vom 9./10. November auszulösen. In dieser Nacht werden rund 100 Juden getötet und etwa 30 000 vor allem männliche Juden verhaftet. Beinah alle Synagogen werden in Brand gesteckt und die Schaufensterscheiben vieler

Am 9. und 10. November 1938 (Reichspogromnacht)
zündeten Nazis Hunderte von Synagogen an,
wie hier die Synagoge am Frankfurter Börneplatz

jüdischer Geschäfte zerschlagen, weshalb die Nazis verharmlosend auch von der „Kristallnacht" sprechen. Unmittelbar danach tritt eine Vielzahl von Gesetzen in Kraft, mit denen Juden enteignet und aus dem öffentlichen und beruflichen Leben gedrängt werden. Jüdische Kinder und Jugendliche dürfen ab sofort keine allgemeinen Schulen mehr besuchen. Erst jetzt wird den meisten Juden bewusst, dass in Deutschland ihre Existenz bedroht ist. Wer kann, flüchtet ins Ausland. Für Menschen, die weder Geld noch Kontakte haben, bleibt dies ein schwieriges Vorhaben.

Ins Visier der systematischen Verfolgung kommen zunehmend auch Roma und Sinti („Zigeuner"), die nach einer ersten Zusammenfassung in Sammellagern ab 1936 in Konzentrationslager verschleppt werden. Bei Behinderten, die als „unwertes Leben" und „unnütze Esser" eingestuft werden, beginnen Ärzte ab 1938 mit der vorerst noch individuellen Tötung von „erbkranken" Kindern.

Esther Bejarano:

» Am 1. März 1935 marschierten die Nazis im Saarland ein, und das Saargebiet gehörte nun wieder zu Deutschland. Jetzt kam eine Anweisung heraus, nach der jüdische Schüler in Saarbrücken nicht mehr allgemeine Schulen besuchen sollten. Ruth und ich mussten ab jetzt in eine kleine vierklassige jüdische Schule gehen, an der auch mein Vater unterrichtete. Das mochte ich gar nicht, weil er doch immer so streng war.

Mein Vater glaubte immer noch, dass Hitler sich nicht auf Dauer würde halten können. Am schlimmsten war für mich, dass Kätchen zunehmend angefeindet wurde, da sie als deutsche ‚Arierin' immer noch für Juden arbeitete. Kätchen waren diese ganzen Hetzreden zuwider. Erst als ein Gesetz herauskam, dass ‚Ariern' die Arbeit bei Juden verbot, konnte sie nicht mehr zu uns kommen, weil sie sich sonst strafbar gemacht hätte. Wir mussten uns trennen – nach zwölf Jahren täglichen Zusammenseins.

Kurz bevor wir nach Ulm umziehen mussten, weil sich die Saarbrücker Gemeinde keinen Oberkantor mehr leisten konnte, wurde Kätchen sehr krank. Daraufhin verschoben wir den Umzug, und Vater besuchte sie im

Esther Bejarano im Alter von 14 Jahren

Krankenhaus. Seit Tagen hatte sie nichts mehr gegessen. Er schaffte es, sie wieder zum Essen zu bewegen, und wir gingen erst nach Ulm, als sie wieder einigermaßen bei Kräften war. Kätchen hat später oft gesagt, dass Vater ihr das Leben gerettet habe.

1937 erkannten auch meine Eltern allmählich die Gefahr, die uns drohte. Doch sie wollten Deutschland noch immer nicht verlassen. Aber um uns Kinder machten sie sich mehr und mehr Sorgen.

Zuerst ergab sich für meinen Bruder Gerdi, der inzwischen 21 Jahre alt war, eine Möglichkeit, zu meiner Tante in die USA auszuwandern. Dann bekam die 19-jährige Tosca einen Ausbildungsplatz in einer landwirtschaftlichen Schule in Palästina. Mutter weinte bei jedem Abschied. Ich auch.

Am meisten aber fehlte mir Kätchen. Endlich erlaubten mir meine Eltern, dass ich sie einmal in den Ferien im Saarland besuchen durfte. Überglücklich schlossen wir uns beim Wiedersehen in die Arme. Ich war erst wenige Tage bei ihr, als Nachbarn sie anzeigten, weil sie eine Jüdin beherbergen würde. Doch Kätchen scherte sich einfach nicht um die Denunziationen – und wir verlebten vier schöne Wochen.

Im Sommer 1938 ging auch meine Schwester Ruth von zu Hause fort in ein jüdisches Vorbereitungslager in Oberschlesien, das auf die Auswanderung nach Palästina vorbereitete. Nun war ich ganz allein mit meinen Eltern. Mutter weinte viel, weil sie sich Sorgen um die drei Kinder machte, die weit fort leben mussten. «

Herschel Grynszpan:

» Ostern 1935 flog ich von der Schule. Ich war gerade vierzehn geworden – und hatte es satt, als einziger Jude in der Klasse immer angepöbelt zu werden, auch von den Lehrern. Schließlich habe ich im jüdischen Sportverein ‚Makkabi' Boxen gelernt, um mich wehren zu können, obwohl ich eher klein bin. Als ‚Störenfried' haben sie mich nun von der Schule gejagt, nicht die anderen. Mir ist es recht so!

Mit Unterstützung unseres Rabbi habe ich dann ein Jahr auf der jüdischen Lehranstalt von Dr. Kaufmann in Frankfurt am Main zugebracht und dort immerhin einigermaßen Hebräisch gelernt. Zurück in Hannover bearbeitete ich Vater so lange, bis er mir erlaubte, zu seinem Bruder Wolf nach Brüssel zu fahren. Ich bekam sogar meinen ersten Ausweis mit gültigem Visum nach Belgien. Dort war es aber eine ziemliche Pleite, denn Onkel Wolf war sehr unfreundlich und wollte mich am liebsten gleich zurückschicken. Ich war aber um nichts in der Welt bereit, nach Nazi-Deutschland zurück zu gehen. Nach Palästina wollte ich! Aber wie – ohne Geld oder gute Beziehungen?

Da fiel mir ein, dass Vater noch einen anderen Bruder in Paris hatte – Onkel Abraham. Zu ihm reiste ich illegal über die Grenze. Und auch wenn er mich kaum kannte, war er ganz anders als Onkel Wolf. Er und seine Frau Chawa nahmen mich auf wie ihren Sohn! Selbst hatten sie keine Kinder. Onkel Abraham half mir sogar, eine vorläufige Arbeitserlaubnis zu bekommen. Eine Weile ging alles gut. Ich hatte sogar brieflichen Kontakt mit Vater und Mutter und meinen Geschwistern in Hannover, an die ich oft dachte und die mir fehlten.

Ab Sommer 1938 begann dann alles schiefzulaufen: Zuerst teilte mir die

Fremdenpolizei mit, dass mein Antrag für eine Aufenthaltsgenehmigung abgelehnt worden sei und ich innerhalb von 24 Stunden das Land verlassen müsse. Da habe ich mich erst mal bei meinem Freund Nathan versteckt. Onkel und Tante gefiel das alles gar nicht.

Zum Knall kam es aber erst, als am 3. November 1938 die Karte von meiner Schwester Berta kam, irgendwo von der polnischen Grenze, wohin man meine ganze Familie zusammen mit einigen Tausend anderen polnischen Juden aus Deutschland deportiert und einfach nach Polen hinübergejagt hatte, um sie loszuwerden. Da saßen sie nun in Zelten oder sogar im Freien, das muss man sich mal vorstellen – im November in Polen! Ich wollte, dass wir ihnen sofort Geld schicken, aber Onkel Abraham wollte abwarten, bis wir Genaueres wüssten. Immer warten und abwarten! Da ist mir der Kragen geplatzt, und ich bin wütend aus dem Haus gelaufen.

Man musste einfach irgend etwas unternehmen! Ich wollte so nicht weiterleben. Schließlich zählte ich all meine Ersparnisse, die ich in den letzten Monaten durch Schwarzarbeit oder Botengänge für den Onkel verdient hatte – gerade mal 300 Francs –, und beschloss, die Nacht nicht nach Hause zu gehen, sondern in einem billigen Hotel zu übernachten.

Dort schrieb ich meinen Eltern eine Karte nach Hannover:

‚Meine lieben Eltern!

Ich konnte nicht anders, soll G"tt mir verzeihen, das Herz blutet mir, wenn ich von eurer Tragödie und der 12 000 anderer Juden hören muss. Ich muss protestieren, dass die ganze Welt meinen Protest erhört, und das werde ich tun, entschuldigt ...'

Ich weiß, meine Worte klingen ein bisschen angeberisch. Aber ich war einfach verzweifelt – und ich wollte etwas tun! Am nächsten Tag, dem 7. November, kaufte ich mir eine Pistole, ließ mir erklären, wie sie funktionierte, weil ich so ein Ding noch nie vorher in der Hand gehabt hatte. Dann fuhr ich mit der Metro zur deutschen Botschaft in die Rue de Lille 78. Eigentlich wollte ich den Botschafter sprechen und ihn zwingen, mir und meiner Familie ein Visum nach Palästina zu verschaffen. Aber dann ging einfach alles schief. Ich geriet an diesen Botschaftssekretär Ernst vom Rath, der versuchte, auf mich loszugehen – und da habe ich fünf Mal geschossen ... «

Dritte Phase 1939-45: Vorbereitung und Durchführung des Massenmords an Juden und anderen Minderheiten

Am 1. September 1939 überfällt die deutsche Wehrmacht Polen: Der Zweite Weltkrieg beginnt. Die Mehrheit der Deutschen berauscht sich in der ersten Phase des Krieges, bis zum November 1942, an einer Kette von Siegen und Eroberungen. Die Eroberungen reichen im Westen bis weit hinein nach Frankreich, im Osten bis an die russische Grenze und im Süden bis in weite Teile Nordafrikas. In den Schulen werden jede Woche die Fähnchen auf der Landkarte gesteckt, um die Front zu markieren. In den eroberten Ländern wird zunächst noch zweigleisig verfahren: In den westlichen Ländern, wo man langfristig auf Kooperation hofft, geben sich die deutschen Besatzer zuerst noch „zivilisiert". Einige dort atmen auf: „So schlimm scheinen die Deutschen ja doch nicht zu sein."

In Ost- und Südosteuropa dagegen, wo nach Nazi-Weltbild „minderwertig-slawische" oder gar „jüdisch-semitische" Menschen leben, wird von Beginn an „Vernichtungspolitik" durchgeführt, um „Lebensraum" frei zu machen für die „arischen" Menschen. Besonders schlimm geht es in Polen zu, wo viele Zivilisten als Zwangsarbeiter für die deutsche Rüstungsindustrie verschleppt und Intellektuelle und andere Persönlichkeiten planmäßig ermordet werden. Die Juden werden in großen Ghettos zusammengepfercht, wo sie bis zum späteren Transport in die neugeschaffenen Vernichtungslager „gehalten" werden. Ab 8. April 1940 wird das KZ Auschwitz errichtet, am 16. Oktober 1940 das jüdische Ghetto von Warschau, in dem auf engstem Raum rund 400 000 Menschen eingesperrt werden.

In Deutschland beginnt ab Oktober 1939 die massenhafte Tötung behinderter Menschen: Mindestens 100 000 geistig behinderte Menschen (wahrscheinlich wesentlich mehr), später auch andere Patienten von Heil- und Nervenanstalten, werden in sechs Tötungsanstalten durch Vergasung ermordet. Nach Protesten aus der Bevölkerung wird die Aktion im August 1941 offiziell beendet; individuelle Ermordungen durch Injektionen oder Verhungernlassen gehen weiter.

Ab April 1940 werden alle Roma und Sinti („Zigeuner") durch einen „Umsiedlungserlass" von Deutschland nach Polen deportiert. Ab Anfang 1943 werden sie in einem eigenen „Zigeunerlager" im KZ Auschwitz-Birkenau der „Vergasung zugeführt". Bis Kriegsende sind allein in Auschwitz mindestens 21 000 Roma und Sinti ermordet worden. Insgesamt, so schätzen Experten, kommen rund 500 000 Kinder, Frauen und Männer um. Von den rund 10 000 Homosexuellen, die in verschiedene KZ kamen, sterben über 60 Prozent an den für sie häufig verschärften Haftbedingungen und erleben das Ende der Nazi-Zeit nicht. Die wenigen, die überleben, gelten auch nach 1945 als „vorbestraft" und müssen sich häufig erneut verstecken.

Alle deutschen Juden ab sechs Jahre müssen vom 1. September 1941 an den gelben „Judenstern" tragen (dies wird später in den westlich besetzten Gebieten ebenfalls eingeführt; im Osten ist es oft „nicht mehr nötig"). Ab Oktober 1941 wird allen Juden die Ausreise aus Deutschland verboten, da nun auf die „Endlösung der Judenfrage" hingearbeitet wird: Am 20. Januar 1942 wird auf der „Wannsee-Konferenz" der Mord an den noch lebenden rund 11 Millionen europäischen Juden in Einzelheiten geplant und in einem schriftlichen Protokoll festgehalten. Der SS-Mann Adolf Eichmann (1906-1962) wird mit der Durchführung beauftragt. Am 4. Juli 1942 startet die Massenvergasung von jüdischen Kindern, Frauen und Männern im KZ Auschwitz.

Ab Ende 1942 wendet sich das Blatt im Kriegsgeschehen. Am 22. November beginnt die erste erfolgreiche Gegenoffensive der russischen „Roten Armee", im Februar 1943 kapitulieren die deutschen Truppen vor Stalingrad. Die bisherige Siegesgewissheit schlägt um in einen bislang ungekannten Fanatismus, mit dem alles für den ab nun formelhaft beschworenen „Endsieg" geopfert wird. Nun leidet auch die deutsche Zivilbevölkerung zunehmend unter Bombenhagel auf Großstädte. Ab 1. September 1944 werden alle Schulen in den Kriegseinsatz gestellt, Jungen ab 14 Jahre und alte Männer werden noch in den letzten Monaten im „Volkssturm" sinnlos „verheizt". Am 25. April 1945 begegnen sich amerikanische und sowjetische Truppen an der Elbe. Am 30. April 1945 begeht Hitler in seinem Berliner Bunker Selbstmord, am 8. Mai 1945 kapituliert Deutschland bedingungslos.

In jener letzten Kriegsphase ab Herbst 1942 geschehen zahlenmäßig die

Hungernde jüdische Kinder im Warschauer Ghetto

meisten Morde an den Juden, vor allem in Osteuropa. Besonders grausam gehen dabei die sogenannten „Einsatzgruppen" der deutschen Sicherheitspolizei vor, die der Wehrmacht folgen und in den besetzten Gebieten Massenerschießungen von Kindern und Erwachsenen durchführen. Im Frühjahr 1943 kommt es zum Aufstand im jüdischen Ghetto von Warschau, später auch in anderen Ghettos wie zum Beispiel in Wilna. Nachdem bereits über 300 000 Menschen aus dem Warschauer Ghetto in die Vernichtungslager deportiert sind, organisieren die verbliebenen Frauen und Männer ab Januar 1943 unter Leitung des erst 24-jährigen Mordechai Anielewicz (1919-43) 22 Gruppen mit jeweils etwa 1 500 Partisanen, die am 19. April 1943 den deutschen Soldaten erfolgreich Widerstand leisten. Nur dadurch, dass sie das Ghetto von außen in Brand setzt, kann die deutsche Wehrmacht bis zum 16. Mai 1943 den Widerstand brechen. Rund 7 000 Frauen und Männer werden hingerichtet, die anderen Überlebenden werden in die Todeslager deportiert.

Die Gaskammern in den Konzentrationslagern arbeiten noch bis Herbst 1944. Erst am 2. November 1944 werden die Vergasungen im KZ Auschwitz eingestellt, die letzten Vergasungsanlagen noch im Januar 1945 gesprengt und der Rückzug vorbereitet. Auf den sogenannten „Todesmärschen" nach Westen in Eis und Schnee sterben abermals Tausende entkräfteter Häftlinge. Am 27. Januar 1945 wird das KZ Auschwitz von der sowjetischen Armee befreit, am 15. April 1945 das KZ Bergen-Belsen bei Hannover von englischen Soldaten. Von den 60 000 Überlebenden in Bergen-Belsen sterben in den ersten Monaten nach der Befreiung noch rund 14 000 an den gesundheitlichen Folgen der Haft. Im KZ Bergen-Belsen kommen auch Anne Frank und ihre Schwester Margot um, nur wenige Wochen vor der Befreiung.

Esther Bejarano:

» Am 9. November 1938, der ‚Kristallnacht', verwüsteten SA-Banden in Ulm ebenfalls jüdische Geschäfte und die Synagoge. Die jüdischen Männer wurden abgeholt, auch mein Vater, und entsetzlich geschlagen. Danach kamen sie alle in ein Gefängnis nach Augsburg. Als er, früher als die meisten anderen, schon nach drei Tagen heimkam, wusste er, dass wir so schnell wie möglich ebenfalls aus Deutschland flüchten mussten. Er bewarb sich um eine Auswanderung in die Schweiz oder Frankreich, für Übersee fehlte uns das Geld ... Aber es klappte einfach nicht.

Ende 1939, der Krieg hatte schon begonnen, erhielt Vater eine neue Stelle in Breslau. Ich ging aber nicht mit, sondern wie meine Schwester Ruth in ein landwirtschaftliches Vorbereitungslager für Palästina in der Nähe von Berlin. Ich war nun schon sechzehn – und verliebte mich zum ersten Mal richtig in meinem Leben: in den Erzieher Schimschon, der kaum älter war als ich. Wie ich mochte er Musik, und wir waren trotz all der Schrecken um uns herum einfach glücklich. 1940 ging die letzte Gruppe von Jugendlichen nach Palästina. Danach waren die Grenzen dicht. Ich war nicht bei der letzten Gruppe.

Im Juni 1941 wurden wir alle auseinandergerissen. Ich kam in ein Zwangsarbeitslager bei Fürstenwalde, das von der SS bewacht wurde. Gearbeitet wurde zwölf Stunden von sieben Uhr morgens bis sieben Uhr abends. Aber ich hatte noch Glück, da ich bei Deutschen verpflichtet war, die einen Blumenladen hatten und die sehr freundlich zu mir waren. Später kam ich dahinter, dass sie in ihrem Keller sogar einen Juden vor der Gestapo versteckten. Im November 1941 erhielt ich ein amtliches Schreiben, in dem ich aufgefordert wurde, die Wohnung meiner Eltern in Breslau aufzulösen, da diese zum Arbeitseinsatz in den Osten, nach Riga, kommandiert würden. In großer Angst reiste ich, so schnell ich konnte, nach Breslau. Der Brief der Polizei erlaubte mir die Fahrt mit der Bahn. Aber ich kam zu spät. Die Eltern waren schon abgeholt. Aus der Wohnung durfte ich mir gerade zwei Koffer mit Kleidung und etwas Bettwäsche mitnehmen. Selbst ein Foto meiner Eltern, das auf einem Klavier stand, durfte ich nicht einpacken. Das tat besonders weh. Denn ich habe sie nie wiedergesehen. Nach dem Krieg erfuhr ich, dass sie mit rund 1 000 anderen Breslauer Juden kurz nach ihrer Ankunft in Riga erschossen worden waren. Mein Vater war damals 47 Jahre alt, meine Mutter 44 Jahre.

Im April 1943 wurde das Zwangsarbeitslager aufgelöst, meine Arbeit bei dem freundlichen deutschen Ehepaar in der Gärtnerei war vorbei. Erst kamen wir nach Berlin in die große Juden-Sammelstelle in der Hamburger

Straße. Von hier aus mussten wir am 20. April 1943 ‚auf Transport nach Osten' gehen – zusammengepfercht in verschlossenen Viehwaggons. Tagelang ging die Fahrt. Die ersten alten Menschen starben, weil sie den Strapazen der Fahrt nicht gewachsen waren. Sie wurden an die Seite gelegt. Alle Türen blieben verriegelt.

Endlich hielt der Zug. Wir sahen ein flaches Gelände mit vielen Baracken. Wir mussten herunterklettern, das Gepäck sollten wir stehen lassen. Mütter mit kleinen Kindern, Schwangere und ältere Frauen, Kranke und Gehbehinderte mussten auf Lastautos steigen. Einige junge Leute, die mit ihren Eltern gehen wollten, wurden zurückgehalten. Dann wurden wir nach Frauen und Männern getrennt. Wir marschierten durch ein großes Tor, darüber die Inschrift: ‚Arbeit macht frei!'

Sie trieben mich mit einer Gruppe Frauen in eine große Halle, wo wir uns unter den Blicken der SS-Männer ausziehen mussten. Voller Scham und Angst fingen wir an zu heulen. Die Haare wurden uns abgeschnitten. Dann eine kalte Dusche und gleich darauf in einen Heißluftraum, in dem man fast erstickte. Doch das war noch nicht alles. Jeder von uns wurde eine Nummer auf den linken Arm tätowiert. Ich bekam die Nummer 41948. Bald erfuhren wir, dass wir in Auschwitz waren, in Auschwitz-Birkenau. «

Esther bleibt von April bis Oktober 1943 im KZ Auschwitz, wo sie unter anderem auch überlebt, weil sie es schafft, Mitglied des dortigen Häftlings-„Mädchenorchesters" zu werden. Von Oktober 1943 bis April 1945 ist sie im Frauen-KZ Ravensbrück. Im April kann sie während des Evakuierungsmarsches zu den bereits nahen US-Soldaten fliehen. Im August 1945 emigriert sie nach Palästina, wo sie ihre Schwester Tosca wiedertrifft und erfährt, dass die andere Schwester Ruth von den Nazis auf der Flucht aus Holland erschossen wurde. In Israel heiratet Esther Nissim, und es werden ihre beiden Kinder geboren. Da ihr das Klima in Israel gesundheitliche Probleme bereitet, geht Esther mit ihrer Familie nach langem Abwägen 1960 zurück nach Deutschland. Die ersten Jahre lebt sie zurückgezogen und erschrickt bei jedem Polizisten in Uniform. Später beginnt sie, sich politisch und künstlerisch gegen Rassismus heute zu engagieren, und trat viele Jahre als Sängerin jiddischer Lieder auf. Sie stirbt am 10. Juli 2021 mit 96 Jahren.

Herschel Grynszpan
lässt sich in der Botschaft nach seinem Attentat widerstandslos festnehmen. Er kann nicht wissen, wie die deutsche Propaganda seine Tat zu einem bislang nicht da gewesenen Pogrom in Deutschland gegen alle Juden ausnutzen wird. Am 12. Dezember 1938 schreibt er in sein Tagebuch im Jugendgefängnis Fresnes bei Paris: „Ich hoffe, dass die Weltöffentlichkeit und die französische Justiz mich nicht wie einen ordinären Verbrecher betrachten werden, sondern wie jemanden, der für seine Rechte und für die seiner unschuldigen Brüder demonstrieren wollte."

Herschel Grynszpan nach seiner Verhaftung

Am 18. Juli 1940 wird er von der französischen Justiz an Deutschland ausgeliefert. Ein in Berlin geplanter Schauprozess wird mehrfach verschoben. Im Sommer 1942 wird Herschel als „persönlicher Gefangener des Führers" in das KZ Sachsenhausen verbracht, wo sich seine weitere Spur verliert. Bis heute ist unklar, ob er dort ermordet wurde oder vielleicht nach der Befreiung zurück nach Frankreich gegangen und dort unter verändertem Namen untergetaucht ist. Die ältere Schwester Berta ist bei den ersten Luftangriffen der deutschen Wehrmacht auf die Sowjetunion 1941 umgekommen. Seine Eltern und sein älterer Bruder Markus, der in der „Roten Armee" als Soldat gekämpft hat, überlebten und emigrierten später nach Israel.

David Ben Gurion und Golda Meir: Jetzt oder nie!

Wohin? Wohin nur? Spätestens seit 1938 – nach dem „Anschluss" Österreichs und der Pogromnacht – war den meisten Juden in Deutschland klar, dass ihnen größte Gefahr drohte. Doch als immer mehr Menschen zu flüchten versuchten, riegelten immer mehr Länder ihre Grenzen ab.

Selbst die USA, das Land, in dem bislang die meisten bedrohten Juden eine Zuflucht gefunden hatten, begann die Zahl der „Zugelassenen" zu reduzieren. Im Juni 1939 schickten die USA ein Flüchtlingsschiff, die St. Louis, die zuvor in Kuba vergeblich hatte anlegen wollen, mit 937 jüdischen Flüchtlingen zurück nach Europa. Nach fünfwöchiger Irrfahrt mussten die verzweifelten Passagiere in Antwerpen an Land. Einigen gelang die Weiterreise nach England, die meisten jedoch blieben in Belgien hängen oder kamen gerade noch bis in die Niederlande oder nach Frankreich. Nach Kriegsbeginn wurden viele von ihnen in Lager aufgenommen, die sie „als Deutsche" vorerst nicht verlassen durften. Ab Mai/Juni 1940 – nach der Besetzung Frankreichs, Belgiens und der Niederlande durch Nazideutschland – wurden die meisten von ihnen „als Juden" erneut festgesetzt und viele von ihnen in die Vernichtungslager Osteuropas deportiert.

Am verhängnisvollsten erwies sich jedoch eine neue politische Strategie Großbritanniens. Seit der „Balfour-Deklaration" von 1917 hatten viele Juden auf englische Unterstützung bei der Errichtung „einer jüdischen Heimstätte" in Palästina gebaut, doch diese Hoffnung brach 1939 wie ein Kartenhaus zusammen. Die englische Regierung, die immer noch Mandatsmacht in Palästina war, wollte sich angesichts der Drohgebärden Hitlers mit den Arabern gut stellen, um diese nicht im Rücken zu haben. Das britische Außenministerium veröffentlichte ein „Weißbuch" zu Palästina, in dem erklärt wurde: „Die Regierung seiner Majestät verkündet jetzt unzweideutig, dass es nicht ihre Politik ist, aus Palästina einen jüdischen Staat werden zu lassen." Die Zahl jüdischer Einwanderer sollte drastisch reduziert werden –

eine Katastrophe angesichts der akuten Bedrohung durch die Nazis. Dieser Entschluss wurde auch nicht aufgehoben, nachdem die Mordprogramme an den Juden in Osteuropa begonnen hatten!

Zu Recht waren viele Juden in Palästina empört über diesen Verrat. Doch die militärischen Erfolge der deutschen Wehrmacht auch in Nordafrika, die 1942 in Ägypten nur noch rund 800 Kilometer vor Tel Aviv stand, zwangen sie – zähneknirschend und unter britischem Oberkommando –, zuerst alles zu tun, um Nazideutschland abzuwehren. Die arabische Welt verhielt sich gespalten: Die meisten setzten trotz der britischen Versprechen auf die Karte des scheinbar siegreichen Deutschlands und gegen die nordafrikanische Kolonialmacht England. Der spätere ägyptische Präsident Anwar el Sadat (1918-81), der 1978 als erster arabischer Nachbar mit Israel Frieden schloss, erklärte diese Haltung später so: „Wir waren nicht Hitlers Verbündete. Wir waren auch keine Rassisten wie er. Nein, es war für uns ganz einfach: Deutschland war der Feind unseres Feindes, England. Der Feind unseres Feindes war daher unser Freund."

Der Emir von Transjordanien, dem Nachbarland Palästinas, ging auf die englischen Versprechungen ein. Eine Weile gab es sogar ein „Palästina-Regiment", in dem Juden und Araber gemeinsam unter britischem Befehl gegen die deutsche Wehrmacht kämpften. Diese Allianz brach mit dem Ende des Zweiten Weltkriegs schlagartig auseinander. Zu dieser Zeit saßen Hunderttausende Juden, die aus den Konzentrationslagern befreit worden waren, als sogenannte „Displaced Persons" weiter in Flüchtlingslagern oder irrten verloren herum. Viele wollten nun nach Palästina, doch noch immer weigerten sich die britischen Behörden, Juden einreisen zu lassen. Es begann ein erbitterter Kampf vieler Juden gegen die Engländer in Palästina. Mit allen Mitteln wurde versucht, die Einwanderung trotzdem durchzusetzen.

Zwei Menschen, die später zu führenden Politikern des jungen Israel wurden, sagten damals: Jetzt oder nie! Wenn wir uns jetzt nicht mit allen Mitteln für eine sichere Heimat unserer verfolgten Schwestern und Brüder einsetzen, wird es niemals mehr etwas werden. Wo sie herkamen und wie sie einander kennen lernten, soll im Folgenden berichtet werden.

David Ben Gurion (1886-1973) und Golda Meir (1898-1978):

David Grien (oder Grün) wurde 1886 im polnischen Płońsk geboren, das später russisch wurde. Sein Vater war Anwalt, die Mutter starb bei der Geburt des elften Kindes, als David zehn Jahre alt war. Schon als Junge interessierte er sich angesichts russischer Pogrome für die Rückkehr ins Gelobte Land, lernte fremde Sprachen und gründete in Płońsk die erste zionistische Jugendgruppe.

Mit 20 Jahren – 1906 – emigrierte er nach Palästina und schrieb Artikel für die dortige zionistische Presse. Dabei benutzte er zum ersten Mal seinen neuen Namen „Ben Gurion" – Sohn des Löwen. Noch vor dem Ersten Weltkrieg reiste er mehrfach in die Türkei, die damals noch in Palästina die Macht hatte, um dort Anhänger für die Errichtung eines jüdischen Staates zu gewinnen. Wenig später wurde er aus der Türkei und Palästina als politisch unerwünscht ausgewiesen und ging nach New York, wo er seine spätere Frau Paula, eine junge Schwesternschülerin aus der Bronx, kennen lernte. Er reiste viel durch die USA, um mit Vorträgen und anderen Werbeveranstaltungen auch hier neue Anhänger für die Idee eines jüdisches Staates zu finden. Auf einer dieser Reisen, die ihn bis nach Milwaukee im Bundesstaat Wisconsin geführt hatte, hörte ihm auch die junge Golda Mabovitz zu.

Golda Mabovitz wurde 1898 im russischen Kiew (heute: Ukraine) geboren. Sie erinnerte sich später daran, dass sie als Kind mehrfach zusah, wie ihr Vater die Haustür mit besonders starken Brettern vernagelte, um die Familie vor den Angriffen russischer Kosaken zu schützen. Zuerst gelang dem Vater die Flucht nach Amerika. 1906 konnten seine Frau und die drei Töchter nachkommen. In Milwaukee fand der Vater Arbeit als Zimmermann. Die Mutter machte einen Gemüseladen auf, in dem die Töchter von klein an mithalfen. Golda öffnete den Laden, noch bevor sie zur Schule ging, und träumte davon, Lehrerin zu werden. Ihre Eltern waren eher streng, und es kam zu vielen Konflikten. Mit vierzehn Jahren lief Golda von daheim fort zu ihrer älteren Schwester Sheyna nach Denver, Colorado. Dort besuchte Golda das Lehrerinnenseminar, verliebte sich in den ebenfalls aus Russland emigrierten jungen Intellektuellen Morris Meyerson und heiratete ihn mit neunzehn Jahren. Zurück in Milwaukee begann sie, als Lehrerin zu arbeiten

Golda Meir im Alter von 20 Jahren

und sich politisch für den Zionismus zu engagieren. So kam es, dass sie auch zum Vortrag von David Ben Gurion ging.

Dieser Vortrag machte solchen Eindruck auf sie, dass sie 1921 zuerst allein und dann gefolgt von ihrem Ehemann Morris mit 23 Jahren von den USA nach Palästina emigrierte. Dort wurden beide Mitglieder in einem Kibbuz, einer landwirtschaftlichen Gemeinschaft. Da ihr Mann, der seine geliebte Schallplattensammlung aus den USA mitgebracht hatte, sich in keiner Weise an das harte Leben im Kibbuz gewöhnen konnte, verließ sie ihm zuliebe den Kibbuz. Gemeinsam bezogen sie eine Wohnung in einem „staubigen Viertel Jerusalems“. Dort bekamen sie zwei Kinder. Golda engagierte sich bald darauf auch wieder politisch und stieg allmählich in der Gewerkschaft auf, wo sie auch David Ben Gurion wieder traf. In den dreißiger Jahren lebten sie und ihr Mann Morris sich immer mehr auseinander. Schließlich trennte sie sich von ihm und zog mit ihren beiden Kindern in eine kleine Wohnung in Tel Aviv. Später erinnerte sie sich oft daran, wie schwer es für eine alleinstehende Frau und Mutter in jener Zeit war, sich auch politisch zu engagieren. Diese Sensibilität gegenüber der benachteiligten Rolle von Frauen in der Gesellschaft behielt sie auch später bei.

Angesichts der Katastrophe des Holocaust waren sich David Ben Gurion und die zwölf Jahre jüngere Golda Meir mit anderen Juden in Palästina einig, dass nun alles getan werden musste, um allen Juden, die das wollten, eine sichere Heimat in Palästina zu bieten – durch die Schaffung eines eigenen Staates. Golda Meir reiste durch die USA, um so viel Gelder wie möglich locker zu machen. Sie schaffte es beinah im Alleingang, rund 50 Millionen Dollar zu versammeln, was David Ben Gurion zu der Aussage brachte: „Später wird man einmal sagen, dass es eine jüdische Frau war, die das Geld holte, das den Staat möglich machte." In Palästina selbst baute David Ben Gurion die Haganah, die erste, damals noch illegale jüdische Armee auf, die später zum israelischen Militär werden sollte. Die Haganah wurde von breiten Teilen der jüdischen Bevölkerung unterstützt. Sie hielt sich an völkerrechtliche Abkommen und lehnte Terror ab. So kam es, dass die Soldaten der Haganah nicht nur die Rechte der jüdischen Flüchtlinge gegenüber den Engländern, sondern auch gegenüber arabischen und selbst jüdischen Terrorgruppen verteidigen mussten.

Eine der bekanntesten jüdischen Terrorgruppen war der „Etzel", der von dem jungen, ebenfalls aus Osteuropa emigrierten Menachem Begin (1913-1992) geleitet wurde, der Jahrzehnte später – 1977 bis 1984 – sogar Ministerpräsident einer konservativen Regierung in Israel werden sollte. Als im Sommer 1946 bei einer Razzia der Briten über 2600 als Terroristen verdächtigte Juden verhaftet worden waren, antwortete der „Etzel" mit einem Bombenanschlag: Am 22. Juli 1946 wurde ein Teil des Jerusalemer „King David"-Hotel, in dem sich das Hauptquartier des britischen Militärs in Palästina befand, durch eine Ladung Dynamit in die Luft gesprengt, die vorher in Milchkannen in den Keller des Hotels geschmuggelt worden war. Von den 91 getöteten Menschen waren 41 Araber, 28 Briten, 17 Juden und 5 Angehörige anderer Nationalitäten. Bis Ende 1946 hatten die verschiedenen Anschläge jüdischer Terrorgruppen 212 Todesopfer gefordert, davon 91 britische Soldaten.

Im April 1947 erklärte Großbritannien, dass es das Mandat für Palästina zurückgeben wolle. Einen Monat später setzten die Vereinten Nationen (UNO) einen Sonderausschuss für Palästina ein. Während dieser Ausschuss noch tagte, erregte das Schicksal des jüdischen Auswandererschiffes „Exodus" die Weltöffentlichkeit.

Mit Unterstützung US-amerikanischer Juden war ein alter Flussdampfer erworben und in Italien auf den Namen Exodus getauft worden. In Marseille gingen jüdische Überlebende, die meisten aus Deutschland, an Bord. Erklärtes Ziel war es, Palästina zu erreichen. Am 18. Juli 1947 traf der klapprige und überladene Flüchtlingsdampfer tatsächlich wenige Seemeilen vor der palästinensischen Küste ein. Noch im internationalen Gewässer stürmten britische Marinesoldaten gewaltsam das Schiff. Die unbewaffneten Passagiere leisteten mit Stöcken und Fäusten erbitterten Widerstand, wobei drei Juden getötet und über 100 verletzt wurden. Die Szenen dieses ungleichen Kampfes, die ein jüdischer Kameramann festgehalten hatte, gingen um die Welt.

Doch damit nicht genug: Das Schiff wurde in den Hafen von Haifa geschleppt, wo keiner der Flüchtlinge, das Gelobte Land vor Augen, von Bord gehen durfte. Um ein Exempel zu statuieren, beorderte die britische Regierung das Schiff nicht wie sonst üblich zu einem der großen Auffanglager nach Zypern, sondern zurück nach Europa.

Nachdem Frankreich die Aufnahme verweigerte und die Zustände an Bord immer unerträglicher wurden, beging die britische Regierung ihren wohl menschlich wie politisch schwersten Fehler: Die Überlebenden des NS-Vernichtungsprogramms wurden mit ihrem Dampfer zurück nach Deutschland dirigiert – in die britisch besetzte Zone. Im Hamburger Hafen wurden sie nach über zwei Monaten Leidensfahrt mehr oder weniger von Bord geprügelt. In der Nähe der norddeutschen Stadt Lübeck sperrte man sie zwei Jahre nach Ende der Krieges erneut in ein umzäuntes und dieses Mal von britischem Militär bewachtes Lager.

Nicht zuletzt vor diesem Hintergrund legte der zuständige UNO-Ausschuss einen Teilungsplan für Palästina vor, der der Bevölkerungsmehrheit der rund 1,4 Millionen Palästinenser 43 Prozent des ehemaligen Mandatsgebiets zusprach. Für die jüdische Bevölkerung – rund 600 000 Menschen –

sollten in einem künftigen Staat 57 Prozent des Landes zur Verfügung stehen. Für Jerusalem wurde ein internationaler Status vorgeschlagen.

Vom Tag seines Bekanntwerdens an stößt der Plan innerhalb der arabischen Welt auf empörten Protest. Am 29. November 1947 kommt es zur entscheidenden Abstimmung vor der UNO: 33 Staaten, darunter die USA und die Sowjetunion, stimmen für die Zwei-Staaten-Lösung. 10 Staaten enthalten sich und 13 stimmen dagegen. Jubel unter den Juden. Wut und Enttäuschung bei den Palästinensern, die von Beginn an gegen jede Aufteilung waren: Versucht hier die Welt nicht, ein Problem auf ihrem Rücken zu lösen? Warum sollen die Palästinenser bezahlen für ein Unrecht, das andere den Juden zugefügt haben?

Die UNO bittet Großbritannien, bei der Durchführung dieser UNO-Resolution behilflich zu sein. Die britische Regierung lehnt ab. Sie erklärt, dass – egal was geschieht – alle britischen Soldaten bis zum 15. Mai 1948 das Land verlassen haben werden.

Bereits einen Tag nach der UNO-Abstimmung, am 30. November 1947, greifen arabische Kämpfer jüdische Wagen auf der Straße nach Jerusalem an, wobei sieben Juden getötet werden. Ein offener Bürgerkrieg bricht aus: Bis Mitte Dezember 1947 verlieren 79 Juden und 32 Araber ihr Leben. Die britischen Militärs halten sich heraus, da es nun nicht mehr gegen sie geht. Eine ins Land gesandte UNO-Kommission muss machtlos zusehen. Ihr Vorsitzender, der schwedische Graf Folke Bernadotte (1895-1948), zuvor Präsident des schwedischen Roten Kreuzes, wird einige Monate später selbst Opfer eines Attentats jüdischer Terroristen.

Die jüdische Bevölkerung Palästinas verfügt Ende 1947 im Rahmen der Haganah nur über rund 30 000 Kämpfer und kaum schwere Waffen. Die arabische Seite dagegen hat reguläre Armeen, Panzer und Flugzeuge. Doch die arabische Liga, die 1945 aus sieben unabhängigen Staaten gegründet wurde, ist untereinander in wesentlichen Punkten uneinig. Die Palästinenser haben damals noch gar keine Stimme in diesem Gremium.

So kann die jüdische Seite geeint und hochmotiviert vorgehen: Ihr Ziel ist, einen möglichst großen Teil Palästinas, auch unabhängig vom UNO-Teilungsplan, mit möglichst geringem arabischen Bevölkerungsanteil zu erobern.

Auf beiden Seiten wird mit großer Brutalität gekämpft: Am 9. April 1948 schlachten jüdische Terroreinheiten in dem arabischen Dorf Deir Jassin, das sich bislang in allen Kämpfen neutral verhalten hatte, 254 Männer, Frauen und Kinder ab. Eine Gruppe von Arabern überfällt kurz darauf einen Konvoi jüdischer Ärzte und Krankenschwestern in Jerusalem, wobei 77 Menschen ermordet werden.

Das Massaker von Deir Jassin löst eine Fluchtwelle unter den Palästinensern aus. Bis heute besteht ein politischer Streit darüber, ob die Palästinenser aus den von ihnen bewohnten Städten und Dörfern „vor Angst geflohen" oder von den jüdischen Soldaten „mit großer Brutalität vertrieben" worden seien. Fakt ist, dass es zu vielen grausamen Vertreibungen kam, die in Israel lange verschwiegen wurden.

Der damalige Kommandeur einer Brigade, Yitzhak Rabin (1922-95), der später selbst zweimal Premierminister von Israel wurde, veröffentlichte 1979 Erinnerungen, in denen er ehrlich zugab, dass bis hinauf zu David Ben Gurion eine Vertreibung der Palästinenser, auch aus Gebieten, die ihnen die UNO zugestanden hatte, zur Strategie gehört hatte. Wörtlich heißt es über die Vertreibung von rund 50 000 Palästinensern aus den arabischen Städten Lydda und Ramle: „Wir verließen den Sitzungsraum und [einer von uns] fragte nochmals, was mit jenen Einwohnern geschehen solle. Ben Gurion machte lediglich eine deutliche Handbewegung, die besagte: Weg mit ihnen!"

Am Morgen des 14. Mai 1948 wird zum letzten Mal über „Radio Palestine" die britische Nationalhymne gespielt. Nur wenig später verlassen die letzten britischen Soldaten über den Hafen von Haifa das Land. Am Nachmittag des gleichen Tages haben sich in Tel Aviv die zionistischen Führer in einem festlichen Saal unter einem Foto Theodor Herzls versammelt.

Gegen 16 Uhr verkündet David Ben Gurion „die Gründung eines jüdischen Staates in Palästina, der Israel heißen soll". Golda Meir ist eine derjenigen, die die Unabhängigkeitserklärung Israels mit unterzeichnet. Der zukünftige erste Ministerpräsident Israels beendet seine Ansprache mit den Worten: „Wir appellieren an die Angehörigen des arabischen Volkes, die im Staate Israel leben, den Frieden zu bewahren und sich am Aufbau des Staates auf der Grundlage bürgerlicher Gleichheit und entsprechender

David Ben Gurion verliest die Unabhängigkeitserklärung Israels
am 14. Mai 1948 in Tel Aviv

Vertretung in allen Institutionen des Staates zu beteiligen. Wir strecken allen Nachbarstaaten und ihren Völkern die Hand zum Frieden und auf gute Nachbarschaft entgegen."

Die Proklamation des Staates Israel wird von den Staaten der arabischen Liga – Ägypten, Saudi-Arabien, Syrien, Irak und Transjordanien – mit einer sofortigen Kriegserklärung beantwortet. Erklärtes Ziel war, „das zionistische Gebilde von der Karte Palästinas zu tilgen".

Doch wie schon zu Zeiten des Bürgerkriegs ab November 1947 konnten sich auch dieses Mal die arabischen Streitkräfte nicht einigen. Im ersten arabisch-israelischen Krieg vom Mai 1948 bis zum Januar 1949 standen trotz wortgewaltiger arabischer Drohungen nie mehr als 23 000 arabische Soldaten etwa 60 000 israelischen Kämpfern gegenüber. Trotzdem mussten auch die Israelis bittere Verluste hinnehmen: So fiel das jüdische Altstadtviertel von Jerusalem mit Klagemauer und seinen 27 Synagogen in die Hände der Araber, und Jerusalem wurde für die nächsten 20 Jahre zur geteilten Stadt.

Als endlich im Januar 1949 ein Waffenstillstand zwischen Israel und den arabischen Nachbarn geschlossen werden konnte, waren die Opfer auf beiden Seiten erheblich: Etwa 6 000 Juden, darunter 2 000 Zivilisten, hatten ihr Leben bei den Kämpfen verloren – für den jungen Staat bedeutete das ein Prozent der gesamten Bevölkerung. Nach UNO-Angaben hatten etwa 750 000 Palästinenser ihre Heimat verloren und lebten von nun an in riesigen Flüchtlingslagern, von denen die meisten bis heute bestehen.

Israel hatte bei den Kämpfen mehr als 77 Prozent des ehemaligen Mandatsgebiets Palästinas erobert – wesentlich mehr als die rund 57 Prozent, die der UNO-Teilungsplan vorgesehen hatte. Noch 1948 treffen rund 50 000 Überlebende des Holocaust in Israel ein. Bis Ende 1951 hat sich die jüdische Bevölkerung Israels verdoppelt. Die größte Gruppe der Einwanderer – rund 300 000 – kommt aus moslemischen Ländern, wo es nach der Staatsgründung Israels zu neuen Feindschaften kommt, auch in Gegenden, in denen Juden und Araber häufig Hunderte von Jahren friedlich nebeneinander gelebt hatten.

Golda Meir und David Ben Gurion:

Auf Bitte David Ben Gurions veränderte Golda Meyerson in den fünfziger Jahren ihren Familiennamen in die hebräisch klingende Form Meir. Sie wurde in das erste israelische Parlament – die Knesset – gewählt und hatte nacheinander verschiedene Ministerposten inne. Von 1956-66 war sie Außenministerin. Danach verließ sie die Regierungsarbeit um endlich, wie sie selbst einmal sagte, „mit beinah 70 Jahren richtig Großmutter sein zu können".

Nach dem plötzlichen Tod des damaligen Premierministers Levi Eshkol (1895-1969) wurde sie jedoch auf Bitten ihrer Partei als erste Frau israelische Regierungschefin. Sie trat dieses Amt an, obwohl sie damals bereits an Leukämie litt. 1974 trat sie vorzeitig vom Amt der Premierministerin zurück und starb 1978 im Alter von 80 Jahren in Jerusalem.

David Ben Gurion war von 1948 bis 1963 Premierminister Israels (mit einer Unterbrechung von 1953-55). Obwohl David Ben Gurion nach 1963 Parlamentsmitglied blieb, zog er sich nach Konflikten mit seiner Partei immer stärker aus der Regierungspolitik in sein Kibbuz Sede Boqer im Negev zurück, „um zu studieren und zu schreiben", wie er sagte. Seiner frühen Begeisterung für fremde Sprachen ging er nach, indem er noch in hohem Alter Sanskrit lernte, um die Werke Buddhas im Original lesen zu können. Er starb in seinem Kibbuz 1973 mit 87 Jahren.

In das Ende der Regierungszeit David Ben Gurions fiel ein Streich des israelischen Geheimdienstes Mossad: Auf seinen Befehl hin wurde der frühere SS-Offizier Adolf Eichmann, der sich unter falschem Namen in Argentinien versteckt hatte, gekidnappt und nach Jerusalem gebracht. Dort wurde ihm ein nach rechtsstaatlichen Grundsätzen durchgeführter Prozess gemacht. Dieser Prozess erhitzte die Gemüter innerhalb Israels, aber auch international. Wie verstanden sich Juden nach den Verbrechen von Auschwitz selbst? Was konnte, ja was sollte die internationale Gemeinschaft endlich lernen? Was kann jeder Einzelne von uns verstehen und in sein oder ihr Leben aufnehmen? Wie viel Wahrheit ist dem Menschen zumutbar?

Perspektiven: Leben – und nicht nur Überleben

1950 bis heute

Als nach dem Ende des Zweiten Weltkrieges deutlich wurde, welches Ausmaß die grausamen Verbrechen von Nazideutschland an den europäischen Juden angenommen hatte, war die Reaktion fassungsloses Entsetzen. Wie war es vorstellbar, dass in einem angeblich zivilisierten Land wie Deutschland solche Grausamkeiten geschehen konnten? Und dass sie nicht nur von einzelnen Verbrechern verübt, sondern prinzipiell von der Mehrheit der Bevölkerung mitgetragen wurden?

Es wurde und wird oft gesagt, dass jene, die die systematische Ermordung unschuldiger Kinder, Frauen und Männer in Gaskammern planten und durchführten, schlicht keine Menschen waren, sondern „Unmenschen" und „Monster", deren Handeln sowieso niemand begreifen könne. Diese Erklärung ist zu einfach. Der italienische Schriftsteller und Auschwitz-Überlebende Primo Levi hat einmal gesagt: „Es ist geschehen – also kann es wieder geschehen." Wenn wir so tun, als wären all diejenigen, die Verantwortung an den Massenmorden trugen, keine Menschen gewesen, dann verdrängen wir die schwierige Erkenntnis, zu was Menschen offensichtlich in der Lage sind: zu brutalem Morden ohne jedes persönliche Motiv der Täter oder irgendeine Schuld der Ermordeten. Das Spektrum dessen, wozu Menschen fähig sind, reicht von wunderbaren Leistungen humanitärer, künstlerischer, wissenschaftlicher und sportlicher Art bis hin zu den schrecklichsten Zeugnissen von gefühllosem Foltern und Massenmord. Was wann zur Entfaltung kommt und was nicht – das zu verstehen und darauf auch persönlichen Einfluss zu nehmen, ist die vielleicht größte Herausforderung „nach Auschwitz".

Eine zweite Erklärung halte ich ebenfalls für anzweifelbar: dass die Deutschen eben ein Volk seien, das zu Fremdenhass und „Antisemitismus" neige. Der amerikanische Politologe Daniel Jonah Goldhagen (*1959) glaubt, dass die „antisemitischen" Traditionen Deutschlands beinah zwangsläufig zum systematischen Massenmord an den Juden führten. Er nannte sein Bestseller-Buch über das Verhalten der deutschen Bevölkerung auch entsprechend *Hitlers willige Vollstrecker* (1996). Faktisch war der „Antisemitismus" vor 1933 in Osteuropa und Frankreich wesentlich verbreiteter als in Deutschland. Warum war es dort nicht zum Holocaust gekommen?

Wer in Deutschland hatte was genau seit wann gewusst und wo mitgemacht? Immer wieder hieß es nach dem Krieg in Deutschland: „Davon habe ich nichts gewusst!“ Lassen wir einmal jene direkt Verantwortlichen beiseite, die bewusst über ihr Wissen logen. Es bleibt immer noch eine Mehrheit von Deutschen, die damals als Erwachsene bewusst lebten und selbstverständlich mitbekamen, wie jüdische Nachbarn oder Kollegen erst diskriminiert, später abgeholt wurden und nach und nach aus dem öffentlichen Leben verschwanden. Hätte dies nicht Anlass genug sein müssen für Protest und Widerstand? Offensichtlich nicht. Offensichtlich sind Mehrheiten von Menschen (und ich beharre darauf, dass dies nicht nur für Deutsche gilt) bereit, zuzuschauen und nichts zu tun, ja selbst bewusst wegzuschauen, wenn andere benachteiligt und ausgeschlossen werden, aber sie selbst nicht unmittelbar betroffen sind.

Was meinten die Menschen, als sie sagten, sie hätten „davon“ nichts gewusst? Sie meinten, dass die alltägliche Diskriminierung natürlich niemandem entgangen war, dass es aber schwierig erschien, wirklich zu verstehen, was passierte, oder dagegen zu protestieren. Man kann sich auch bequem hinter den gängigen Normen verstecken: Wenn „alle“ so gedacht und gehandelt haben, dann kann es doch nicht falsch sein, oder?

Wie schwer ist es eigentlich, Unrecht zu erkennen, wenn beinah alle um einen herum – die Eltern, die Kollegen und Vorgesetzten, die Nachbarn, die Zeitungen und Politiker – bekräftigen, dass alles „in Ordnung“ sei? Wenn es Gesetze gibt, die das Unrecht legitimieren und alle moralischen Instanzen wie Kirchen, Schulen und Universitäten ebenfalls erklären, dass es alles in allem „doch zum Besseren“ so ist? Und wenn auf mitmenschliches Verhalten zuweilen sogar schwere Strafen stehen?

Fordern solche Überlegungen nicht viel mehr heraus als diejenige, ob jenes oder dieses Land oder Volk „besser oder schlechter“ sei als ein anderes? Es führt uns nämlich unmittelbar zu der so schwierigen, aber wichtigen Frage: Wie hätte ich mich damals selbst konkret verhalten? Und was kann ich heute tun, um aktuelles Unrecht, auch wenn es als noch so „normal“ und „in Ordnung“ dargestellt wird, zu verhindern?

Wie hätte ich mich selbst damals verhalten? Um darauf ehrlich antworten zu können, ist viel Wissen und viel Einfühlung nötig. Es ist so leicht, aus der heutigen Perspektive als junger Deutscher zu sagen: „Logisch wäre ich gegen Hitler gewesen!“ Oder für einen jungen Juden: „Na klar hätte ich im Widerstand gegen Hitler mitgemacht!“ Der Schriftsteller, Nobelpreisträger und KZ-Überlebende Elie Wiesel (1928-2016) sagte: „Das Gegenteil von Liebe ist nicht Hass, sondern Gleichgültigkeit.“ Es gibt nicht nur und zuerst Täter und Opfer, sondern vermutlich immer wieder Mehrheiten von Menschen, die wegsehen, wenn Unrecht geschieht, solange es sie nicht selbst betrifft – und die so alle Voraussetzungen für die Verbrechen schaffen.

Dieses Bild wurde bei der Befreiung des KZ Buchenwald aufgenommen; Elie Wiesel liegt in der zweiten Reihe von unten, ganz rechts

Nachtrag 2021 (Aktualisierung 2024 ab S. 193)

Als dieses Buches vor über 20 Jahren zuerst erschien, war unvorstellbar, dass es in Deutschland wieder dermaßen viel Gewalt gegen jüdische Einrichtungen und auch gegen jüdische Menschen selbst geben würde. Und dass eine rechtspopulistische Partei wie die AfD (Alternative für Deutschland) im Bundestag vertreten sein würde.

Ein Jahr nach dem Anschlag auf die Synagoge in Halle am 9. Oktober 2019, bei dem ein Massenmord nur verhindert wurde, weil die Eingangstür den Schüssen des Attentäters standhielt, sagte der deutsche Außenminister Heiko Maas (*1966), dass es gegenwärtig in Deutschland „alle 24 Minuten eine rechtsextrem motivierte Straftat" gäbe. Jeden Tag.

Oft wird betont, dass es „Einzeltäter" seien, die solche Verbrechen begehen, wie im Falle des Mörders von Halle, Stephan Balliet (*1992). Sie mögen im privaten Leben Einzelgänger sein. Ihre Gedanken finden jedoch breite Resonanz in (un)sozialen Netzwerken, in denen sie täglich unterwegs sind und die sie auch dazu nutzen, ihre „Heldentaten" als Livestream mit Video und sogar auf Englisch zu verbreiten, damit „die Welt" davon erfahren möge.

Ja, es gab unmittelbar danach Tausende Menschen, die gegen den Anschlag auf die Synagoge und die Morde an einer Passantin und einem Gast in einem Imbiss protestierten und ihr Mitgefühl zeigten, indem sie Kerzen und Blumen niederlegten. In Reden wurde betont, dass Juden zum Leben in Deutschland, „zu uns", dazugehören. Das ist gut. Aber eben nicht genug. Denn wir wissen. Wir sehen. Nicht damals. Heute.

Kurz vor Drucklegung dieses Buches erreichten im Mai 2021 die lange schwelenden Spannungen zwischen Israel und Palästina erneut einen dramatischen Höhepunkt: Erstmals in diesem Ausmaß gab es elf Tage lang Bombenbeschuss der palästinensischen Hamas aus dem Gazastreifen auf israelisches Gebiet und der israelischen Armee auf Gaza und die Westbank. Darüber hinaus kam es innerhalb Israels zwischen Juden und Arabern zu Gewalt, teilweise sogar zu Lynchmorden auf offener Straße.

Gibt es noch Hoffnung auf einen Frieden, der endlich den Palästinensern Gerechtigkeit und den Israelis Sicherheit zu garantieren vermag?

Hannah Arendt: Die Wahrheit ist zumutbar!

Die Gedanken der jüdischen Philosophin Hannah Arendt (1906-1975) über die Ursachen des Holocaust gehören zu den umstrittensten, die je geäußert wurden. Gerade deshalb sollen sie hier auch genannt werden. Mit ihrem Buch über Adolf Eichmann, der die systematische Ermordung der Juden organisierte, löste sie einen Sturm der Entrüstung aus. Noch größeren Zorn erntete sie, als sie darauf hinwies, dass einige Juden in Konzentrationslagern und Ghettos mit den Deutschen zusammengearbeitet hatten. Aber was ist herausfordernder für das eigene Denken als eine zwar in sich logische, aber doch unkonventionelle Überlegung? Ein Gedanke, den man als unbequem empfinden mag, der einen aber doch zwingt, das bislang Gedachte neu zu überprüfen?

Hannah Arendt, geboren 1906 in Linden bei Hannover:

Johanna, später Hannah, ist das einzige Kind von Paul und Martha Arendt, die beide seit ihrer Jugend in der SPD aktiv sind und fortschrittliche Erziehungsziele vertreten. Als der Vater erkrankt, verliert er seine Arbeit als Ingenieur, und die kleine Familie zieht nach Königsberg, wo die Großeltern wohnen und Hannah ihre Kinderzeit und Jugend verbringt. Besonders ihr Großvater Max Arendt spielt eine wichtige Rolle in ihrem Leben. Er kann so schöne Geschichten erzählen und erklärt ihr die Ideen der Aufklärung in bester Tradition Moses Mendelssohns. Der Großvater ist gleichzeitig Mitglied im „Centralverein deutscher Staatsbürger jüdischen Glaubens" und Präsident der liberalen jüdischen Gemeinde Königsbergs. Hannah wächst in einer Villa in der vornehmen Königsberger Tiergartenstraße auf, die deutlich abgetrennt ist von den ärmlichen Wohnvierteln jüdischer Flüchtlinge aus Osteuropa.

Hannah Arendt im Alter von 24 Jahren

Der Tod ihres geliebten Großvaters und kurz darauf des Vaters 1913 – Hannah ist erst sieben Jahre alt – hinterlassen einen tiefen Schock. Die Mutter schreibt in ihr Tagebuch: „Unser Kind ist so undurchsichtig geworden."

1920 heiratet die Mutter erneut, aber Hannahs Beziehung zu ihrem Stiefvater und seinen beiden Töchtern bleibt distanziert. Sie interessiert sich schon in der Schule für Philosophie, muss aber kurz vor dem Abitur nach einem Streit mit einem ihrer Lehrer die Schule verlassen und geht für eine Weile allein nach Berlin. Im Jahr 1924 holt sie in Königsberg ihr Abitur als externe Schülerin nach und beschließt danach, bei dem jungen Philosophieprofessor Martin Heidegger (1889-1976) in Marburg zu studieren. An seiner Philosophie fasziniert die junge Studentin Hannah vor allem seine existentialistische Auffassung, dass nur der wirklich existiert, der zu tiefem Verstehen in der Lage sei. Nächtelang diskutieren sie seine Ideen – und verlieben sich schließlich ineinander, obwohl Martin Heidegger bereits verheiratet ist. Da er nicht bereit ist, seine Ehe für sie aufzugeben, geht sie 1925 über Freiburg nach Heidelberg, wo sie 1928 bei Professor Karl Jaspers (1883-1969) ihre Doktorarbeit über den „Liebesbegriff bei Augustinus" schreibt.

Karl Jaspers sollte 1937, obwohl er inzwischen ein international anerkannter deutscher Gelehrter war, von den Nazis Berufsverbot erhalten, da er es ablehnte, sich von seiner jüdischen Frau scheiden zu lassen. Auch er hatte Hitler anfangs nur für einen „bösen Spuk" gehalten. Als die Deportation seiner Frau bereits angekündigt war und das Ehepaar Jaspers alle Vorbereitungen zum gemeinsamen Selbstmord getroffen hatte, wurde dies nur durch die Befreiung durch amerikanische Soldaten verhindert, die Heidelberg schon im März 1945 erreicht hatten. Unmittelbar nach Kriegsende veröffentlichte Karl Jaspers eine Sammlung von Vorträgen *Über die Schuldfrage* der Deutschen, die bis heute die wichtigsten Fragen über Schuld und Verantwortung formulieren. 1948 wurde er Professor in der Schweiz. Karl Jaspers und Hannah Arendt blieben ein Leben lang befreundet.

1929 zieht Hannah Arendt mit einem ehemaligen Mitstudenten aus Marburg, Günther Stern (der später als Schriftsteller Günther Anders bekannt werden wird), nach Berlin – und heiratet ihn. Sie bekommt ein Stipendium und beginnt an einer Biographie über Rahel Varnhagen (1771-1833) zu schreiben: Sie ist fasziniert, wie diese versuchte, sich als Jüdin an die christliche Mehrheit anzupassen und sich gleichzeitig als Frau zu emanzipieren. Sie kann ihr Buch nicht mehr abschließen, da das Erstarken der Nazis sie plötzlich aus ihrer historischen Arbeit aufschreckt und ihr bewusst macht, dass sie sich unmittelbar der Gegenwart stellen muss.

Kurz nach der Machtübernahme der Nazis im Januar 1933 flüchtet ihr Mann Günther Stern nach Paris. Sie bleibt anfangs in Berlin, weil sie gegen das neue Regime Widerstand leisten will. Weil sie an Vorbereitungen des für den Sommer 1933 in Prag geplanten Zionistischen Weltkongresses teilnimmt, wird sie im Juli 1933 gemeinsam mit ihrer Mutter verhaftet, nach einer Woche Verhören aber wieder freigelassen. Im August 1933 flüchtet sie ebenfalls über Umwege nach Paris. Ihre plötzliche Wandlung von der philosophischen Intellektuellen zur politisch denkenden Frau beschreibt sie so: „Schließlich schlug mir einer mit dem Hammer auf den Kopf, und ich fiel mir auf ... die Zugehörigkeit zum Judentum [ist] mein eigenes Problem geworden. Und mein eigenes Problem war politisch. Rein politisch!"

In Paris arbeitet Hannah Arendt in einer Organisation, die jüdische Jugendliche auf die Auswanderung nach Palästina vorbereitet. Politisch fühlt sie sich einem Kreis von deutschen Flüchtlingen nahe, zu dem die Schriftsteller Walter Benjamin (1892-1940) und zeitweise Bertolt Brecht (1898-1956) gehören. Hier lernt sie den kommunistischen Journalisten und Schriftsteller Heinrich Blücher (1899-1970) kennen, der viel zu ihrem politischen

Wissen beiträgt. Nach ihrer Scheidung von Günther Stern heiratet sie 1940 Heinrich Blücher. Mit dem Beginn des Zweiten Weltkriegs und der Besetzung Frankreichs durch die deutsche Wehrmacht fliegt ihre politische Gruppe in Paris auseinander. Walter Benjamin begeht Selbstmord auf der Flucht vor den Deutschen. Hannah wird in Südfrankreich im Lager Gurs interniert, aber wegen ihrer Heirat mit dem nichtjüdischen Heinrich Blücher sowie eines gewissen Chaos der ersten Zeit nach fünf Wochen wieder entlassen. Sie kann im Mai 1941 mit ihrem Mann und ihrer Mutter nach New York entkommen. Dort arbeitet sie zunächst als Journalistin für eine deutsch-jüdische Zeitung, beginnt aber auch wieder philosophisch-politische Bücher zu schreiben. Weltberühmt wird sie mit ihrem Buch *Elemente und Ursprünge totaler Herrschaft*. Seit Beginn der fünfziger Jahre erhält sie auch verschiedene Anstellungen, um an US-amerikanischen Universitäten zu lehren, 1955 wird sie Gastprofessorin an der kalifornischen Berkeley-Universität.

Als 1961 der Prozess gegen den Nazi-Verbrecher Adolf Eichmann in Israel vorbereitet wird, entschließt sie sich, für die renommierte Zeitschrift *New Yorker* aus Jerusalem zu berichten. 1963 erscheint ihr Buch *Eichmann in Jerusalem – Ein Bericht von der Banalität des Bösen.*

Adolf Eichmann, geboren 1906 in Solingen:

Adolf wird als Sohn des Buchhalters Adolf Karl und der Hausfrau Maria Eichmann im gleichen Jahr wie Hannah Arendt in Deutschland geboren. Ab 1913 wächst er im oberösterreichischen Linz auf, wo der Vater zum Direktor der dortigen Straßenbahn- und Elektrizitätsgesellschaft aufgestiegen war. Ein Maschinenbaustudium bricht er ab, findet verschiedene Gelegenheitsarbeiten und wird Mitglied der Jugendbewegung „Wandervogel".

Im Frühjahr 1932 – mit 26 Jahren – wird er von Älteren bei der österreichischen Nazipartei eingeführt und für eine militärische Ausbildung vorgeschlagen. Diese leistet er 1933-34 in Bayern bei einer SS-Truppe ab und steigt am 1. Oktober 1934 als SS-Scharführer in Berlin zum Sachbearbeiter im „Judenreferat" des Sicherheitsdienstes (SD) auf. Hier erwirbt er Kenntnisse in direkten Kontakten mit jüdischen Vertretern verschiedener zionistischer Organisationen und macht 1937 sogar eine „Dienstreise" nach Palästina. Im August 1938 wird er mit dem Aufbau einer „Zentralstelle für jüdische Auswanderung" in Wien beauftragt und organisiert die zunächst von den Nazis favorisierte Vertreibung von rund 150 000 österreichischen Juden in andere Länder. Ab Kriegsbeginn im September 1939 wird die Vertreibung abgebrochen und zunehmend durch Deportation in die Vernichtungslager ersetzt. Aufgrund seiner „vielfältigen Erfahrungen" übernimmt er ab Dezember 1939 das berüchtigte Referat für „Judenangelegenheiten und Räumung". Er ist nun zuständig für die verwaltungstechnische und möglichst reibungslose Deportation von Millionen Juden aus Deutschland und den besetzten Gebieten in die Vernichtungslager Osteuropas.

Da gleich nach Kriegsende das Ausmaß seiner Verantwortlichkeit als „Schreibtischtäter" unterschätzt wurde, gehörte er nicht zu den Angeklagten bei den Nürnberger Kriegsverbrecher-Prozessen der Alliierten. Er konnte 1946 aus amerikanischer Gefangenschaft entkommen und nach Argentinien flüchten. Dort lebte er unbehelligt unter falschem Namen (unter anderem als „Richard Klement") und ließ später sogar seine Familie nachkommen. Erst israelischen Geheimagenten gelang es, ihn dort aufzuspüren und nach Israel zu bringen.

In ihren Berichten vom Prozess in Jerusalem weigerte Hannah Arendt sich, Eichmann als einen „teuflischen Dämon" darzustellen, der aus niederen Motiven wie Hass auf die Juden, persönlicher Bereicherung oder gar Lust am Morden seine Vernichtungsprogramme zusammengestellt und deren Durchführung persönlich überwacht hatte. Sie schreibt:

» Eichmann [lag es fern], ... ein Bösewicht zu werden. Außer einer ganz gewöhnlichen Beflissenheit, alles zu tun, was seinem Fortkommen dienlich sein konnte, hatte er überhaupt keine Motive; und auch diese Beflissenheit war an sich keineswegs kriminell, er hätte bestimmt niemals einen Vorgesetzten umgebracht, um an dessen Stelle zu rücken. Er hat sich nur, um in der Alltagssprache zu bleiben, niemals vorgestellt, was er eigentlich anstellte ...

Er war nicht dumm. Es war gewissermaßen schiere Gedankenlosigkeit – etwas, was mit Dummheit keineswegs identisch ist –, die ihn dafür prädisponierte, zu einem der größten Verbrecher jener Zeit zu werden. Und wenn dies ‚banal' ist und sogar komisch, wenn man ihm nämlich beim besten Willen keine teuflisch-dämonische Tiefe abgewinnen kann, so ist es darum doch noch lange nicht alltäglich ... Dass eine solche Realitätsferne und Gedankenlosigkeit in einem mehr Unheil anrichten können als alle die dem Menschen vielleicht innewohnenden bösen Triebe zusammengenommen, das war in der Tat die Lektion, die man in Jerusalem lernen konnte. «

Hannah Arendt wirkte nach außen auf manche arrogant, vielleicht sogar gefühllos. Aber eine distanzierte Sprache kann auch ein Schutz vor der Überwältigung durch eigene Gefühle sein. Es passte vielen nicht, dass sie Eichmann als einen schlicht aufstiegsorientierten, von daher anpassungsbereiten und phantasielosen oder schlimmer noch: einfühllosen Beamten darstellte. Doch sie tat dies, weil sie Nazi-Verbrecher nicht als Teufel und Monster darstellen wollte, sondern zwei moralische Grundsätze einforderte:

1. Ein Mensch kann – im Prinzip – einen anderen Menschen verstehen.
2. Die Wahrheit ist dem Menschen zuzumuten – auch wenn sie noch so sehr seiner emotionalen Bedürftigkeit nach Abgrenzung und Verurteilung widerspricht.

Adolf Eichmann wurde nach einem mehr als acht Monate dauernden und von vielen Experten als fair anerkannten Prozess zum Tode verurteilt und am 1. Juni 1962 in der Nähe von Tel Aviv hingerichtet.

Hannah Arendt ging aber noch weiter in ihren herausfordernden Gedanken: Sie sprach von einer „Mitverantwortung" derjenigen unter den Juden, die mit deutschen Autoritäten zusammengearbeitet hatten, obwohl sie von den Massenmorden in Gaskammern wussten. Damit meinte sie die von den Nazis eingesetzten „Judenräte" oder „Judenpolizei", die Befehle bekamen, Deportationslisten zusammenzustellen und Hilfsaufgaben bei der Deportation selbst zu übernehmen. Arendt warf ihnen mangelnden Widerstandsgeist vor. Damit berührt sie einen der wundesten Punkte jüdischer Selbstreflexion über die Verbrechen des Holocaust. Denn waren sie nicht ebenso

Opfer des NS-Terrors (oder wurden es zumindest häufig nach getaner „Pflicht") wie jene, die gar nichts taten und abwarteten? Und kooperierten sie nicht mit den Nazis, weil sie so vielleicht noch eine winzige Einflussmöglichkeit hatten? Aber wie sah das aus für jene, die bis zuletzt Widerstand leisteten? Mussten sie es nicht als Verrat ansehen, wenn einige aus den eigenen Reihen mit den Mördern noch Gespräche führten?

Ein moralisches Dilemma, auf das es vermutlich niemals endgültig überzeugende Antworten geben wird. Niemals geleugnet werden darf, wer wirklich verantwortlich für solch schreckliche Konflikte war: das waren die Nazis allein und weder die „Judenführer" noch diejenigen, die im Widerstand waren, oder diejenigen, die bis zuletzt hofften und nichts taten.

Ein Beispiel aus dem Ghetto Wilna mag dieses Dilemma verdeutlichen. Dort wurden im Januar 1942 heimlich Flugblätter gedruckt, die die jüdischen Partisanen innerhalb weniger Stunden verteilten. Darauf stand zu lesen:

» **Lasst uns nicht wie Schafe zur Schlachtbank abgeführt werden!**

Jüdische Jugendliche, glaubt nicht denen, die Euch zu betrügen versuchen. Von ehemals über 80 000 Juden in Litauen leben nur noch 12 000. Vor Euren Augen werden Eure Eltern, Eure Brüder und Schwestern abgeholt …

Jene, die einmal durch das Ghettotor abgeführt worden sind, kommen nie wieder …

Hitler hat vor, alle Juden in Europa umzubringen. Es war das Schicksal der Litauer Juden, zu den ersten zu gehören. Lasst nicht zu, dass wir wie Schafe zur Schlachtbank abgeführt werden!

Es stimmt, wir sind schwach und hilflos, aber die einzige Antwort gegenüber Mördern ist Selbstverteidigung. Brüder – es ist besser, als freie Kämpfer zu sterben, als auf die Gnade von Mördern zu hoffen … Seid beschützt! «

Der Chef der jüdischen Polizei im Ghetto Wilna ist Jacob Gens (1905-1943). Im Frühsommer 1943 sind die Spannungen zwischen ihm und den jüdischen Partisanen so aufgeladen, dass ein Kampf zwischen den verschiedenen jüdischen Gruppen unvermeidlich zu sein scheint. Mehrere Stimmen fordern, Jacob Gens zu lynchen, weil er mit den Deutschen zusammenarbeitet. In dieser Situation stellt sich Gens auf einem geheimen Treffen des Widerstands, zu dem er unbewaffnet und ohne Begleitschutz erscheint. Wörtlich sagt er damals:

» Viele von euch betrachten mich als Betrüger ... Ich, Gens, führe euch in den Tod; und ich, Gens, möchte Juden vor dem Tod bewahren. Ich, Gens, ordne an, dass Verstecke in die Luft gejagt werden; und ich, Gens, versuche euch durch Papiere, Arbeit und anderes zu retten. Ja, ich schlage Kapital aus jüdischem Blut und nicht aus jüdischer Ehre! Wenn 1 000 Juden von mir gefordert werden – ich liefere sie. Wenn wir Juden nicht folgen, kommen die Deutschen und werden das gesamte Ghetto in ein Chaos verwandeln. Mit 100 schütze ich 1 000 andere. Mit 1 000, die ich abliefere, schütze ich 10 000!

Ihr, die Leute des Geistes und der Schrift – ihr berührt nicht den Schmutz des Ghettos. Ihr werdet das Ghetto sauber verlassen. Und wenn ihr das Ghetto überleben solltet, werdet ihr sagen können: Wir haben es verlassen mit einem guten Gewissen!

Aber wenn ich, Jacob Gens, überleben sollte, werde ich schmutzig herauskommen und mit blutigen Händen. Und dann werde ich mich einem ordentlichen Gericht stellen. Einem freien jüdischen Gericht! Ich werde sagen: Ich tat alles, um möglichst viele Juden aus dem Ghetto zu retten und ihnen zur Freiheit zu verhelfen. Damit überhaupt noch ein Rest von Juden am Leben bleiben würde, war ich gezwungen, andere in den Tod zu führen. Und um andere Juden mit einem guten Gewissen zu lassen, war ich gezwungen, im Schmutz stecken zu bleiben und gewissenlos zu handeln ... «

Nach seiner Rede ist es totenstill im Versteck. Jacob Gens verlässt schweigend den Raum. Niemand erhebt eine Hand gegen ihn. Wenige Monate später, am 15. September 1943, wird er vor einem deutschen Militärgericht angeklagt, den jüdischen Widerstand unterstützt zu haben und noch am gleichen Tag erschossen. Eine Woche später wird das Ghetto Wilna endgültig „aufgelöst“. Nur wenigen Menschen gelingt an diesem 23. September 1943 noch die Flucht in die umliegenden Wälder.

„Ein Mensch kann einen anderen Menschen verstehen.“ Hannah Arendts Aufforderung bleibt bestehen. Das Grausame und das Gute in Menschen – nur wenn wir beides wahrnehmen und verstehen, besteht die Hoffnung, dass wir auch lernen, uns bewusst zu entscheiden in Konflikten, mit denen wir möglicherweise im eigenen Leben konfrontiert sind.

Yitzhak Rabin: Vom Soldaten zum Botschafter des Friedens

Von den rund 9 Millionen Staatsbürgern Israels sind heute rund 75 Prozent Juden und etwa 20 Prozent Araber, der Rest sind andere kleine Minderheiten. Israel ist also kein „Judenstaat", auch wenn Regierung und Gesetzgebung sich überwiegend so begreifen. Der Umgang mit den Palästinensern bestimmt bis heute in hohem Maß Israels Selbstverständnis und sein Ansehen in der Welt. Ein Ende dieser innen- und außenpolitischen Kontroverse ist nicht absehbar. In den von Israel besetzten palästinensischen Gebieten, der Westbank und dem Gazastreifen, leben knapp 5 Millionen palästinensische Araber, die bislang als staatenlos galten. Außerhalb Israels und Palästinas leben heute rund 6 Millionen Palästinenser, die meisten als Flüchtlinge in Jordanien. Extremistische Positionen auf beiden Seiten suchen eine Lösung des Konflikts in Terror und der völligen Vertreibung der jeweils anderen. Zum Glück gibt es daneben auf beiden Seiten auch Menschen, die ein friedliches Nebeneinander wollen.

Der Konflikt zwischen Israelis und Palästinensern lässt sich grob in vier Phasen einteilen.

Der Staat Israel wird Realität (1948/49-1967)

Im ersten israelisch-arabischen Krieg ab der Staatsgründung Israels im Mai 1948 siegen die Israelis und weiten die Grenzen ihres neuen Staates über das von der UNO vorgeschlagene Gebiet hinaus. Viele Palästinenser fliehen oder werden vertrieben. Im „Sinai-Feldzug" von 1956 besetzen die Israelis mit Unterstützung englischer und französischer Soldaten die südliche Sinai-Halbinsel, die zu Ägypten gehört. Nach einigen Monaten werden sie von einer UNO-Friedenstruppe ersetzt.

Anfangs haben die palästinensischen Flüchtlinge keine politische Stimme. Dies ändert sich ab 2. Juni 1964 mit der Gründung der „Palästinensischen Befreiungsorganisation" (PLO), deren erklärtes Ziel es ist, Israel zu vernichten. Vorsitzender wird 1969 der damals 40-jährige Jassir Arafat (*1929-2004).

Nach dem Abzug der UNO-Friedenstruppen von der Sinai-Halbinsel drohen im Mai 1967 mehrere arabische Staaten, auch die PLO, Israel mit einem Vernichtungskrieg. Die Israelis kommen dem zuvor: In einem Überraschungsangriff zerstören sie beinah die gesamte gegnerische Luftwaffe noch am Boden. Im so genannten „Sechs-Tage-Krieg" besetzen sie erneut die Halbinsel Sinai an der Grenze zu Ägypten, außerdem die Westbank, den Gazastreifen, die Golanhöhen sowie den arabischen Ostteil Jerusalems mit der Klagemauer, die für die Juden so bedeutsam ist. Die Generäle, vor allem der Chef des israelischen Generalstabs Yitzhak Rabin (1922-1995), werden als Helden gefeiert.

Frieden mit Ägypten, Krieg mit der PLO (1968-1987)

Die Israelis beginnen, in den besetzten Gebieten Siedlungen zu bauen. An der Grenze zu Ägypten gibt es immer wieder militärische Zwischenfälle.

Im September 1970 kommt es zu einem innerarabischen Konflikt, dessen Leidtragende erneut die Palästinenser sind. Der jordanische König Hussein (1935-2000) vertreibt alle PLO-Soldaten aus seinem Land, da sie zu einem bedrohlichen Machtfaktor geworden sind. Viele Palästinenser werden getötet. Auch ihr Vorsitzender Jassir Arafat kann nur in letzter Minute, als Beduine verkleidet, aus der jordanischen Hauptstadt Amman in den Libanon fliehen.

Am 6. Oktober 1973, am hohen jüdischen Feiertag Jom Kippur, überfallen ägyptische und syrische Armeen in einem Überraschungsschlag Israel. Am 29. Oktober erzwingen die USA und die Sowjetunion einen Waffenstillstand. Weil dieser Überfall nicht vom Geheimdienst vorhergesehen wurde, muss Premierministerin Golda Meir zurücktreten. Ihr Nachfolger wird Yitzhak Rabin, einer der Helden des „Sechs-Tage-Kriegs".

1974 erkennen die Vereinten Nationen (UNO) die PLO – trotz ihrer Verantwortung für Terrorattentate gegen Juden – als legitime Vertretung des palästinensischen Volkes an.

1977 wird erstmals der konservative Likud-Block an die Regierung gewählt. Neuer Premierminister wird Menachem Begin. Im Sommer 1977 deckt der israelische Geheimdienst eine Verschwörung des libyschen Staatschefs Muammar al-Gaddafi (1942-2011) gegen den ägyptischen Präsidenten Anwar el Sadat (1918-81) auf. Die Israelis informieren Sadat rechtzeitig darüber. Am 15. November 1977 spricht der ägyptische Präsident als erstes arabisches Staatsoberhaupt vor dem israelischen Parlament. Menachem Begin und Anwar el Sadat beginnen Friedensgespräche, die 1978 und 1979 zu einem Friedensvertrag zwischen Israel und Ägypten führen. Israel gibt den Sinai an Ägypten zurück. Beide Politiker erhalten dafür den Friedensnobelpreis. 1981 wird Präsident Sadat von ägyptischen Fundamentalisten ermordet.

Seit 1980 kommt es vermehrt zu Unruhen in den von Israel besetzten Gebieten. Die Palästinenser protestieren gegen jüdische Siedlungen, die unter der konservativen Regierung von Begin in ihren Gebieten gebaut werden.

1982 marschiert die israelische Armee im Libanon ein, um die PLO-Kämpfer, die von Jordanien in den Libanon geflohen waren, auch hier zu vertreiben. Unter dem Druck der USA wird schließlich ein Abzugsplan der PLO vereinbart. Die Überlebenden fliehen nach Tunesien. Die größten Opfer des „Libanon-Krieges" sind Kinder, Frauen und alte Menschen in palästinensischen Flüchtlingslagern im Süd-Libanon. Eine israelische Untersuchungskommission gibt dem Verteidigungsminister Ariel Sharon (1928-2014) Mitschuld an den Massakern in den Lagern Sabra und Shatila.

1985 kündigt die konservative Regierung Israels eine „Politik der eisernen Faust" in den besetzten Gebieten an. Inzwischen leben hier etwa 65 000 Israelis, zum Teil in festungsartigen Siedlungen.

Israel heute
Gebiete unter Selbstverwaltung der Palästinenser
Westjordanland
Gaza-Streifen
Besetzte Gebiete
Golan-Höhen
Libanon
Beirut
Damaskus
Sur
Syrien
Nahariya
Safad
Tiberiassee
Haifa
Afula
Jenin
Nablus
Tel Aviv-Jaffa
Amman
Mittelmeer
Ashdod
Jerusalem
Bethlehem
Ashqelon
Gaza
Hebron
Totes Meer
Rafah
Beersheba
Sedom
Jordanien
Nizana
Israel
Mizpe Ramon
Wüste Negev
Sinai
Ägypten
Elath
Golf von Akaba
Saudi-Arabien

Friedenbemühungen und neue Eskalationen 1987-2010

Am 8. Dezember 1987 beginnt ein Volksaufstand der Palästinenser, die Intifada. Die Protestierenden sind hauptsächlich Jugendliche, die mit Steinen und Sprechchören ihren Protest äußern. Das israelische Militär ist verunsichert, weil gegenüber den steinewerfenden Jugendlichen „normale" Kriegsstrategien versagen. Auch schlägt die Meinung der Weltöffentlichkeit um, weil israelische Soldaten oft brutal gegen die Jugendlichen vorgehen.

1988 verkündet die PLO eine neue Politik gegenüber Israel. Zum ersten Mal erkennt sie Israel an und plant einen unabhängigen Staat Palästina neben Israel. Die PLO lehnt nun offiziell jede Form des Terrorismus ab. Israel ignoriert die Wende der PLO und setzt weiter auf Besiedlung und Härte.

Ein innerarabischer Konflikt zwischen Irak und Kuwait eskaliert 1990/91 in den „Golfkrieg", in den sich im Januar 1991 auch die USA mit Luftangriffen einschalten. Der irakische Diktator Saddam Hussein (1937-2006) wird zwar militärisch geschlagen, aber kann sich doch als Regierungschef behaupten. Die Fronten zwischen Israel als einem Verbündeten der USA und der PLO als Fürsprecher Iraks verhärten sich noch mehr, obwohl beide nicht am Krieg teilnehmen.

1992 endet die Regierungszeit der Konservativen in Israel, und nach Wahlen wird Yitzhak Rabin zum zweiten Mal Premierminister. Die Friedensgespräche kommen unter Vermittlung der USA wieder in Gang. 1993 schließen Israel und die PLO ein erstes Friedensabkommen. Den Palästinensern wird begrenzte Autonomie in den besetzten Gebieten zugesichert: Die Hoffnung auf einen eigenen palästinensischen Staat wird konkret. Für diesen großen Fortschritt erhalten Yitzhak Rabin, der israelische Außenminister Shimon Peres (1923-2016) sowie der PLO-Vorsitzende Jassir Arafat den Friedensnobelpreis. 1994 schließen Israel und Jordanien Frieden. Die konservativen und fundamentalistischen Kreise, allen voran die Siedler in den besetzten Gebieten, laufen Sturm gegen die Friedensbemühungen und provozieren immer neue Störungen. Am 4. November 1995 wird Premierminister Yitzhak Rabin bei einer Friedensdemonstration in Tel Aviv von einem fundamentalistischen jüdischen Studenten erschossen. Der Friedensprozess kommt erneut ins Stocken.

Der Schock des Attentats führt nicht zu einer Besinnung oder gar noch konsequenteren Verwirklichung des einmal erreichten Friedensabkommens. Im Gegenteil: Unter den folgenden israelischen Regierungen verhärten die Fronten erneut. Die Israelis bauen gegen den Willen der Palästinenser mitten in deren nun offiziell „autonomen Gebieten" neue jüdische Siedlungen; beide Seiten zeigen sich unerbittlich in ihrem Anspruch auf Jerusalem als ihre jeweilige Hauptstadt.

In dieser explosiven Atmosphäre besucht der israelische Oppositionsführer Ariel Sharon Ende September 2000 an einem islamischen Feiertag den Jerusalemer Tempelberg, den beide Seiten als Heiligtum ansehen. Die Palästinenser empfinden dies als Provokation. Ihre Proteste und die Gegengewalt des israelischen Militärs führen zu Unruhen, die später als die zweite Intifada bezeichnet werden. In nur einer Woche werden über 60 meist junge Palästinenser und drei Israelis getötet. Beide Seiten brechen alle Friedensgespräche ab. Nach vorgezogenen Wahlen im Februar 2001 wird Ariel Sharon zum neuen Premierminister. Er erklärt umgehend, dass Palästinenserpräsident Arafat niemals ein Verhandlungspartner für ihn sein werde. Die Proteste der Palästinenser werden militanter, die Zahl sogenannter „Selbstmordattentäter" nimmt zu. Diese suchen bevorzugt Treffpunkte wie Restaurants und Bushaltestellen auf, die von vielen israelischen Zivilisten besucht werden, um sich selbst mit Sprengstoff, den sie am Körper tragen, in die Luft zu jagen.

Am 11. September 2001 hält die Welt den Atem an, als neunzehn islamische Fundamentalisten vier US-amerikanische vollbesetzte Passagierflugzeuge in ihre Gewalt bringen und sie außer in das Verteidigungsministerium Pentagon auch in die zwei Wolkenkratzer-Türme des World Trade Centers, die höchsten Gebäude von New York, einschlagen lassen. All dies geschieht am Morgen bei strahlendem Spätsommerwetter, als Millionen New Yorker gerade ihre Arbeit begonnen haben. Innerhalb kurzer Zeit stürzen die Riesentürme ein und mehr als 3 000 Menschen finden einen schrecklichen Tod. Die Verantwortung für den Anschlag übernimmt die Organisation Al Qaida (deutsch: Die Regel) von Osama bin Laden (1957-2011), dessen geheimes

Hauptquartier in den unzugänglichen Bergen Afghanistans vermutet wird. US-Präsident George W. Bush (*1946) beginnt im breiten Bündnis mit anderen Ländern, darunter auch Deutschland, im Oktober einen Krieg gegen die afghanische Taliban-Regierung, die sich weigert, bin Laden auszuliefern. Nach Schätzungen sind bis heute mehr als 150 000 Zivilisten Opfer der Gewalt im Irak geworden. Im Mai 2011 – während der Regierung von US-Präsident Barack Obama (*1961) – wird Osama bin Laden von einer US-Militäreinheit in Pakistan aufgespürt und erschossen.

In Israel und Palästina geht unterdessen die zweite Intifada seit September 2000 unvermindert weiter: Im April 2002 beginnt die Sharon-Regierung, eine Mauer um das palästinensische Westjordanland zu bauen (der Gazastreifen ist bereits seit den neunziger Jahren des letzten Jahrhunderts von einer Grenze umgeben), um auch die hier lebenden Palästinenser besser kontrollieren zu können. Die Mauer, die Israels Regierung Trennungszaun nennt, soll am Ende rund 650 Kilometer lang sein und wird ausschließlich auf palästinensischem Gebiet errichtet. Bis Jahresende 2002 haben bei gewaltsamen Auseinandersetzungen mehr als 2 000 Palästinenser und knapp 700 Israelis den Tod gefunden. Palästinenserpräsident Arafat wird von der israelischen Regierung mehrfach unter Hausarrest gestellt und sein Regierungssitz in Ramallah (Westbank) von Wasser und Elektrizität abgeschnitten. Gerüchte über den schlechten Gesundheitszustand des 73-Jährigen nehmen zu. Innerhalb der PLO verstärken sich Spannungen zwischen der eher moderaten Fatah-Gruppe Arafats und der fundamentalistischen Hamas, die nach wie vor jedes Existenzrecht Israels ablehnt.

Im März 2003 ernennt Arafat den als gemäßigt bekannten Mahmoud Abbas (*1935) zum palästinensischen Premierminister. Im gleichen Monat, am 19. März, beginnen die USA – dieses Mal begleitet von weltweiten Protesten – einen Krieg gegen die irakische Regierung unter Saddam Hussein, der als Unterstützer von Al Qaida beschuldigt wird und dem die Produktion von Massenvernichtungswaffen vorgeworfen wird. Obwohl bereits am 14. April der Krieg von den USA für siegreich beendet erklärt wurde, herrscht bis heute im Irak Bürgerkrieg. Anschläge gegen die Besatzer (die USA wie ihre Verbündeten, vor allem Großbritannien), reißen nicht ab. Nach Schätzungen sind bis heute mehr als 150 000 Zivilisten Opfer der Gewalt im Irak geworden. Im Dezember 2003 wird der flüchtige Ex-Diktator Saddam Hussein gefasst, von einem von den USA kontrollierten irakischen Gericht zum Tode verurteilt und am 30. Dezember 2006 hingerichtet. Massenvernichtungswaffen werden im Irak nicht gefunden. Nach dem umstrittenen Kriegsbeginn im Irak bemüht sich US-Präsident Bush um Frieden im Nahen Osten und kann in Jordanien im Juni 2003 Ariel Sharon und Mahmoud Abbas dazu bewegen, einem „Weg zum Frieden" zuzustimmen, der bis Ende 2005 zu einem anerkannten Israel und einem unabhängigen Staat Palästina führen soll.

Ohne seinen Traum noch erleben zu können, stirbt am 11. November 2004 Yassir Arafat in Paris, wohin die israelische Regierung den Todkranken ausreisen ließ. Am 9. Januar 2005 wird Mahmoud Abbas zu Arafats Nachfolger als Palästinenserpräsident gewählt. Ariel Sharon hält Wort und lässt im August 2005 die ersten israelischen Siedlungen im Gazastreifen räumen – deren Bewohner weigern sich bis zuletzt und die Regierung rückt mit Militär und Bulldozern vor. Die Spannungen über diesen Schritt führen zu einer Regierungskrise in Israel, in deren Folge Sharon am 21. November 2005 seinen Rücktritt und Neuwahlen ankündigt. Am 18. Dezember erleidet er einen Schlaganfall und fällt als Folge einer Operation Anfang Januar 2006 ins Koma. Er stirbt 2014, ohne das Bewusstsein wiedererlangt zu haben. Zu seinem Nachfolger als Ministerpräsident Israels wird sein bisheriger Stellvertreter Ehud Olmert (*1945) ernannt.

Der Friedensprozess kommt erneut zum Stillstand, als ebenfalls im Januar 2006 bei den Wahlen zum palästinensischen Parlament die fundamentalistische Hamas eine Mehrheit erhält. In den folgenden Monaten kommt es zu gewaltsamen Auseinandersetzungen zwischen Fatah und Hamas, bei denen auch Tote zu beklagen sind. Obwohl Ende November 2007 Ehud Olmert und Mahmoud Abbas erstmals zu Friedensgesprächen in den USA zusammentreffen, bleibt die Lage weiter angespannt.

„Die Lage bleibt angespannt." Welche persönlichen Geschichten verbergen sich hinter dieser so oft wiederholten Meldung, hinter den vielen Zahlen und Fakten der so konfliktvollen Geschichte des jungen Staates Israel bis heute?

Lea Rabin (1928-2000), die Witwe des ermordeten Premierministers

Yitzhak Rabin, schrieb 1997: „Fast anderthalb Jahre sind vergangen, seit mein Mann vor meinen Augen ermordet wurde. Der Schmerz darüber ist unverändert tief. In mir ist aber auch eine Enttäuschung angesichts der Vorstellung, wohin wir Israelis seit dem Regierungswechsel vom Mai 1996 gekommen sind und wo wir sein könnten, wenn mein Mann noch leben würde ... Angesichts einer Welle extremistischer Gewalt wurde Yitzhak allein gelassen, und aus Worten wurden Schüsse auf einen Mann, der alles in seiner Macht Stehende tat, damit junge Israelis und junge Palästinenser, Juden und Araber, keinen Krieg mehr erleben würden."

Das Attentat auf Yitzhak Rabin, Tel Aviv am 4. November 1995 (Bericht des Journalisten Amnon Kapeliuk

Yitzak Rabin in Tel Aviv am 4. November 1995, kurz bevor die Schüsse fielen

» Samstag, 4. November 1995. In Tel Aviv war es 21.30 Uhr. Soeben war die erste große Kundgebung für den Frieden seit dem Beginn der Verhandlungen mit der PLO zu Ende gegangen. Seit der Massendemonstration nach dem Massaker von Sabra und Shatila im Libanon im September 1982 hatte sich keine derartig große Menschenmenge in Tel Aviv zusammengefunden ... Rabin war am Ende der Kundgebung sehr glücklich, ja geradezu begeistert. Am liebsten hätte er alle umarmt ... ‚Wir haben bewiesen, dass die Menschen den Friedensprozess unterstützen', sagte Rabin zu seinen Begleitern auf dem Weg zu seinem Wagen ...

Einige Augenblicke später zog ein junger Jurastudent, ein 25-jähriger religiöser, nationalistischer Fanatiker, seine Pistole und richtete sie direkt auf den Ministerpräsidenten. Der junge Mann hieß Yigal Amir; er war von kleiner Statur, mager und hatte einen dunklen Teint ... Amir wuchs in einer sehr frommen, strengen Familie auf, in der die Religion ein fester Bestandteil seines Lebens ist. Seine Eltern waren kurz nach der Gründung des Staates Israel aus dem Jemen ins Land gekommen ... ‚Das hat bei mir nichts mit Kaltblütigkeit zu tun', erklärte er den Journalisten später, ‚vielmehr ist es mein Glaube an Gott. So etwas kennt Ihr nicht, Ihr, die Ihr Euch anschickt, das Volk für einen vorgeblichen Frieden zu opfern.' ...

Noch nie in der Geschichte Israels hatte es in der gesamten Bevölkerung Trauerveranstaltungen wie die nach Rabins Tod gegeben. Die Trauer war überwältigend und kam aus dem Herzen; es gab weder Aufschreie noch Hass, und niemand rief nach Rache.

Das war der erste politische Mord an einem Spitzenpolitiker seit der Gründung des Staates Israel. Bis dahin hatten die Israelis immer mit einem Gefühl der Überlegenheit gesagt, im Nahen Osten gebe es politischen Mord nur bei den Arabern. Diesen Mythos mussten sie am 4. November 1995 begraben. «

Nach Beginn der Intifada 1988-89 hielt ich mich mehrere Monate in Israel und den besetzten Gebieten auf, um Interviews zu führen. Ich besuchte palästinensische Flüchtlingslager und israelische Krankenhäuser, sprach mit damals noch illegalen PLO-Vertretern, aber auch mit Jugendlichen und Erwachsenen in jüdischen Siedlungen. Dabei lernte ich auch die Geschichte von Dalia und Bashir kennen. Sie ist nicht weniger dramatisch als die vieler anderer Leute, die unter den Bedingungen des Konflikts aufwachsen und leben müssen. Aber Dalia und Bashir hatten sich entschieden, nicht nur sich selbst als Opfer und den anderen als Täter zu sehen, sondern gemeinsam ein Symbol für eine bessere Zukunft zu schaffen.

Dalia Landau, geboren 1947 in Sofia, Bulgarien, und Bashir el Khayri, geboren 1942 in Ramle, Palästina:

Bashir wird als neuntes Kind des Tischlers Ahmed el Khayri und seiner Frau Zakieh in deren einfachem, aber solidem Steinhaus, dass der Vater sieben Jahre zuvor selbst gebaut hat, geboren. Das Haus steht in Ramle, einer arabischen Stadt mit rund 20 000 Einwohnern. Als die Eltern vom UNO-Teilungsplan für Palästina 1947 im Radio hören, sind sie zunächst beruhigt, da Ramle in dem Teil liegt, der zu einem zukünftigen Palästina gehören soll. In der Nacht vom 11. auf den 12. Juli 1948 jedoch pochen plötzlich Soldaten gegen die Haustür und befehlen ihnen, bis zum Morgengrauen zu verschwinden, wenn sie ihr Leben retten wollten. Mit Tausenden anderen palästinensischen Bürgern aus Ramle laden sie das wichtigste Hab und Gut auf Esel, nehmen die Kinder an die Hand und laufen sechs Tage und Nächte bis nach Gaza. Zwei Tage nach ihrer Ankunft im dortigen Flüchtlingslager geschieht ein schreckliches Unglück: Der sechsjährige Bashir findet beim Spielen etwas, das wie eine Kerze aussieht. Einen Moment später ist eine Detonation zu hören, kurz darauf das hilflose Schreien des Kindes. Seine linke Hand ist nur noch eine fleischige Masse, aus der Blut strömt. In der Hand des Jungen ist eine israelische Granate explodiert.

In der bulgarischen Hauptstadt Sofia heiratet 1940 der jüdische Textilienhändler Moshe Ashkenasi seine Frau Sonia. Die Ehe bleibt zunächst kinderlos. Als einige Zeit nach Beginn des Zweiten Weltkriegs auch bulgarische Juden den gelben Stern tragen müssen, befürchten die beiden Schlimmstes. Zwar hat das bulgarische Parlament mutig entschieden, dass die etwa 50 000 Juden ihres Landes trotz Anordnung der Nazis nicht deportiert werden sollen, aber es ist nicht sicher, ob diese Entscheidung durchgehalten werden kann. Zum Glück kommt der Einmarsch der Roten Armee im Herbst 1944 weiterem Unglück zuvor. Nach Ende des Krieges 1945 wollen die meisten bulgarischen Juden ins Gelobte Land nach Palästina gehen. 1947 wird noch in Sofia die einzige Tochter Dalia geboren. Ein Jahr später, nur zwei Monate nach Gründung des Staates Israel, gehen Moshe und Sonia Ashkenasi mit ihrer kleinen Tochter in Jugoslawien an Bord eines Auswandererschiffes. Nach ihrer Ankunft in Israel weisen ihnen die Einwanderungsbehörden ein leeres, in arabischem Stil gebautes Haus in Ramle zu. Es ist das Haus der Familie el Khayri. Das Zimmer, in dem Bashir geboren wurde, ist jetzt das Kinderzimmer der kleinen Dalia.

Zwanzig Jahre später. Bashir war von Anfang an durch gute Schulleistungen aufgefallen. 1956 konnte die Familie el Khayri aus dem Flüchtlingslager weg in eine kleine Wohnung in der arabischen Stadt Ramallah auf dem westlichen Jordanufer, der Westbank, ziehen. Bashir studiert später Jura in Kairo. Die Familie ist stolz auf ihn. Im „Sechs-Tage-Krieg" vom Juni 1967 wird die Westbank, und so auch Ramallah, von Israel besetzt.

Wenige Wochen nach dem Waffenstillstand zieht der inzwischen 25-jährige Bashir seinen besten Anzug an und beschließt, mit dem Bus über die nun offene „grüne Grenze" von der Westbank in seine Geburtsstadt Ramle zu fahren. Er hat zwei Freunde gebeten, ihn bei diesem aufregenden Unternehmen zu begleiten. Auch diese haben ihre beste Kleidung an. In seiner Erinnerung ist das Haus viel größer. Aber er findet es doch ohne Mühe.

An diesem Tag sind Dalias Eltern zu Besorgungen unterwegs. Als Bashir an der Tür des Hauses klopft, öffnet ihm die inzwischen 21-jährige Dalia Ashkenasi. Bashir zeigt seinen Ausweis und fragt höflich, ob er seinen Freunden einmal das Haus zeigen dürfe, in dem er geboren wurde. Dalia ist so überrascht von der bescheidenen Art des Palästinensers, dass sie die drei jungen Männer hereinbittet. Bald sitzen alle vier im Wohnzimmer und tauschen erregt Erinnerungen aus, die mit dem Haus zusammenhängen. Es beginnt ein Gespräch zwischen den beiden, das bis heute anhält.

Noch einmal 20 Jahre später. Am 28. Dezember 1987 gegen zwei Uhr morgens dringen etwa 30 schwerbewaffnete israelische Soldaten in die Wohnung der Familie el Khayri in Ramallah ein. Bashir wird ohne Haftbefehl aus dem Bett heraus festgenommen und wird von Israel in den Libanon abgeschoben. Dalia Landau hört am 14. Januar 1988 von der Verhaftung und Abschiebung Bashirs, während sie im Krankenhaus liegt und die Geburt ihres ersten Kindes erwartet. Noch in der gleichen Nacht schreibt sie einen offenen Protestbrief, der in mehreren internationalen Zeitungen, auch in Deutschland, nachgedruckt wird. Bashirs Antwort an Dalia wird nirgendwo veröffentlicht. Als ich Dalia in Jerusalem kennen lerne, gibt sie mir eine Kopie seines Briefes. Beide Briefe folgen in Auszügen.

Dalia an Bashir – „Offener Brief an einen Ausgewiesenen":

» Lieber Bashir!

Wir haben uns vor zwanzig Jahren unter ungewöhnlichen Umständen kennen gelernt. Seitdem ist jeder von uns ein Teil des Lebens des anderen geworden. Jetzt höre ich, dass Du ausgewiesen wurdest ...

Nach Eurem ersten Besuch 1967 nahm ich Eure Einladung zu einem Besuch bei Euch in Eurer neuen Heimat Ramallah an, wo ich sehr gastfreundlich empfangen wurde. Wir sprachen stundenlang und bauten eine warme persönliche Beziehung auf. Auf der anderen Seite wurde deutlich, dass unsere politischen Auffassungen weit voneinander entfernt waren.

Aber es ergaben sich einige Veränderungen in meiner Perspektive. Ein unvergesslicher Tag, als Dein Vater, begleitet von Deinem Bruder, in unser Haus in Ramle kam. Dein Vater war damals alt und blind. Er berührte die unebenen Steine des Hauses. Er fragte dann, ob der Zitronenbaum noch im Hinterhof stehe. Er wurde zu dem vollen Baum geführt, den er viele Jahre zuvor angepflanzt hatte. Er liebkoste ihn und stand schweigend dort. Tränen rannen über sein Gesicht ...

Es war für mich als junge Frau von zwanzig Jahren sehr schmerzhaft, die Wirklichkeit zu entdecken. Wir wurden glauben gemacht, dass die arabische Bevölkerung von Ramle 1948 in einer überstürzten und feigen Flucht alles hinter sich gelassen hat. Dieser Glaube beruhigte uns. Er sollte Schuldgefühle und Gewissensbisse verhindern. Aber nach 1967 traf ich nicht nur Dich, sondern auch einen israelischen Juden, der persönlich an der Vertreibung in Ramle teilgenommen hatte. Er erzählte mir die Geschichte so, wie er sie erlebt hatte und wie sie später Yitzhak Rabin in seinen Memoiren bestätigte. Meine Liebe zu meinem Land hatte ihre Unschuld verloren.

Während ich lernte, mit diesen schmerzhaften Tatsachen zu leben, warst Du im Gefängnis. Du warst angeklagt, eine Bombe geworfen zu haben, durch die mehrere Zivilisten getötet wurden. Mein Herz tut mir jetzt noch weh angesichts der Ermordeten. Für Dein Verbrechen hast Du fünfzehn Jahre im Gefängnis gesessen. Wenn ich auf meinem Weg zur Arbeit am Gefängnis in Ramle vorbeiging, habe ich mich oft gefragt, ob Du dort bist. Ich hatte niemals den Mut zu fragen ...

Einige der politischen Führer von Israel waren in der Vergangenheit Terroristen und haben niemals bereut. Ich weiß, dass das, was wir als Terror von Eurer Seite sehen, Dein Volk als seinen heldenhaften Kampf mit den Mitteln, die ihm zu Verfügung stehen, betrachtet. Was wir als unser Recht auf Selbstverteidigung ansehen, wenn wir palästinensische Ziele aus der Luft bombardieren und dabei unvermeidlich auch Zivilisten treffen, siehst Du als massenhaften Terror aus der Luft mit moderner Technologie. Wie lange werden wir diesen verwerflichen Kreislauf noch fortsetzen?

Uns wird beigebracht, dass man das Wesen unserer jüdischen Tradition in folgendem Lehrsatz zusammenfassen kann: Was dir selbst verhasst ist, das füge keinem anderen zu! Solange wir beide, Juden und Palästinenser, dieses grundsätzliche menschliche Prinzip nicht annehmen, werden wir keine Grundlage zur Koexistenz haben. Diese Grundlage wird das Recht beider Völker auf Selbstbestimmung mit sich bringen ...

Ich bete, dass mit Deiner Kooperation und mit Gottes Hilfe unsere Kinder Freude haben werden an der Schönheit und an den Gaben dieses heiligen Landes.

Allah ma'ak – möge Gott mit Dir sein.

Dalia «

Bashir an Dalia:

» Meine liebe Dalia,

In der Tat trafen wir, wie Du schreibst, unter ungewöhnlichen und unerwarteten Umständen zusammen. Ungewöhnlich, weil es erst möglich wurde als Ergebnis des „Sechs-Tage-Krieges" – und unerwartet, weil der Zufall eine Rolle spielte, indem ich der Sohn des Hausbesitzers bin und Du, Dalia, die Tochter des Mannes bist, der das gleiche Haus von einem Verwalter als verlassenen Besitz erwarb ...

Ich kann nicht verleugnen, was ich in Dir sah, Dalia: Charakterstärke, Wahrnehmungsvermögen und ein unabhängiges Bewusstsein. Dies hinterließ etwas in mir, das sich nicht ignorieren ließ ... Die Überschrift Deines offenen Briefes an mich lautet „Brief an einen Ausgewiesenen" und dabei schreibst Du: „Jetzt höre ich, dass Du ausgewiesen wurdest." Erlaube mir, ein Wort zu korrigieren, dass Du benutzt, denn das Wort „Ausweisung" ist nicht präzise. Ausweisung wird als Strafe Ausländern zugedacht. Und ich bin kein Ausländer in Palästina ... Ich lebe jetzt im Exil fern von meinem Heimatland, fern von meiner Mutter und meinen Brüdern, fern von meiner Frau und meinem Sohn Ahmed und meiner Tochter Hanin; jener Ahmed, dem Ihr ein Geschenk brachtet, ein Fässchen mit Honig, und es ihm gabt mit den Worten: „Mögen all seine Tage süß wie Honig sein." Ja, möge das Leben von Ahmed, zwei Jahre alt, und von Hanin, drei Jahre alt, wirklich so werden, wie wir hoffen ...

Und dann kam jener Tag nach fünfzehn Jahren Haft, als wir uns wiedersahen und Du mir als Zeichen Deiner Loyalität anbotest, unser Haus zurückzugeben. Es sollte zurückgegeben werden, um Schmerzen zu vertreiben ... Ich nahm das Angebot an, und wir einigten uns auf meinen Vorschlag, dass aus dem Haus ein Kindergarten für arabische Kinder werden sollte. Du, Dalia, warst wie ein Weinblatt in der Wüste, und ich hoffte, dass Du nicht das einzige wärst, sondern dass ich noch zu Lebzeiten ein ganzes Feld mit Weinstöcken würde sehen können ...

Der rein jüdische Staat ist für mich wie ein Ghetto unserer Tage. Er bedeutet Isolation, Eingeschlossensein und Ansichten, die aus Rassismus entstehen. All das möchte ich nicht für Dich, weil es keine Lösung bringen wird. Weder eine Lösung noch Stabilität noch Sicherheit noch Frieden ... Aus diesem Grunde habe ich die Idee eines demokratisch geeinten Staates. Die Idee eines Staates, in dem alle Menschen gleich sind, ohne Trennungen durch Religion, Hautfarbe, Rasse oder Kultur. Das ist die gemeinsame Grundlage, auf der wir zusammenkommen können und ohne die es unmöglich sein dürfte, eine Basis zu finden ...

Erlaube mir, Dir gegenüber meine Gefühle und meinen Respekt auszudrücken. Bitte erlaube mir ebenfalls, Grüße an Deinen Mann zu senden, den ich aufrichtig bewundere.

Mit großer Achtung für Dich, Bashir «

Bashir el Khayri und Dalia Landau brauchen noch einige Zeit, bevor sie sich einigen, wie genau das Haus in Ramle zu einem „Samenkorn des Friedens" werden kann. Beide sind sich darin einig, dass es von keinem privat genutzt werden soll. Dann finden sie eine Lösung: Seitdem ist das Haus der erste Kindergarten für arabische und jüdische Mädchen und Jungen in Ramle. Die Erziehungsarbeit teilen sich jüdische und arabische Lehrerinnen und Lehrer. Es gibt mehr Weinblätter in Ramle heute. Das Feld mit den Weinstöcken aber lässt noch auf sich warten.

Arabischer „Frühling“ und israelische Siedlungen (2011 bis heute)

So viel ist geschehen seit meinem Besuch im jüdisch-arabischen Kindergarten in Ramle.

Ein „arabischer Frühling“, der Aufstand vor allem junger Leute gegen Diktaturen in Nordafrika und dem Nahen Osten, machte kurzfristig Hoffnung auf mehr Demokratie bei einigen der Nachbarn Israels und wurde in den meisten Ländern doch schnell zum „arabischen Herbst“: Nicht enden wollende Bürgerkriege, neue und alte Despoten, die sich mit brutaler Gewalt gegenüber Andersdenkenden an der Macht halten oder sie zurückgewonnen haben.

Trotzdem lohnt genaues Hinschauen. Freiheit lässt sich nicht für immer unterdrücken. Wer einmal gefühlt hat, dass es anders – menschlicher – sein kann, wird es nie vergessen.

Seitdem ist auch viel in Israel selbst geschehen: Das noch von Yitzhak Rabin und Yassir Arafat ausgehandelte erste Friedensabkommen zwischen Israel und den Palästinensern von 1995, noch zehn Jahre später bestätigt von Ariel Sharon und Mahmoud Abbas, das eine Zweistaatenlösung zum Ziel hatte und damit das friedliche Nebeneinander beider Nachbarn, scheint weiter weg denn je. Das sichtbarste Zeichen dafür sind die von zahllosen Mauern und Zäunen geschützten jüdischen Siedlungen im arabischen Ostjerusalem und in der Westbank. Hunderttausende Familien haben dort erschwinglichen Wohnraum finden können, oft direkt auf Land, das nicht ihnen gehört, sondern den Palästinensern. Wie soll es dort jemals Frieden geben? Was bedeutet die jüngste Eskalation der Gewalt sowohl mit gegenseitigem Raketenbeschuss als auch bürgerkriegsähnlicher Gewalt zwischen Juden und Arabern in Israel selbst?

Und doch haben einige arabische Länder in jüngster Zeit Israel anerkannt – aus Nächstenliebe oder aus Egoismus? Haben sie die palästinensischen Schwestern und Brüder verraten oder versuchen sie ernsthaft, neue Wege zu beschreiten?

Zuletzt noch einmal der Blick auf Juden in Deutschland. Im Jahr 2021 wird ein Jubiläum gefeiert: Am 11. Dezember 321 erlässt der römische Kaiser Konstantin erstmals für Köln ein Edikt, nach dem Juden Ämter in der Stadtverwaltung bekleiden dürfen. Dieses Gesetz gilt als ältester Beleg für die Existenz jüdischer Gemeinden auf dem Gebiet des heutigen Deutschlands. 1700 Jahre später und nach den jüngsten antisemitischen Anschlägen in Deutschland antworten vier jüdische Menschen auf die sehr persönliche Frage: Bleiben oder gehen im heutigen Deutschland?

Vom arabischen Frühling zum arabischen Herbst

Neue Hoffnungen auf mehr Demokratie in einigen arabischen Ländern durch den Aufstand junger Leute gegen diktatorische Regime:

Alles beginnt in Tunesien mit dem Protest des jungen armen Straßenhändlers Mohamed Bouazizi (1984-2011), der sich nach mehrfacher Erniedrigung durch Obrigkeiten am 17. Dezember 2010 vor der Verwaltung seiner Heimatstadt Sidi Bouzid selbst verbrennt. Am 4. Januar 2011 erliegt er seinen schweren Verbrennungen. Zur Beerdigung kommen etwa 5000 Menschen, streng bewacht von der Polizei. Einige skandieren: „Heute weinen wir um dich, Mohamed. Bald werden diejenigen weinen, die dich auf dem Gewissen haben."

In den kommenden Tagen demonstrieren Hunderttausende junger Leute überall im Land, auch in der Hauptstadt Tunis, gegen die seit mehr als 23 Jahren andauernde Diktatur von Präsident Zine el Abidine Ben Ali (1936-2019). Nur zehn Tage nach Mohameds Beerdigung und als erstmals auch das Militär ihm die Unterstützung versagt, flüchtet Präsident Ben Ali über Umwege nach Saudi-Arabien.

Dieser unblutige Erfolg in Tunesien inspiriert Millionen junge Menschen in anderen arabischen Ländern – und wird bald international bekannt als „arabischer Frühling". Jedoch kommt es zunehmend zu gewaltsamen, auch militärischen Auseinandersetzungen.

In Ägypten wird Präsident Hosni Mubarak (1928-2020) am 13. April 2011 verhaftet und zwei Monate später zu lebenslanger Haft nach über

30 Jahren im Amt verurteilt, nachdem er zuvor seine Soldaten auf unbewaffnete Demonstranten hat schießen lassen, wobei rund 850 überwiegend junge Leute umkommen.

In Libyen wird der gut vierzig Jahre herrschende Diktator Muammar al-Gaddafi nach brutalen Kämpfen zwischen Protestierenden und dem Militär, an denen sich zum Schutz der Zivilbevölkerung auch die NATO beteiligt, am 20. Oktober 2011 auf der Flucht ermordet.

Auch in anderen Ländern kommt es zu Protesten. Doch nicht nur haben einige Diktatoren inzwischen Zeit gehabt, sich auf mögliche Aufstände vorzubereiten und sie vorab gewaltsam zu unterdrücken, auch nationale und internationale Interessengruppen sehen ihre Chance, im Chaos etwas für sich (und nicht für die jeweilige Mehrheits-Bevölkerung) zu erreichen.

In Syrien schafft es Diktator Bashar al-Assad (*1965), seit 2000 als Nachfolger seines Vaters im Amt, ab 2011 seine Macht zu sichern durch brutale Unterdrückung weiter Teile der eigenen Bevölkerung, einschließlich des Einsatzes von Giftgas. Hinzu kommt die Unterstützung starker Partner wie Russland, die wiederum eigene Interessen in der Region haben. Nach Angaben des UN-Flüchtlingsorganisation UNHCR haben bis heute (2021) von den etwa 22 Millionen Syrern mehr als 6,7 Millionen Menschen ihr Leben nur durch Flucht retten können. Geschätzte 600 000 Kinder, Frauen und Männer sind bereits Opfer des Bürgerkriegs geworden.

In anderen Ländern, wie in Ägypten, werden die anfänglichen Hoffnungen bald zunichtegemacht und eine erste demokratische Wahl 2012 wird nach neuen Unruhen schon ein Jahr später durch einen Militärputsch ungültig: Der gewählte Präsident Mohamed Morsi (1951-2019) wird durch seinen Verteidigungsminister Abdel Fattah el-Sisi (*1954) abgesetzt und verhaftet. El-Sisi lässt sich 2014 zum neuen Präsidenten Ägyptens wählen. Im gleichen Jahr wird der zu lebenslänglicher Haft verurteilte ehemalige Präsident Hosni Mubarak freigesprochen. Dagegen wird Mohamed Morsi gemeinsam mit Tausenden anderen regierungskritischen Menschen vor Gericht gestellt und 2015 zu 20 Jahren Gefängnis verurteilt. Er bricht während einer erneuten Verhandlung im Juni 2019 zusammen und stirbt wenig später.

Aus dem „arabischen Frühling“ ist ein „arabischer Herbst“ geworden. Nur in Tunesien, wo alles begann, stimmt das Parlament am 26. Januar 2014 für eine neue demokratische Verfassung, die international als vorbildlich gelobt wird: Zum ersten Mal in der arabischen Welt werden Frauen und Männer nicht nur vor dem Gesetz gleichgestellt, sondern es wird auch als Ziel erklärt, dass es einmal genauso viele weibliche wie männliche Abgeordnete geben soll. Dem religiösen Fundamentalismus wird eine deutliche Absage erteilt, und in dem Land, in dem 98 Prozent der Bevölkerung islamischen Glaubens sind, wird ausdrücklich die Glaubens- und Gewissensfreiheit aller Menschen garantiert. Die Verunglimpfung eines Mitbürgers als „Ungläubiger“ steht ab sofort unter Strafe.

Und in Israel?

Jüdische Siedlungen in besetzten Gebieten – zu akzeptierende Realität oder internationales Unrecht?

Benjamin Netanjahu (*1949), seit Ende 2022 zum dritten Mal Premierminister Israels, unterstützt mit seiner rechtskonservativen bis rechtsextremen Koalitionsregierung dezidiert die Politik des „Fakten-Schaffens“ in den palästinensischen Gebieten: Je mehr jüdische Siedlungen gebaut sind und jüdische Familien dort leben, desto schwerer wird es einmal sein, diese Wirklichkeit zurückzudrehen. Begann der erste illegale Siedlungsbau ab Ende der 1960er-Jahre mit einigen Hundert religiösen Fundamentalisten, die diese Gebiete der palästinensischen Westbank mit ihrem von der Bibel abgeleiteten Anspruch Judäa und Samaria nennen, wohnen dort heute mehr als 440 000 und im arabischen Ostjerusalem rund 200 000 Siedler mit ihren Familien.

Diese Siedlungen werden ausschließlich von jüdischen Menschen bewohnt – mit starken Sicherheitsvorkehrungen gegenüber den palästinensischen Nachbarn. Der israelische Staat fördert einen Umzug in diese Siedlungen gegenwärtig (2019) mit rund 25 000 Schekel (ca. 6 400 Euro) pro Familie. Palästinenser dürfen selbst auf eigenem Land nur mit Genehmigung der Regierung Israels bauen. Wer dagegen verstößt, selbst wenn Gemeinden Schulen bauen, muss damit rechnen, dass Soldaten mit Bulldozern die Häuser wieder zerstören (allein 2020 betraf dies rund 900 Gebäude). Der Raum für palästinensische Familien wird immer kleiner in dem Gebiet, das eigentlich einmal zum Kernland eines Staates Palästina gehören sollte, wobei die jüdischen Siedler gleichwohl nur 12 Prozent der Gesamtbevölkerung auf der Westbank ausmachen.

Von Beginn an wurde die Siedlungspolitik Israels in den Palästinensergebieten international immer wieder verurteilt – von den Vereinten Nationen, der Europäischen Union, selbst vom engsten Verbündeten Israels, den Regierungen der USA.

Bis 2016 Donald Trump (*1946) US-Präsident wurde und zuerst im Mai 2018 die US-Botschaft für Israel von Tel Aviv ins von den Palästinensern als Hauptstadt beanspruchte Jerusalem verlegte und zuletzt seinen Außenminister Mike Pompeo (*1963) im November 2020 erklären ließ, dass „die jüdischen Siedlungen durchaus als legal anerkannt werden können".
Gegen Ende seiner Amtszeit 2020 präsentierte Präsident Trump „als Erfolg seiner Verhandlungen", dass nach Ägypten (1978) und Jordanien (1994) weitere vier arabische Staaten nach Jahrzehnten der Feindschaft endlich Israels Existenzrecht anerkennen und diplomatische Beziehungen aufnehmen würden: die beiden Golfstaaten Bahrein und die Vereinigten Arabischen Emirate sowie Sudan und Marokko.

Auf den ersten Blick mag das wie ein hoffnungsvolles Zeichen scheinen, doch bei genauerem Hinschauen zeigt sich, dass weniger die Anerkennung von oder gar Freundschaft mit Israel eine Rolle spielen, sondern Rivalitäten innerhalb der arabischen Welt – Bahrein und die Emirate teilen die Feindschaft der USA mit dem Nachbarn Iran –, schlicht wirtschaftliche Vorteile – die USA versprachen dem Sudan, ihn von der Liste der wegen Terrorismus boykottierten Länder zu streichen – oder politische Unterstützung – die USA bekräftigten Marokkos Anspruch auf die okkupierte Westsahara, wo die Befreiungsbewegung Polisario seit 1976 für eine unabhängige *Demokratische Arabische Republik Sahara* kämpft, die bis heute immerhin von 50 Staaten, u. a. von Marokkos Nachbarland Algerien, anerkannt wird.

Der seit Januar 2021 amtierende US-Präsident Joe Biden (*1942) hat bei aller grundsätzlichen militärischen und wirtschaftlichen Unterstützung des Staates Israel auch bekräftigt, dass bei allen weiteren Friedensverhandlungen auch die Seite der Palästinenser gehört werden müsse. Doch was wird sich konkret ändern?

Radikale Palästinenser fordern den Abzug aller jüdischen Siedler aus den ihnen früher zugesagten Gebieten. Es gibt aber auch gemäßigte Stimmen, die akzeptieren könnten, dass israelische Siedler als Bürger mit gleichen Rechten in einem Staat Palästina leben, so wie dies etwa 2 Millionen arabische Bürger Israels (mit deutlich weniger Rechten) seit Jahrzehnten tun. Für jüdische Fundamentalisten, die etwa 30 Prozent der Siedler ausmachen, ist dies bisher unvorstellbar.

Von gemäßigten Politikern Israels kam der Vorschlag, dass dort, wo aus unterschiedlichen Gründen der Siedlungsbau nicht rückgängig gemacht werden könne, die Palästinenser qualitativ ähnliches Land von Israel erhalten müssten. Ob dies möglich ist, ohne einen Staat Palästina noch mehr zu einem Flickenteppich werden zu lassen, weiß derzeit niemand.

Um die Besatzungs- und Siedlungspolitik Israels gegenüber den Palästinensern international zu ächten, gibt es seit 2005 die sogenannte BDS-Bewegung – die drei Buchstaben stehen für Boykott, keine Investitionen („Divestment") und Sanktionen gegenüber Israel. Nach eigenen Angaben wurde BDS von der palästinensischen Zivilbevölkerung nach dem Vorbild der internationalen gewaltfreien Boykotte gegen das frühere Apartheidsystem in Südafrika gegründet. Inzwischen gibt es außer wirtschaftlichen auch Boykotte auf sportlichem, kulturellem und wissenschaftlichem Gebiet.

Der Deutsche Bundestag verurteilte die BDS-Bewegung im Mai 2019 als antisemitisch und erinnerte an die schrecklichen Aufrufe der Nazi-Zeit „Kauft nicht bei Juden!". 2020 protestierten zahlreiche kulturelle Einrichtungen in Deutschland (u. a. die Goethe-Institute), die unverdächtig jeder antisemitischen Haltung sind, gegen diesen Bundestagsbeschluss, den sie als „Zensur gegenüber jeder möglichen Kritik an der Regierung Israels" bewerteten.

Sowohl die jüngsten Kriegshandlungen im Mai 2021 zwischen der palästinensischen Hamas im Gazastreifen und Israel als auch die Lynchmorde auf offener Straße an arabischen und jüdischen Bürgern in Israel machen deutlich, dass weder andauernde Unterdrückung der Palästinenser noch Terrorattacken gegen Israelis auch nur die geringste Perspektive bieten.

Und in Deutschland – heute?

Ein sicherer Ort? Eine zunehmend wieder gefährdete „Heimat"?
Wie kann eine Zukunft jüdischen Lebens in Deutschland aussehen?

Hier endet die Ausgabe meines Buches von 2021, und alle Aussagen von Ruth, Rozette, Michel und Marina sind von damals.
Dann kam der 7. Oktober 2023 mit dem grausamen Überfall der Hamas auf Israel und dem folgenden Krieg Israels in Gaza, dessen erklärtes Ziel es ist, „alle Hamas-Kämpfer für immer zu vernichten", wie Premier Netanjahu verkündete.
Dieser schreckliche, blutige Tag im Oktober und der lang anhaltende, entsetzliche Krieg haben selbstverständlich auch unmittelbare Auswirkungen auf das Leben von jüdischen Menschen auf der ganzen Welt, nicht zuletzt in Deutschland. Dazu ein paar Gedanken ab S. 209 im neuen Kapitel „Der 7. Oktober 2023 und seine Folgen".

Ruth, Rozette, Michel und Marina: Bleiben oder gehen im heutigen Deutschland?

■ **Ruth Weiss (*1924),** geboren in Fürth/Bayern, konnte mit den Eltern 1936 nach Südafrika flüchten. Als junge kritische Journalistin musste sie 1966 auch Apartheid-Südafrika verlassen und lebte seitdem in verschiedenen Ländern, auch in Deutschland. Heute ist sie in Dänemark bei ihrem Sohn zu Hause.

■ **Rozette Kats (*1942),** deren Eltern sie als Baby, um ihr Leben zu retten, an ein christliches, niederländisches Ehepaar gaben, bevor sie nach Auschwitz deportiert und dort ermordet wurden, begegnet jungen Menschen in Deutschland und den Niederlanden, um aus ihrem Leben zu berichten. Hier kommt sie zu Wort mit ihrer Rede vor dem Deutschen Bundestag in der Gedenkstunde am 27. Januar 2023.

■ **Michel Bergmann (*1945)** wurde in einem Flüchtlingslager in der Schweiz geboren und entschied sich später, nach Frankfurt zurückzukehren, dem Herkunftsort eines Großteils seiner Familie, und über die Zeit der Juden in Deutschland nach 1945 Romane zu schreiben (u. a. *Die Teilacher, Alles was war*).

■ **Marina Weisband (*1987),** geboren in Kiew (Ukraine), kam mit sieben Jahren mit ihrer Familie nach Deutschland. Am Holocaust-Gedenktag 2021, dem 27. Januar, sprach sie im Deutschen Bundestag als Vertreterin der jungen jüdischen Generation. Sie ist Diplom-Psychologin, Pädagogin und Publizistin (u. a. *Wir nennen es Politik*).

Ruth Weiss, geboren 1924, heute in Dänemark:

„An deren Seite bin ich ...“

» Deutschland – ein sicherer Ort? Was ist ein sicherer Ort?

Ich wurde in der bayrischen Stadt Fürth vor nunmehr 97 Jahren geboren – und ja, meine Eltern fühlten sich dort zuhause. Und sicherer als zum Beispiel in Russland, wo sie von fürchterlichen Pogromen gegen Juden wussten. Wie in vielen Ländern gab es Antisemitismus auch in Deutschland, wo sogar eine Untersuchung des Militärs über jüdische Frontsoldaten im Ersten Weltkrieg geheim gehalten wurde, weil diese sehr positiv war – anstatt der etwa 15 Prozent Juden, die wehrpflichtig waren, hatten über 17 Prozent sich gemeldet und 77 Prozent von diesen waren Frontsoldaten, wie mein damals siebzehnjähriger Vater.

Als Hitler zuerst demokratisch an die Macht kam, dachten noch immer viele, dass es so schlimm schon nicht kommen würde. Er wollte Deutschland wieder zu einem Großdeutschland machen. Solche Ideen haben doch Politiker auch in anderen Ländern bis heute immer wieder ...

Wir hatten zweimal Glück – aus heutiger Sicht! Erstens: Als drei Monate nach Hitlers Ernennung zum Reichskanzler alle jüdischen Beamten ihre Jobs verloren, hat der für unsere Gegend zuständige, antisemitische Gauleiter (wie er genannt wurde) den deutschen Firmen gesagt, sie sollten das nachmachen und ihre jüdischen Angestellten entlassen. Mein Vater verlor deshalb seine Arbeit. Das zweite Glück war, dass er Verwandte in Südafrika hatte, die anboten, für jeden aus der Familie zu bürgen, sodass mein Vater dorthin auswanderte. Mutter, Schwester und ich folgten ihm drei Jahre später.

In Südafrika begann ich mich als junger Mensch zu fragen, warum dort Menschen mit dunkler Hautfarbe auf allen Ebenen, selbst in Gesetzen, auf schlimmste Weise ausgegrenzt und benachteiligt wurden. Und ich machte mein Fragen zum Beruf, indem ich Journalistin wurde – und bald zunehmend im Apartheid-Südafrika „unerwünscht" war. 1966 wurde ich von meiner Zeitschrift ins Nachbarland Rhodesien gesandt, das heute Simbabwe heißt, in dem damals die weiße Regierung denselben diskriminierenden Hautfarben-Rassismus vertrat, sodass ich nach zwei Jahren auch dort nicht mehr bleiben konnte. Danach arbeitete ich in England, dann in Sambia, auch in Deutschland und zuletzt im unabhängig gewordenen Simbabwe. Nach meiner Pensionierung lebte ich erst in England und zog dann zu Freunden nach Deutschland, auch um leichter Lesereisen aus meinen hier erschienenen Büchern realisieren zu können. Das mache ich bis heute, obwohl ich vor wenigen Jahren in eine kleine Stadt in Dänemark zu meinem Sohn und seiner Familie zog.

Sollten Juden heute in Deutschland bleiben oder weggehen? Darauf gibt es für mich keine eindeutige Antwort. Es wird immer Antisemitismus geben. Das Merkwürdige ist, dass es Antisemitismus oft in Ländern und Orten gab und gibt, wo gar keine Juden leben. Vorurteile gegenüber „Anderen" sind oft am stärksten, wo es kaum persönliche Kenntnis gibt.

Ich habe wunderbare Freundinnen und Freunde in Deutschland, eine Realschule in Aschaffenburg trägt meinen Namen, 2014 erhielt ich das Bundesverdienstkreuz 1. Klasse – und seit einem Jahr gibt es sogar eine Ruth Weiss Gesellschaft, die meine literarische Arbeit unterstützt (www.ruthweiss-gesellschaft.de).

Auch nach furchtbaren Anschlägen wie dem auf die Synagoge in Halle hoffe ich weiter auf all die mutigen Menschen aller Generationen, die niemals und nirgends vor Unrecht die Augen verschließen, sondern kritisch sind und Flüchtlingen und anderen in Not helfen. An deren Seite bin ich, solange ich lebe. «

Rozette Kats, geboren 1942, heute in Amsterdam:

„Jeder verfolgte Mensch verdient unseren Schutz …"

» Ich danke für die Einladung, heute zu Ihnen sprechen zu können. Denn heute – am Tag der Befreiung von Auschwitz vor 78 Jahren – erinnern wir im Besonderen an Menschen, die damals verfolgt und ermordet wurden, weil sie sexuellen und geschlechtlichen Minderheiten angehörten.

Ich selbst gehöre keiner sexuellen Minderheit an. Ich habe den Holocaust als jüdisches Kind in Amsterdam überlebt.

Aber wenn ich auf die Erfahrungen derjenigen höre, die als sexuelle Minderheiten ausgegrenzt und verfolgt wurden, erkenne ich wichtige Gemeinsamkeiten mit meinem eigenen Leben. Gestatten Sie mir, dass ich darum zunächst kurz von meiner eigenen Geschichte erzähle.

Im Februar 1943, ich war acht Monate alt, gaben mich meine Eltern an ein niederländisch-humanistisches Ehepaar. Meine Mutter war zu der Zeit schwanger mit meinem kleinen Bruder. Er kam dann im Durchgangslager Westerbork in den Niederlanden zur Welt.

Von da aus wurden meine Eltern und mein kleiner Bruder zusammen mit Hunderten anderen jüdischen Kindern, Frauen und Männern in einem überfüllten Viehtransport-Zug nach Auschwitz deportiert. Schon kurz nach ihrer Ankunft wurden die meisten von ihnen in Gaskammern umgebracht. Auch meine Mutter und mein Babybruder. Mein Vater musste noch vier Monate Schwerstarbeit leisten, bevor auch er ermordet wurde.

Ich aber wuchs bei meinen Pflegeeltern auf. Nicht als Rozette, meinem richtigen Namen. Um mich zu schützen, hatten sie mir den Namen „Rita“ gegeben.

Am Vorabend meines sechsten Geburtstags nahm mich mein Pflegevater auf den Schoß und erklärte mir: „Rita – dein richtiger Name ist Rozette. Wir sind nicht deine wirklichen Eltern. Deine Eltern wurden in Auschwitz ermordet, weil sie Juden waren.“

Und er fügte hinzu: „Doch du musst keine Angst haben. Wir lieben dich und sorgen für dich, bis du groß bist. Und wir brauchen auch nicht mehr darüber zu sprechen.“

Aber ich hatte Angst.

Ich verstand nicht, was meinen Eltern geschehen war. Ich verstand nicht, warum jemand sie hatte ermorden wollen. Was bedeutete jüdisch?

Ich verstand nur, dass ich dann wohl auch jüdisch war wie meine Eltern.

Alles war viel zu schrecklich für ein Kind von sechs Jahren.

Unbewusst habe ich damals beschlossen: Wenn ich mich nur gut anpasse und nicht weiterfrage, wird mir schon nichts geschehen. Ich muss nur weiter die Maske des nicht jüdischen Kindes tragen.

Im Grunde dauerte dieses Nicht-wissen-Wollen und dieses Verschweigen mehr als mein halbes Leben.

Ich führte ein Doppelleben. Und dieses Doppelleben machte mich krank.

Erst viele Jahre später – 1992 – wurde in Amsterdam eine Konferenz für Menschen wie mich organisiert: für jüdische Kinder, die während des Kriegs versteckt worden waren. Ich war nun 50 Jahre alt und traf endlich mehr Menschen, die Ähnliches wie ich erlebt hatten.

Das war meine Befreiung: ein Coming-out aus meinem Versteck. Ich war nicht mehr die Einzige!

Seitdem hat sich mein Leben sehr verändert.

Bis heute bin ich aktiv für die Gedenkstätte Westerbork.

So berichte ich auch aus meinem Leben an Schulen und anderen Veranstaltungen in den Niederlanden und Deutschland.

Auch ich lerne viel bei diesen Begegnungen. In jüngster Zeit berühren mich besonders Gespräche mit jungen Flüchtlingen, die viel von sich erkennen in meiner Geschichte.

Was ich als kleines Kind lernen musste, das mussten jedoch auch viele Angehörige sexueller und geschlechtlicher Minderheiten vor – und leider auch nach – 1945 lernen.

Denn es macht Menschen krank, wenn sie sich verstecken und verleugnen müssen.

Und noch etwas habe ich verstanden: Das Versprechen „Nie wieder!" meinte längst nicht alle Opfergruppen der Nationalsozialisten. Roma und Sinti mussten noch jahrzehntelang um Anerkennung kämpfen. Und wiederum erst sehr spät wurde verstanden, dass zum Beispiel der Haftgrund „asozial" eine Nazi-Definition war, die auch zur Verurteilung lesbischer Frauen missbraucht wurde.

Ich weiß sehr wohl, dass es bei verschiedenen Opfergruppen lange Zeit Vorbehalte gegeneinander gab. Bei mancher der jährlichen Gedenkveranstaltungen galt noch vor wenigen Jahrzehnten, dass nicht an homosexuelle Männer erinnert werden sollte.

Ich halte das für falsch.

Darum habe ich die von dem Historiker und meinem Freund Lutz van Dijk initiierte Petition, dass im Bundestag auch an sexuelle und geschlechtliche Minderheiten erinnert werden soll, als eine der Ersten unterzeichnet.

Denn wenn Menschen in Kategorien von mehr oder weniger „wertvoll" eingeteilt werden, wenn bestimmte Opfergruppen gar als weniger „wertvoll" als andere angesehen werden, dann bedeutet das am Ende nur eins: dass die nationalsozialistische Ideologie weiterlebt.

Und leider bis heute weiterwirkt, wenn wir Gewalttaten gegen queere Menschen noch immer erleben müssen.

Heute bin ich 80 Jahre alt.

Ich habe nicht vergessen, wie schlimm es ist, sich verleugnen und verstecken zu müssen.

Darauf gibt es nur eine Antwort: Jeder Mensch, der damals verfolgt wurde, verdient achtungsvolle Erinnerung. Und jeder Mensch, der heute verfolgt wird, hat Anspruch auf unsere Anerkennung und unseren Schutz!

Ich danke Ihnen, dass Sie heute im Bundestag an die Verfolgung sexueller und geschlechtlicher Minderheiten in der NS-Zeit und danach erinnern. Ich bin gern aus den Niederlanden zu Ihnen gekommen, zusammen mit meiner Tochter Mirjam, die meine Arbeit einmal fortsetzen wird.

Ich danke Ihnen, weil Sie damit endlich früheres Unrecht anerkennen und so allen Menschen heute Mut machen.

Auch mir. «

(Aus der Rede von Rozette Kats vor dem Deutschen Bundestag in der Gedenkstunde am 27. Januar 2023)

Auf die Frage „Sollten jüdische Menschen heute, nach den Ereignissen des 7. Oktober und dem wieder aufkommenden unerträglichen Antisemitismus, in Deutschland bleiben oder weggehen?" antwortet Rozette Kats für dieses Buch: „Nirgendwo ist ein Paradies. In Deutschland hat viel Aufarbeitung stattgefunden, aber nirgendwo gibt es eine Garantie für Menschlichkeit und Gerechtigkeit. Wir müssen dies immer wieder neu herstellen – und, wo nötig, auch verteidigen. Auch in den Niederlanden gab es im Zweiten Weltkrieg viele Mitläufer und selbst aktive Nazis. Wir müssen den Mund aufmachen, wo immer Ungerechtigkeiten geschehen. Dafür brauchen wir mutige junge Menschen. Und die gibt es auch in Deutschland. Ich kenne viele und begegne immer wieder neuen, die bereit sind, sich zu engagieren, und nicht denen hinterherlaufen, die bestimmte Menschen zu ‚Anderen' erklären und ausgrenzen."

Michel Bergmann, geboren 1945 in einem Schweizer Flüchtlingslager, heute in Berlin:

„Nicht in einem Menschenleben …"

» Ich wollte, ich könnte sagen: Ja, Deutschland ist ein sicherer Ort. Ich wollte, ich könnte sagen: Deutschland heute ist so anders … Es gibt so viele gute Menschen, eine wunderbare neue junge Generation. Ja, die gibt es – auch. Aber es gibt auch weiter die Unverbesserlichen – Alte wie Junge. Und die machen es immer wieder unerträglich, in Deutschland zu leben.

Es gibt Tage, da ist mein Herz voller Wut und Rachegedanken. Was haben sie meiner Familie nicht alles angetan? Menschen, die sich voller Stolz Deutsche nannten.

In der Mauer am ehemaligen Jüdischen Friedhof in Frankfurt am Main sind heute nahezu 12 000 Namen auf kleinen Metallblöcken eingelassen. Namen von jüdischen Frauen, Kindern und Männern, die damals von hier deportiert und in den Lagern ermordet wurden. Es fehlen diejenigen, die auf der Flucht vor den Deutschen starben, so wie meine Großmutter Lea Bergmann, geborene Fränkel, die Mutter meines Vaters. Als wäre das kein Mord, eine Frau von achtzig Jahren in den Tod zu hetzen.

Ansonsten sind die Bergmanns an jener Mauer eindrucksvoll vertreten: mein Großvater Jakob, meine Tante Rosel, meine Onkel Oskar und Israel und die Onkel und Tanten meines Vaters sowie zahlreiche seiner Cousinen und Cousins, Schwägerinnen und Schwager, Nichten und Neffen.

Wir haben uns niemals getroffen, sie alle waren tot, bevor ich geboren wurde. Und doch kenne ich sie gut, sie sind mir nah, ich bin mit ihnen aufgewachsen. Sie waren Teil der Geschichten, die stets bei Familienfeiern angereichert wurden, in denen sie zu Idealmenschen anwuchsen, denen ich nachzueifern hatte und die ich nicht enttäuschen durfte.

Ihre Namen erschienen außerdem in Gerichtsakten bei Entschädigungsprozessen. Ich erinnere die ominöse Zahl von 21 Familienangehörigen, deren Tod mein Vater „nachzuweisen" hatte, denn die Wiedergutmachung (horribile dictu) wurde den überlebenden Juden nicht selbstverständlich gewährt, sie mussten sie sich vor Gericht mühsam erstreiten. Gegen ehemalige Nazijuristen! Mein Vater starb kurz nach Ende des Prozesses.

Auch meine Mutter, die sich mit 85 aus ihrem Schlafzimmerfenster stürzte, konnte die Erschießung ihrer Eltern in Riga, meiner Großeltern Rosa und Heinrich Meinstein, niemals verwinden. Sie litt ein Leben lang darunter, sie angeblich im Stich gelassen zu haben, als sie selbst auf der Flucht durch Frankreich war, die im Lager Gurs endete.

Und ich? Während ich diese Zeilen schreibe, kommt wieder Wut in mir hoch, ja Hass und ein Bedürfnis nach Rache. Denn die Zeit heilt keine Wunden. So wie viele der biedermeierlichen, deutschen Sprichwörter, ist auch dieses euphemistischer Blödsinn. Die Wunden bleiben sichtbar, sie vernarben, und die Narben schmerzen.

Warum ich noch hier bin? Warum ich zu denen gehöre, die hier geblieben sind – nach allem damals? Ich tue es mit schlechtem Gewissen. Wie viele meiner Generation. Da kann ich noch so viele Bücher schreiben und Filme machen, selbst komische jüdische Witze erzählen. Alles auf Deutsch. Nur die Wunden heilen nicht. Jedenfalls nicht in einem Menschenleben. «

Marina Weisband,
geboren 1987 in Kiew, heute
in Münster und Berlin:

„Einfach nur Mensch sein …“

» Sehr geehrte Menschen,

in der Ukraine hieß ich Onufriyenko. Meine Familie hat damals mit Absicht den jüdischen Namen Weisband nicht tragen wollen, wegen der Nachteile, die er bedeutete. Mein Opa, der den Holocaust überlebt hat, las sein ganzes Leben lang sehr genau alle Zeitungen, verfolgte angespannt die Stimmung im Land. 1993 sagte er: ‚Wir müssen gehen. Jetzt.‘ Ich hatte Angst vor einem unbekannten Land. Mein Vater nahm mich in den Arm und tröstete mich. Er sagte: ‚Keine Sorge. In Deutschland interessiert es niemanden, dass wir Juden sind. In Deutschland können wir einfach nur Menschen sein.‘

Wir zogen nach Deutschland. Wir nahmen den Namen Weisband wieder an. Heute gehe ich zum Gebet durch Sicherheitskontrollen. Ich lese aufmerksam die Zeitung und beobachte die Stimmung im Land. Und ich lerne, dass der Traum vom ‚Einfach-nur-Mensch-Sein‘ Arbeit bedeutet.

Ich darf hier stehen als Repräsentantin der Nachgeborenen. Einer Generation von jungen Jüdinnen und Juden, die alle ganz verschieden sind. Aber viele von uns machten lange Suchen nach Identität durch. Viele von uns setzen mühsam Scherben zusammen von dem, was einst Kultur war. Zugehörigkeit. Und Normalität.

Meine Geschichte ist für diese Generation nicht ganz ungewöhnlich: Mehr als 90 Prozent aller jüdischen Gemeindemitglieder in Deutschland entstammen dem postsowjetischen Raum.

Als ich hierher kam, habe ich mit diesem Land sehr positive Erfahrungen gemacht. Wir erhielten Hilfe. Uns wurde die Sprache beigebracht. Das Gefühl, willkommen zu sein, ist bei mir geblieben. Es hat mich später dazu inspiriert, dieser Gesellschaft irgendwie was zurückgeben zu wollen. Als sie mich dann noch eingebürgert hat und mir erlaubt hat, dieses Parlament mitzubestimmen – ohne Fragen nach meinen Vorkenntnissen oder meinen Motiven zu stellen –, bin ich in eine Partei eingetreten. Ich hatte das Gefühl, diese Gesellschaft geht mich etwas an. Ich bin Teil von ihr. Wir waren dahingehend sehr viel privilegierter als andere Flüchtlinge.

Gleichzeitig bleibe ich zum Teil fremd. Während des Studiums begann es mit verwunderten Ausrufen, die mich eher fühlen ließen wie ein Zootier: ‚Du bist die erste Jüdin, der ich begegne.' Da war oft diese Mischung aus Mitgefühl und Beklemmung. Wir Juden waren diese Fabelwesen, über die man schreckliche Dinge gelernt hat in Geschichtsbüchern und die prinzipiell nur schwarzweiß waren. ...

Dass jüdisches Leben hierzulande im Schatten der Shoa steht, bedeutet nicht nur, dass wir mit dem Gedenken leben, was unseren Familien widerfahren ist, und mit dem Trauma, das über die Generationen bis zu uns vererbt wurde. Unsere Großeltern waren traumatisiert oder wurden ermordet. Unsere Eltern waren traumatisiert. Unsere Kinder sehen und lernen mit Schrecken. Umso schmerzhafter ist für mich diese Debatte über einen vermeintlichen Schlussstrich, solange wir keinen ziehen können.

Es bedeutet vor allem zu verstehen, dass es geschehen ist und folglich wieder geschehen kann. Es bedeutet zu verstehen, dass Antisemitismus nicht da beginnt, wo auf eine Synagoge geschossen wird. Dass die Shoa nicht mit Gaskammern begann. Es beginnt mit Verschwörungserzählungen. Es beginnt mit Tiraden über eine angebliche jüdische Opferrolle.

Nur um es mal klar zu sagen: Wir können den Anfängen nicht wehren, weil es ein stetiger Prozess ist. Weil jetzt gerade Waffen gesammelt werden. Weil jetzt gerade rechte Strukturen in der Polizei und beim Militär nicht konsequent aufgedeckt werden. Weil Menschen wie ich jetzt und heute Morddrohungen bekommen.

Ich höre sehr oft von Menschen, dass wir die Einteilung in Schubladen lassen sollen – Schwarz und Weiß, jüdisch oder nichtjüdisch, homo oder hetero. Dass wir einfach nur Menschen sein sollen. Und das ist eine wirklich schöne Vision. Ich will dahin. Aber ‚einfach nur Mensch sein' ist ein Privileg derer, die nichts zu befürchten haben aufgrund ihrer Geburt.

‚Einfach nur Mensch sein' bedeutet, dass jüdisches Leben unsichtbar gemacht wird. ‚Einfach nur Mensch sein' bedeutet, dass Strukturen von Unterdrückung unsichtbar gemacht werden. Denn jede Unterdrückung – sei es Sexismus, Rassismus, Antisemitismus – lebt davon, dass sie für die Nichtbetroffenen unsichtbar ist. «

(Aus Marina Weisbands Rede vor dem Deutschen Bundestag am 27. Januar 2021 anlässlich des Holocaust-Gedenktages.)

Der 7. Oktober 2023 und seine Folgen

Die wichtigsten Fakten zum jüngsten Nahost-Krieg finden sich am Ende der Zeittafel ab Seite 228. Hier sollen vielmehr erste grundlegende Einschätzungen des Konflikts wiedergegeben und langfristige Konsequenzen diskutiert werden – für Israelis, für Palästinenser*innen, aber auch für die gesamte Welt.

Noch unter dem Schock des Überfalls der extremistisch-islamistischen Hamas auf Israel erklärte US-Präsident Joe Biden am 18. Oktober in Washington: „Der 7. Oktober war der tödlichste Tag für das jüdische Volk seit dem Holocaust."

Israelische Historiker ergänzten, dass seit dem Bestehen des Staates Israel 1948 tatsächlich niemals so viele Jüdinnen und Juden an einem Tag ermordet wurden. Die deutsche Holocaust-Überlebende Charlotte Knobloch (*1932) sagte, dass die Bilder vom 7. Oktober in ihr Erinnerungen an die Pogromnacht der Nazis vom 9. November 1938 hervorriefen. Damals wurden jüdische Menschen attackiert und ermordet, und die meisten Synagogen in Deutschland wurden in Brand gesteckt.

Bundeskanzler Olaf Scholz wiederholte den von Angela Merkel festgelegten Grundsatz, dass „die Sicherheit Israels zur Staatsräson Deutschlands" gehöre und damit oberste Priorität habe. Der Nation Israel wurde die Unterstützung Deutschlands auf vielen Ebenen zugesichert.

In den darauffolgenden Wochen heizte sich die Stimmung in Deutschland, aber auch in vielen anderen Ländern auf.

Während Israel mit seiner Gegenoffensive gegen die Hamas furchtbares Leiden unter der Zivilbevölkerung in Gaza auslöste und die Hamas weiterhin Israel mit Raketen beschoss, kamen die Solidaritätsbekundungen für Israel nicht überall gut an. Vermehrt gab es antisemitische Kundgebungen, das Existenzrecht Israels wurde infrage gestellt, Synagogen wurden mit Hakenkreuzen beschmiert, ja, es kam selbst zu Gewalttätigkeiten. Und unter die Teilnehmer*innen der zahlreichen propalästinensischen Demonstrationen mischten sich leider allzu oft Anhänger*innen der Hamas und anderer antiisraelischer Widerstandsorganisationen.

Besonders bedrückend ist, dass bereits vor dem 7. Oktober die Zahl antisemitisch motivierter Straftaten in Deutschland weiter gestiegen war, was nicht zuletzt auch auf einen deutlichen Rechtsruck in der Bevölkerung zurückzuführen ist, eine Entwicklung, die sich nicht nur in Wahlerfolgen der rechtsextremen AfD zeigt. Der Vorsitzende des Zentralrats der Juden in Deutschland, Josef Schuster, weist seit Längerem und immer wieder zu Recht darauf hin.

Mit Fortschreiten der israelischen Offensive im Gazastreifen führten schockierende Bilder, auf denen das unfassbar schreckliche Schicksal der palästinensischen Zivilbevölkerung zu sehen ist, Bilder von zerstörten Häusern, von Bombenkratern, von Tausenden Toten und Verletzten, von Menschen, die von einem Tag zum anderen zu heimatlosen, ungeschützten Geflüchteten geworden sind, zu großer Anteilnahme für die Menschen in ihrer ausweglosen Lage. Beinahe die Gesamtbevölkerung Gazas ist auf der Flucht im eigenen Land.

Der EU-Außenbeauftragte Josep Borrell bezeichnete die Situation im Gazastreifen als „apokalyptisch, vergleichbar mit oder noch größer als die Bombardierung deutscher Städte am Ende des Zweiten Weltkriegs“. Selbst US-Präsident Biden bat Mitte Dezember die Regierung Israels, „mehr Rücksicht auf die Zivilbevölkerung im Gazastreifen“ zu nehmen.

Diese Äußerung muss sicher auch im Hinblick auf die Frage, was nach dem Ende des Krieges kommen soll, verstanden werden, selbst wenn dieser noch Monate dauern sollte. Ist die lange und noch immer von vielen Ländern unterstützte Zweistaatenlösung mit internationalen Sicherheitsgarantien für Israel und ein zukünftiges Palästina noch realistisch angesichts all der Zerstörung und Zersplitterung der ehemals für ein zukünftiges Palästina vorgesehenen Landesteile?

In dem bislang eher gemäßigten und von der Fatah verwalteten Westjordanland verzeichnet die radikalislamistische Hamas seit dem 7. Oktober einen auffälligen Anstieg an Zustimmung. Von nur knapp über zehn Prozent unterstützen inzwischen über 44 Prozent der Bevölkerung die Hamas. Hinzu kommt, dass militante israelische Siedler im Westjordanland nach unabhängigen Angaben seit dem 7. Oktober bis Ende 2023 fast 300 zivile Palästinser*innen ermordet haben, ohne dass es zu strafrechtlichen Konsequenzen gekommen wäre.

Es spricht für die EU, dass ihr Außenbeauftragter Borrell inzwischen dafür wirbt, nicht nur gegen Anhänger der Hamas, sondern ebenso gegen kriminelle israelische Siedler Sanktionen zu verhängen.

Inwieweit „internationale Sicherheitsgarantien" zukünftig funktionieren können, ist schwer absehbar. Es lässt vorsichtig Hoffnung schöpfen, dass es einem Bündnis von Diplomaten aus Katar, Saudi-Arabien und den USA Ende November gelungen ist, erste kurze Kampfpausen und die Freilassung zumindest eines Teils der Geiseln zu erreichen, und dies trotz der Weigerung von Israels Regierung, mit Vertretern der Hamas zu reden.

Inzwischen gibt es sowohl Länder aus dem arabischen wie aus dem westlichen Kulturraum, die über Grenzen hinweg Ansehen haben, um in einem möglichen internationalen Gremium glaubwürdig verhandeln zu können. Es scheint dazu kaum Alternativen zu geben, wenn die Idee von einem Frieden für Israelis wie Palästinenser*innen nicht für immer aufgegeben werden soll.

Ein wichtiger Impuls zur Wahrung minimaler Menschenrechte ist die Entscheidung des Internationalen Gerichtshofes (IGH) in Den Haag am 26. Januar 2024. Er stimmte einer Anklage Südafrikas, dass Israel Völkermord an Palästinser*innen im Gazastreifen begehen würde, zwar nicht zu, forderte aber von der Regierung Israels deutlich, bei allem „Recht auf Selbstverteidigung" die Zivilbevölkerung in Gaza besser zu schützen und zu versorgen. Obwohl die Kriegshandlungen zunächst unvermindert weitergehen, hat das oberste Gericht der Welt, doch die aktuelle Militärpolitik der israelischen Regierung deutlich kritisiert.

Erfreulich ist schließlich, dass es ab Ende Januar überall in Deutschland, in West wie Ost sowie in großen wie kleinen Städten, zu Massenprotesten gegen Rechts („Menschenrechte statt rechte Menschen") und besonders gegen das Erstarken der rechtsextremen AfD (Alternative für Deutschland) gekommen ist. Denn die Partei konnte bei den jüngsten Landtagswahlen und bei Umfragen deutliche Stimmengewinne verzeichnen. Kurz vor

Drucklegung dieses Buches (im April 2024) ist noch nicht abzusehen, ob die Proteste einen langem Atem haben und sich auch in Wahlergebnissen niederschlagen werden. Dies bleibt zu hoffen!

Ein friedliches Zusammenleben von Menschen unterschiedlicher Überzeugungen und Religionen wird auch in Deutschland langfristig weniger durch Strafen als durch gegenseitiges Kennenlernen und Achtung voreinander Realität werden können. Antisemitismus ist ebenso verkehrt wie Islamophobie. Beides sind Ideologien, die zuerst jenen nutzen, die Menschen gegeneinander ausspielen wollen, um selbst Macht an sich zu reißen.

Miriam und Farhad: Unsere Zukunft ...

In das kleine Amsterdamer Anne-Frank-Haus kommen pro Tag etwa 2 000 überwiegend junge Besucherinnen und Besucher. Die meisten haben Annes Tagebuch allein oder in der Schule gelesen und wollen sich nun den Ort ihres Verstecks in der Prinsengracht 263 selbst anschauen. Es sind zuerst Mädchen und Jungen aus den Niederlanden, aber schon an zweiter Stelle deutsche Jugendliche, auch viele junge Leute aus den USA, Israel, Japan, Italien und anderen Ländern. Sie wissen viel, suchen in den leeren Räumen nach Spuren und entdecken manchmal unscheinbare, aber doch anrührende Zeichen. Da sind zum Beispiel an einem Türpfosten die Bleistiftstriche mit Datum, die der Vater Otto Frank zum Wachstum seiner beiden Töchter während der zwei Jahre im Hinterhaus markierte.

Manche gehören auch zu einer Schulklasse oder Jugendgruppe, bei der das Anne-Frank-Haus eher zum Pflichtprogramm eines Amsterdam-Besuches gehört. Ihre Ungeduld angesichts der vielen Menschen, die sich langsam durch die Gedenkstätte schieben, ist spürbar. Sie hoffen, dass es nicht zu lange dauern möge, und freuen sich auf eines der vielen Freiluft-Konzerte im Vondelpark oder die bekannten „Coffeeshops", die nicht zuerst wegen ihres Kaffees berühmt sind. Sie sind manchmal erstaunt, wenn ich ihnen am Ende einer Gruppenführung sage, dass ich ihre Ungeduld verstehen kann. Es gibt nichts Schlimmeres, als Betroffenheit heucheln zu sollen. Es ist wichtiger, ehrlich zu sein – sich selbst und anderen gegenüber. Darüber beginnt dann zuweilen noch ein Gespräch, in dem sie tatsächlich etwas von sich selbst erzählen. Und was sie denken über Gewalt gegen Menschen heute.

Einmal bleibt ein etwa 16-jähriger Junge zurück und steht scheinbar bewegungslos in einer Ecke des Buchladens mit dem Gesicht zur Wand. Seine dunklen Haare sind kurz rasiert, seine Jeans ziemlich abgerissen. Vor ihm ist

Das Anne-Frank-Haus in der Amsterdamer Prinsengracht 263

nur die kahle Mauer. Ich gehe auf ihn zu, um zu fragen, ob ihm übel geworden sei. Als ich ihn anspreche, reagiert er zunächst nicht. Erst als ich ihn vorsichtig an der Schulter berühre, merke ich, dass er zittert. Er fährt mit einem Jackenärmel über sein Gesicht. Dann dreht er sich mit einem Ruck um.

In schlechtem Englisch stößt er hervor: „Warum zeigt ihr immer wieder das Elend der Juden? Es ist genug. Nein, es ist zu viel! Zu viel Elend, zu viel Mord, zu viel Brutalität. Das kann doch kein Mensch aushalten. Ich will das nicht mehr hören!"

Erst jetzt merke ich, dass er nicht allein ist. Ein etwa gleichaltriges Mädchen im Anorak und langen dunklen Haaren scheint auf ihn zu warten.

„Ich wollte mit Farhad hierher", sagt sie leise, ebenfalls in Englisch.

„Wo kommt ihr her?", frage ich sie.

„Aus Deutschland, das heißt, Farhad ist eigentlich Kurde, aber in Frankfurt geboren. Und ich bin Miriam, eine in Deutschland geborene Jüdin."

„Ihr könnt deutsch mit mir reden", sage ich.

„Hier – im Anne-Frank-Haus?", flüstert sie, schüttelt dann den Kopf und fährt in holprigem Englisch fort. „In Holland ist es überhaupt nicht so gut, Deutsch zu sprechen oder?"

Jetzt meldet sich Farhad zu Wort: „Warum zeigt ihr nicht mehr, wie die Juden heute leben? Dass sie auch glücklich sein können, singen, tanzen, sich verlieben, Kinder machen, einfach leben ... und nicht immer nur überleben." Er hebt zum ersten Mal den Kopf und schaut mir direkt ins Gesicht.

„Du hast Recht!", stimme ich ihm zu. „Das ist mindestens so wichtig wie das Erinnern. Wie redet ihr beide darüber?"

Sie schauen sich einen Moment an. Dann antwortet Farhad: „Irgendwie ist es bei mir daheim ähnlich wie bei Miriam. Auch mein Vater sagt immer, dass wir nicht vergessen dürfen, was uns angetan wurde. Bei uns waren das die Türken, die meine Großeltern ermordet und unsere Familie aus dem Osten der Türkei vertrieben haben. Aber so hört das doch nie auf, oder? Ich bin Muslim, Miriam ist Jüdin, und wir leben in diesem komischen Deutschland zusammen mit jungen Deutschen. Ist es da nicht besser, wir vergessen die ganze beschissene Geschichte?"

Miriam widerspricht ihm, bevor ich es tun kann: „Mann, Farhad, aus der Geschichte kann man doch gerade auch lernen, dass es idiotisch ist, Unrecht immer wieder zu rächen und damit neues Unrecht zu begehen. Nur die wirklich Mutigen schaffen es, diesen Teufelskreis zu durchbrechen."

„Warum ging es dir gerade so dreckig?", frage ich Farhad leise.

„Weil ich es so schwer finde, an das Gute im Menschen zu glauben ... die Menschen können solche Monster sein. Egal, ob es gegen die Juden oder die Kurden oder wen auch immer geht ..."

Ich nicke, ohne noch mehr zu sagen. Es ist wirklich nicht leicht.

Dann verabschieden sich beide mit einem Händedruck von mir. Miriam legt ihren warmen Anorak dem noch immer frierenden Farhad um die Schultern. Ich verliere sie aus dem Blick, als sie inmitten einer Gruppe japanischer Touristen hinaus auf den windigen Platz vor der Westerkirche gehen.

Zeittafel

Anfänge: Die alt-israelitischen Stämme

Ca. 2000-1800 v. Chr.:	Zeit der Patriarchen: Abraham, Isaak, Jakob in Kanaan.
Ca. 1800-1300 v. Chr.:	Israeliten in Ägypten.
Ca. 1300-1200 v. Chr.:	Leben von Moses und Flucht aus Ägypten zurück nach Kanaan.
Ca. 1200-1020 v. Chr.:	Zeit der Richter: von Joschua und anderen über Debora bis zu Samuel.
1020-1000 v. Chr.:	Zeit der Könige: Erster König Saul
1000-966 v. Chr.:	Zweiter König David
966-930 v. Chr.:	Dritter König Salomo
Ab 930 v. Chr.:	Zerfall des israelitischen Königreichs in zwei Teile:
930-722 v. Chr.:	Bestand des Nordreichs Israel bis zur Eroberung durch die Assyrer.
930-586 v. Chr.:	Bestand des Südreichs Judäa bis zur Eroberung durch die Babylonier.
586-538 v. Chr.:	Babylonisches Exil der Juden.
538-332 v. Chr.:	Persische Eroberung: neue Rechte für die Juden (die Jüdin Esther wird sogar persische Königin).
332-323 v. Chr.:	Griechische Eroberung durch Alexander den Großen: Dialog zwischen Griechen und Juden.
323-168 v. Chr.:	Verschiedene Unruhen und Besetzungen wechseln sich ab.
168-165 v. Chr.:	Aufstand der jüdischen Makkabäer gegen syrische Besatzer, Rückeroberung des Tempels von Jerusalem.
165-63 v. Chr.:	Unabhängige Verwaltung der Makkabäer, die aber in einen Bürgerkrieg unter Juden übergeht.
63-37 v. Chr.:	Die zu Hilfe gerufenen Römer machen Judäa zur römischen Provinz.
37-4 v. Chr.:	Tyrannenherrschaft des von den Römern als König von Judäa eingesetzten Herodes.

Ca. 8-4 v. Chr.:	Geburt des Juden Jesus von Nazareth in Bethlehem, Begründer des Christentums (circa im Jahr 33 römische Todesstrafe durch Kreuzigung).
4 v. Chr. – 66 n. Chr.:	Zahlreiche politische und religiöse Unruhen in Palästina.
66-70 n. Chr.:	Jüdischer Krieg gegen die römische Besatzung, der mit der Niederlage der Juden und der Zerstörung ihres Tempels in Jerusalem endet.

Diaspora: Jüdische Gemeinden in der Welt

Ab 70:	Verstreuung der Juden in viele Teile des römischen Weltreichs; in der römischen Provinz Judäa bleibt allein die Gelehrtenschule von Jochanan ben Sakkai und seinen Nachfolgern bestehen.
132-135:	Letzter jüdischer Aufstand gegen die Römer durch Simon „Bar Kochba“, nach der Niederlage römische Umbenennung von Judäa in „Syria Palästina“.
313:	Der römische Kaiser Konstantin erkennt das Christentum als offizielle Religion an. Neue Ausgrenzungen der Juden.
Ca. 570-632:	Leben des arabischen Propheten Mohammed, der den Islam begründet und den Grundstein zum Islamischen Weltreich legt.
638:	Jerusalem wird von den Arabern erobert, ab 711 auch Spanien.
711– circa 1200:	Fruchtbares Zusammenleben von Arabern und Juden in Spanien, Portugal und vielen arabischen Ländern; so bei Moses ben Maimon (Maimonides) und Sultan Saladin in Kairo.
Ca. 1200-1391:	Die christliche „Rückeroberung“ (Reconquista) Spaniens lässt die Juden die ersten 200 Jahre unbehelligt. Nach wirtschaftlichen Problemen beginnt ab 1391 eine Welle der Verfolgungen.
1096-1290:	Christliche Kreuzfahrer brechen auf, um Jerusalem vom Islam zu „befreien“. Sie richten Massaker unter Juden und Muslimen von Europa bis zum Nahen Osten an. Das christliche Königreich Jerusalem besteht von 1099-1303.
Ab circa 1200:	Berufsverbote und Ausgrenzungen im christlichen Europa.

Vertreibungen von Juden aus England (1290), Frankreich (1394) und Teilen Deutschlands.

Ab 1264: Ausnahme ist Polen, dessen König Boleslaw den jüdischen Flüchtlingen Schutz anbietet.

1348-50: Die Pest wütet in Europa und fordert etwa 25 Millionen Opfer. Die Juden werden zu Sündenböcken gemacht und beschuldigt, Brunnen vergiftet zu haben, und ab dann grausam verfolgt.

1492: Königin Isabella von Spanien weist alle Juden aus. Ausweisung aus Portugal ab 1497.

Ab 1602: Gründung der ersten jüdischen Gemeinde von Amsterdam durch spanisch-portugiesische „sefardische" Juden und 1635 durch mittel- und osteuropäische – „aschkenasische" – Juden. Baruch de Spinoza (1632-1677), einer der Begründer der modernen Philosophie, lebt in Holland. Der Amsterdamer Rabbi Manasse ben Israel (1604-1657) setzt sich für die Zulassung von Juden nach England ein (ab 1656).

1618-48: Unter dem „Dreißigjährigen Krieg" zwischen katholischen und evangelischen Christen in Deutschland leiden auch Juden.

1648-49: Ermordung von 12 000 Juden im ukrainischen Teil Polens durch russische Kosaken. Die Ukraine wird russisch.

Ab 1740: Die konservative jüdische Strömung des Chassidismus breitet sich in Osteuropa aus. Geistiges Oberhaupt ist Israel ben Elieser (circa 1700-60), genannt Baal Schem Tow.

Ab 1750: Gedanken der Aufklärung setzen sich in Westeuropa durch. In Deutschland stehen dafür etwa der christliche Dichter Gotthold Ephraim Lessing (1729-1781) und der jüdische Philosoph Moses Mendelssohn (1729-1786).

1775-83: Teilnahme vieler Juden in Nordamerika am Krieg der dortigen Siedler um Unabhängigkeit von England. In der Unabhängigkeitserklärung der USA am 4. Juli 1776 wird Religionsfreiheit verankert und damit auch eine Gleichberechtigung der Juden.

1789: Die Französische Revolution verändert Europa und gibt Hoffnung auf Menschenrechte auch für die Juden.

1808: Napoleon Bonaparte (1769-1821) gibt den Juden in Frankreich und den von ihm eroberten Ländern gleiche Rechte

	unter der Bedingung, die bürgerlichen über die religiösen Gesetze zu stellen.
1812:	Judenemanzipation in Preußen, gefolgt von „antisemitischen“ Anschlägen auf Juden (1812-49).
Ab 1820:	Einwanderungswelle europäischer Juden in die USA.
1848-49:	Vorübergehende Gleichberechtigung der Juden durch das erste deutsche Parlament in der Frankfurter Paulskirche.
Ab 1871:	Im neugegründeten Deutschen Reich unter Kaiser Wilhelm I. (1797-1888) erhalten die Juden gleiche staatsbürgerliche Rechte.

Traum, Katastrophe und Neubeginn: Zionismus, Holocaust und Staatsgründung Israels

Ab 1860:	Entstehung der zionistischen Idee eines jüdischen Staates in Palästina. Einer der Vordenker ist Moses Hess (1812-1875).
Ab 1881:	Nach der Ermordung von Zar Alexander II. (1818-81) Pogrome in Russland: massenhafte Auswanderung osteuropäischer Juden nach Westeuropa und Amerika.
Ab 1882:	Die Streitschrift Autoemanzipation (1882) von Leon Pinsker (1821-91) bringt in Osteuropa die Organisation der „Freunde Zions“ hervor und führt zu zwei Siedlungsbewegungen („1. und 2. Alija“, 1882 und 1905) nach Palästina.
1893:	Gründung des „Centralvereins deutscher Staatsbürger jüdischen Glaubens“ in Berlin, dessen Mitglieder antizionistisch eingestellt sind.
1894-1906:	Antijüdische Dreyfus-Affäre in Paris.
1896:	Der ungarisch-österreichische Journalist Theodor Herzl (1860-1904) veröffentlicht sein Buch *Der Judenstaat*. Beginn der zionistischen Bewegung auch in Mittel- und Westeuropa.
1897:	Gründung der ersten sozialistisch-jüdischen (nichtzionistischen) Arbeiterpartei BUND (1897-1921) in Wilna. Erster Zionistenkongress in Basel.
1909:	Die jüdische Stadt Tel Aviv wird an der Mittelmeerküste Palästinas gegründet (bis 1914 rund 1 500 Einwohner).
1914-18:	Im Ersten Weltkrieg kämpfen viele deutsche Juden als

Soldaten und Offiziere des deutschen Kaisers Wilhelm II. (1859-1941).

1917: „Balfour-Deklaration" verspricht englische Unterstützung für einen jüdischen Staat in Palästina. Im Dezember ziehen britische Truppen in Jerusalem ein und beenden die 400-jährige Herrschaft der osmanischen Türken.

1922-1948: Nach dem Ersten Weltkrieg erhält Großbritannien vom Völkerbund ein Mandat zur Verwaltung Palästinas. Trotz des Versprechens unterstützt Großbritannien die Gründung eines jüdischen Staates nicht, sondern paktiert je nach eigenen Interessen mal mit der jüdischen und mal mit der arabischen Seite.

1918-33: In der ersten demokratischen Republik in Deutschland, der „Weimarer" Republik, sind Juden gleichberechtigte deutsche Staatsbürger. Es gibt fünf jüdische Minister in Regierungsverantwortung, jedoch auch zunehmenden „Antisemitismus". Einer von ihnen, der deutsche Außenminister Walther Rathenau (1867-1922), wird 1922 ermordet.

1924-32: Rund 60 000 osteuropäische Juden, vor allem aus Polen, wandern in Palästina ein.

1933-38: Die NSDAP, eine rechtsextreme und „antisemitische" Partei, kommt unter ihrem „Führer" Adolf Hitler (1889-1945) in einer Koalition mit Bürgerlich-Konservativen in Deutschland an die Regierung.

Hitler wird Reichskanzler und regiert zunehmend als Diktator. Bereits im April 1933 beginnen die Nazis mit judenfeindlichen Maßnahmen, am 8./9. November 1938 kommt es zur Pogromnacht („Kristallnacht") in Deutschland, bei der fast alle Synagogen in Brand gesteckt, etwa 100 Juden ermordet und rund 30 000 verhaftet werden. Ab Ende 1938 massenhafte Flucht von Juden aus Deutschland.

1933-39: Rund 165000 Flüchtlinge aus Europa, vor allem deutsche Juden, erreichen Palästina.

1939-45: Mit Beginn des Zweiten Weltkriegs durch den Überfall der deutschen Wehrmacht auf Polen werden auch Juden in den besetzten Ländern in Ost-, West- und Südeuropa Opfer der Verfolgung. Auf der „Wannsee-Konferenz" vom 20. Januar 1942 planen die Nazis die systematische Ermordung (Holocaust) der rund elf Millionen europäischen Juden.

	Sie errichten Vernichtungslager in Osteuropa, vor allem in Polen. Bis Kriegsende werden rund sechs Millionen jüdische Männer, Frauen und Kinder ermordet.
1945-1948:	Deutschland wird von den Siegermächten (USA, Sowjetunion, Frankreich und England) in West (BRD) und Ost (DDR) aufgeteilt. Durch Europa irren Hunderttausende Überlebende des NS-Terrors („Displaced Persons"), überwiegend Juden, aber auch andere ehemals verfolgte Minderheiten.
1947:	Am 29. November stimmt die UNO-Vollversammlung der Teilung Palästinas in einen arabisch-palästinensischen und einen jüdischen Staat zu. Es kommt zum Bürgerkrieg zwischen Arabern und Juden in Palästina.
1948:	Am 14. Mai, kurz vor Ablauf des britischen Mandats, ruft David Ben Gurion (1886-1973) den Staat Israel aus. Fünf arabische Nachbarstaaten greifen an.
1949:	Am 7. Januar wird ein Waffenstillstand unterzeichnet. Am Ende des Krieges ist das Gebiet des Staates Israel größer als in der UNO-Resolution vorgesehen, und rund 750 000 Palästinenser sind aus ihrer Heimat vertrieben. Der Staat Israel wird als 59. Mitglied der UNO anerkannt.
1948-51:	Noch 1948 treffen rund 50 000 Überlebende des Holocaust in Israel ein. Bis Ende 1951 hat sich die jüdische Bevölkerung Israels verdoppelt, wobei die größte Gruppe der Einwanderer (etwa 300 000) aus moslemischen Ländern kommt.

Perspektiven: Leben – und nicht nur Überleben

1950:	Gründung des „Zentralrats der Juden in Deutschland".
1956:	„Suezkrise": Israel beginnt den Angriff auf Ägypten.
1961:	Adolf Eichmann (1906-62), einer der Hauptverantwortlichen des Vernichtungslagers Auschwitz, wird vom israelischen Geheimdienst aus Argentinien entführt und in Israel zum Tode verurteilt. Die Philosophin Hannah Arendt (1906-75) berichtet vom Prozess.
1964:	Die „Palästinensische Befreiungsorganisation" (PLO) wird

gegründet, seit 1969 ist Jassir Arafat (*1929-2004) ihr Vorsitzender.

1967: „Sechs-Tage-Krieg“: Israel besetzt das Westjordanland, den Gazastreifen, die Sinai-Halbinsel sowie die Golanhöhen.

1972: In den USA wird zum ersten Mal eine Frau, Sally Preisand (*1946), zur Rabbinerin ordiniert. 1935 hatte erstmals Regina Jonas in Deutschland die Rabbiner-Ausbildung abgeschlossen (ermordet 1944 in Auschwitz). Heute gibt es weltweit mehr als 200 Rabbinerinnen.

1973: „Jom-Kippur-Krieg“: Ägyptische Truppen überqueren den Suez-Kanal.

1974: Die UNO erkennt die PLO als legitime Vertretung der Palästinenser an.

1977: Der ägyptische Ministerpräsident Anwar el Sadat (1918-81) besucht als erster arabischer Staatschef Israel.

1978: „Camp-David-Abkommen“: Friedensschluss zwischen Israel (Menachem Begin) und Ägypten (Anwar el Sadat), Rückgabe der Sinai-Halbinsel. Im gleichen Jahr erhalten beide den Friedensnobelpreis.

1981: Ägyptens Präsident Sadat wird von arabischen Fundamentalisten ermordet.

1982: „Libanon-Krieg“: israelische Armee vertreibt die Palästinensische Befreiungsorganisation (PLO) aus Beirut.

1987: Beginn der Intifada, des Aufstands der Palästinenser in den von Israel besetzten Gebieten, an dem viele Kinder und Jugendliche beteiligt sind.

1991-92: „Golfkrieg“: militärische Intervention der USA gegen den Irak. Einzelne irakische Raketen treffen auch Israel.

1993: Yitzhak Rabin (1922-95), Premierminister Israels und Jassir Arafat, Chef der PLO, unterzeichnen ein Autonomieabkommen für die besetzten Gebiete. Im folgenden Jahr erhalten beide, gemeinsam mit dem israelischen Außenminister Shimon Peres (*1923), den Friedensnobelpreis.

1994: Friedensvertrag zwischen Israel (Yitzhak Rabin) und Jordanien (König Hussein, 1935-2000).

1995: Am 4. November wird der israelische Premierminister Yitzhak Rabin nach einer Friedensdemonstration in Tel Aviv von einem fundamentalistischen jüdischen Studenten erschossen.

1996: Unter dem rechtskonservativen israelischen Premierminister

Benjamin Netanjahu (*1949) stockt der Friedensprozess. Neue israelische Siedlungen in den nun „autonomen" Gebieten provozieren die Palästinenser.

2000: Friedensbemühungen unter Vermittlung des US-Präsidenten Bill Clinton (*1946) zwischen PLO-Chef Jassir Arafat und dem neuen israelischen Premierminister Ehud Barak (*1942) scheitern an der Frage über den zukünftigen Status Jerusalems, das von beiden als Hauptstadt beansprucht wird. Nach einem provozierenden Besuch des israelischen Oppositionsführers Ariel Sharon (1928-2014) am Jerusalemer Tempelberg kommt es zum Ausbruch der zweiten Intifada: Bis zum Jahresende werden über 300 meist jugendliche Palästinenser und rund 40 israelische Soldaten und Zivilisten getötet.

2001: Die Krise zwingt Premierminister Ehud Barak dazu, Neuwahlen auszuschreiben. Gewinner ist der konservative Ariel Sharon, der neuer Premierminister wird.
Am 11. September Anschlag auf das World Trade Center (New York) und das Pentagon (Washington), bei dem islamische Fundamentalisten US-Verkehrsflugzeuge auf die Gebäude stürzen lassen. Über 3 000 Zivilisten sterben.
Im Oktober Beginn des Krieges der USA und vieler Verbündeter gegen die afghanische Taliban-Regierung, die als Unterstützer der sich zum Anschlag bekennenden Al Qaida gilt. Mehr als 20 000 afghanische Zivilisten finden den Tod.

2002: Ab April Errichtung eines auf 650 Kilometer Länge geplanten Zaunes um die Westbank durch die israelische Regierung, der von den Palästinensern als Mauer bezeichnet und als weitere Erniedrigung empfunden wird. Der internationale Gerichtshof in Den Haag verurteilt den Mauerbau als völkerrechtswidrig.

2003: Am 20. März beginnen die USA einen Krieg gegen die irakische Regierung von Saddam Hussein (1937-2006) unter dem Vorwand, dass im Irak Massenvernichtungswaffen hergestellt würden. Nach einem Monat ist der Irak besetzt. Am 13. Dezember wird Saddam Hussein festgenommen, am 30. Dezember 2006 hingerichtet. Massenvernichtungswaffen werden nicht gefunden. Bis heute herrscht im Irak Bürgerkrieg, und Anschläge gegen die Besatzungs-

mächte bleiben an der Tagesordnung. Nach Schätzungen werden mehr als 100 000 Zivilisten getötet.
Im Juni kommt es auf Initiative von US-Präsident Bush in Jordanien zu einem Treffen zwischen Ariel Sharon und dem im März von Arafat zum palästinensischen Premierminister ernannten Mahmoud Abbas (*1935). Es wird ein Friedensprozess vereinbart, nach dem Ende 2005 ein selbstständiges Palästina neben einem anerkannten Israel bestehen soll.

2004: Am 11. November stirbt Palästinenserpräsident Yassir Arafat. Zu seinem Nachfolger wird Mahmoud Abbas gewählt.

2005: Im August lässt Ariel Sharon als israelischen Teil der Friedensvereinbarung von 2003 die Siedlungen jüdischer Siedler im Gazastreifen gewaltsam räumen. Dies führt zu einer Regierungskrise und dem Rücktritt Sharons. Im Dezember erleidet er einen Schlaganfall und wacht aus einem Koma nicht wieder auf. Er stirbt 2014.

2006: Im Januar wird zu Sharons Nachfolger sein bisheriger Stellvertreter Ehud Olmert (*1945) ernannt.
Bei den Wahlen zum palästinensischen Parlament, ebenfalls im Januar, gewinnt die fundamentalistische Hamas, die ein Existenzrecht Israels strikt ablehnt. Es kommt zu gewaltsamen Auseinandersetzungen zwischen gemäßigten und fundamentalistischen Palästinensern, bei denen auch Tote zu beklagen sind. Der Friedensprozess ist erneut unterbrochen.

2007: Ende November treffen auf Einladung von US-Präsident Bush in Washington Ehud Olmert und Mahmoud Abbas zu Friedensgesprächen zusammen. Sie verabreden trotz fundamentalistischer Proteste auf beiden Seiten daheim, dass „bis Ende 2008 ein friedliches Nebeneinander eines israelischen und eines palästinensischen Staates verwirklicht werden soll".

2008: Im Mai feiert Israel den 60. Jahrestag seit der Gründung des Staates. Für die meisten Palästinenser ist dies ein Trauertag, der sie an 60 Jahre Vertreibung und viele an ein Leben von nunmehr drei Generationen in Flüchtlingslagern erinnert.

2009: In Israel wird Benjamin Netanjahu Premierminister und in den USA Barack Obama erster afroamerikanischer Präsident. Zwischen beiden besteht ein distanziertes Verhältnis, da Obama wiederholt die Siedlungspolitik Israels in den besetzten palästinensischen Gebieten kritisiert.

2010: Inzwischen leben etwa eine halbe Million jüdische Siedler zwischen 2,4 Millionen Palästinensern in den palästinensischen Gebieten Ostjerusalem und der Westbank in ihren militärisch geschützten „Wohnblöcken".

2011: Am 4. Januar stirbt in Tunesien der junge arme Straßenhändler Mohamed Bouazizi (1984-2011), nachdem er sich am 17. Dezember aus Protest gegen die Ausbeutungspolitik des tunesischen Präsidenten Ben Ali (1936-2019) selbst angezündet hatte. Wenige Tage später schließen sich Hunderttausende junger Menschen zunächst in Tunesien, später auch in vielen anderen arabischen Staaten seinem Wunsch nach mehr Gerechtigkeit und Demokratie an. In Ägypten wird Präsident Hosni Mubarak (1928-2020) am 13. April verhaftet. In Libyen wird der gut vierzig Jahre herrschende Diktator Muammar al-Gaddafi (1942-2011) am 20. Oktober auf der Flucht ermordet. Die Welt erlebt einen „arabischen Frühling".

2012: In Syrien sichert Diktator Bashar al-Assad (*1965) seine Macht durch brutale Unterdrückung weiter Teile der eigenen Bevölkerung, einschließlich des Einsatzes von Giftgas. Bis heute (2021) haben von den etwa 22 Millionen Syrern mehr als 6,7 Millionen Menschen ihr Leben nur durch Flucht retten können. Etwa 600 000 sind in Folge des Bürgerkriegs umgekommen.

In Ägypten wird eine erste demokratische Wahl 2012 nach neuen Unruhen schon ein Jahr später durch einen Militärputsch ungültig: Der gewählte Präsident Mohamed Morsi (1951-2019) wird durch seinen Verteidigungsminister Abdel Fattah el-Sisi (*1954) abgesetzt und verhaftet. Dieser lässt sich 2014 zum neuen Präsidenten Ägyptens wählen. Im gleichen Jahr wird der zu lebenslänglicher Haft verurteilte ehemalige Präsident Hosni Mubarak freigesprochen. Dagegen wird Mohamed Morsi gemeinsam mit Tausenden anderen regierungskritischen Menschen vor Gericht gestellt und 2015 zu 20 Jahren Gefängnis verurteilt. Er stirbt im Juni 2019.

2013: US-Präsident Obama besucht den Nahen Osten und trifft auch den Premierminister Israels, Netanjahu. Bei einer Rede vor israelischen Studenten, die ihm viel Beifall geben, sagt er u. a.: „Es ist nicht gerecht, dass palästinensische Kinder nicht in ihrem Staat aufwachsen können. Es ist auch nicht gerecht, wenn Siedlergewalt gegen Palästinenser nicht bestraft oder wenn Palästinenser daran gehindert werden, ihr Land zu bebauen."

2016: In den USA wird Donald Trump (*1946) Präsident und verspricht Israels Premierminister Netanjahu „endlich mehr und eindeutige Unterstützung gegenüber den Palästinensern". Inzwischen leben mehr als 600 000 jüdische Siedler in palästinensischen Gebieten, eine Zweistaatenlösung rückt in weite Ferne.

2018: Im Mai feiert Israel den 70. Jahrestag seit der Gründung des Staates. Für die meisten Palästinenser ist dies ein Trauertag, der sie an 70 Jahre Vertreibung und viele an ein Leben von nunmehr vier Generationen in Flüchtlingslagern erinnert.
Am 14. Mai lässt US-Präsident Donald Trump die von Tel Aviv nach Jerusalem verlegte US-Botschaft eröffnen, wohl wissend, dass Jerusalem als Hauptstadt ebenso von den Palästinensern beansprucht wird.

2019: Am 9. Oktober wird an Jom Kippur, dem höchsten jüdischen Feiertag, ein Anschlag auf die Synagoge von Halle verübt. Ein Blutbad wird nur verhindert, weil die Eingangstür den Schüssen des Attentäters Stephan Balliet (*1992) standhält. Er ermordet danach zwei Menschen und schießt auf weitere. Stephan Balliet wird im Dezember 2020 u. a. wegen „zweifachen Mordes, vielfachen Mordversuchs und Volksverhetzung" zu lebenslanger Haft verurteilt.

2020: Gegen Ende seiner Amtszeit präsentiert US-Präsident Trump als Erfolg seiner Verhandlungen, dass nach Ägypten (1978) und Jordanien (1994) weitere vier arabische Staaten nach Jahrzehnten der Feindschaft Israels Existenzrecht anerkennen und diplomatische Beziehungen aufnehmen: Bahrein, die Vereinigten Arabischen Emirate, Sudan und Marokko.
Im November lässt er US-Außenminister Mike Pompeo (*1963) erklären, dass die „jüdischen Siedlungen [in palästinensischen Gebieten] durchaus als legal anerkannt werden können."

Trump verliert die Wahlen am 3. November, sein Nachfolger als US-Präsident wird ab 20. Januar 2021 Joe Biden (*1942), der ehemalige Vizepräsident unter Obama. Er signalisiert, bei allen Sicherheitsgarantien für Israel, auch die Stimmen der Palästinenser wieder mehr zu hören.

2021: Am 27. Januar – dem Jahrestag der Befreiung des KZ Auschwitz-Birkenau 1945 – wird im Deutschen Bundestag auch an 1 700 Jahre Geschichte der Juden auf dem Gebiet des heutigen Deutschlands erinnert. Im Jahr 321 beurkundete der römische Kaiser Konstantin erstmals nachweislich, dass in Köln Juden öffentliche Ämter bekleiden können. Doch noch immer benötigen die meisten jüdischen Einrichtungen in Deutschland dauerhaften Polizeischutz, und es kommt (statistisch betrachtet) täglich alle halbe Stunde zu einer antisemitischen Straftat.

Am 10. Mai – mitten im Fastenmonat Ramadan – droht das israelische Militär zunächst erneut vier palästinensischen Familien im Ostjerusalemer Stadtteil Sheik Jarrah mit Vertreibung. Gleichzeitig prügeln Soldaten auf Betende bei der Al-Aqsa-Moschee ein. Dies führt zunächst zu lokalen Protesten und dann zu Raketenangriffen der radikalen Hamas aus dem Gazastreifen auf Israel. Die Raketen erreichen erstmals auch Tel Aviv. In den nächsten elf Tagen werden Tausende Raketen aus Gaza abgefeuert, die israelische Armee antwortet mit Vergeltungschlägen, 243 Palästinenser und 12 Israelis kommen zu Tode.

Die Zerstörung im Gazastreifen ist wesentlich größer als die in Israel: Unter anderem stürzen fünf Hochhäuser ein (darunter ein Gebäude, in dem sich mehrere internationale Pressebüros befanden). Die *New York Times* veröffentlicht am 28. Mai die Fotos von 69 Kindern, die Opfer des militärischen Schlagabtausches wurden: 67 aus Gaza und zwei aus Israel.

Die Hamas feiert den durch Ägypten vermittelten und am 21. Mai in Kraft getretenen Waffenstillstand trotzdem als Sieg: Die Welt wurde erneut auf den Nahost-Konflikt aufmerksam, und in vielen Ländern kommt es zu Demonstrationen für Palästina, allerdings nicht selten gepaart mit antisemitischer Hetze. In Israel selbst gibt es erstmals auch

Straßenkämpfe und sogar Lynchmorde an arabischen und jüdischen Bürgern.

Israels Premierminister Netanjahu erhält nach uneindeutigen Wahlergebnissen mitten im Bemühen, eine neue Regierung zu formen, zunächst breite Zustimmung in dieser militärischen Auseinandersetzung und kann von gegen ihn vorliegende Anklagen wegen Korruption ablenken. Anfang Juni jedoch gelingt es dem liberalen Oppositionsführer Yair Lapid (*1963), eine Regierung mit dem den Siedlern nahestehenden Naftali Bennett (*1972) zu bilden. Dies in einem breiten Bündnis, dem zum ersten Mal in der Geschichte Israels auch Abgeordnete der Vereinigten Arabischen Liste angehören sollen. Das Amt des Premierministers soll nach zwei Jahren von Natfali Bennett an Yair Lapid übergehen. Am 13. Juni wird diese neue Regierung denkbar knapp vom Parlament, der Knesset, mit 60 zu 59 Stimmen bestätigt.

2022: Die Regierung Bennet-Lapid hat nur Bestand bis Ende 2022: Nach vorgezogenen Wahlen wird ab 29. Dezember zum dritten Mal Benjamin Netanjahu Premierminister in einer Koalition mit erstmals rechtsextremen Parteien, die einen palästinensischen Staat ablehnen und die Verfassung dahin gehend ändern wollen, dass das Oberste Verfassungsgericht weniger Rechte und die neue rechtsextreme Regierung mehr Macht bekommen soll.

2023: Gegen dieses Vorhaben der Verfassungsänderung kommt es zu den größten Protestdemonstrationen seit Bestehen Israels, u. a. unter dem Motto „Wir wollen unter keinem Diktator leben!". Rund eine Million Menschen (von weniger als zehn Millionen Einwohner*innen in Israel) demonstriert regelmäßig Samstagabend für Samstagabend gegen die geplante Justizreformen und die Regierung Netanjahu.

Netanjahu sieht sich mehrmals gezwungen, die Umsetzung seines Vorhabens zu verschieben. Im Juli setzt er trotzdem den ersten Teil seiner Pläne in einer Knesset-Abstimmung durch, wonach das Verfassungsgericht ein Vetorecht verliert bei Vorhaben der Regierung, die es als „nicht verfassungskonform" beurteilt.

Justizminister Yariv Levin (*1969) erklärt mehrfach öffentlich, dass es kein Recht auf einen Staat Palästina gibt und dass er die „Ansiedlung einer weiteren Million Juden“ in den Gebieten, die die UNO den Palästinenser*innen zuerkannt hat, unterstützt.

Am 7. Oktober überwinden, völlig überraschend selbst für den israelischen Geheimdienst, Hamas-Kämpfer aus dem Gazastreifen die Absperrungen an der Grenze zu Israel und ermorden auf grausame Weise über 1 100 Menschen, die meisten israelische Zivilisten, davon einige Hundert junge Menschen auf einem Open-Air-Musikfestival. Etwa 250 Menschen werden als Geiseln in den Gazastreifen verschleppt. Die israelische Armee beginnt umgehend, den Gazastreifen zu bombardieren mit dem erklärten Ziel, „die Hamas für immer zu vernichten“. Die Bewohner*innen von Gaza-Stadt im Norden werden aufgefordert, zur eigenen Sicherheit Richtung Süden zu fliehen. Innerhalb weniger Wochen sind von den rund 2,1 Millionen Menschen im Gazastreifen die allermeisten, etwa 1,9 Millionen, auf der Flucht. Israels Regierung schließt alle Übergänge sowie die Versorgung des Gazastreifens mit Wasser, Strom, Benzin, Nahrungsmitteln und Medikamenten weitgehend ab.

Die Flucht nach Süden bedeutet allerdings keine garantierte Sicherheit für die Menschen im Gazastreifen. Während die Hamas Ziele in Israel beschießt, bombardiert Israels Armee auch Krankenhäuser, Schulen und selbst Flüchtlingsunterkünfte der Vereinten Nationen in Gaza. Die israelischen Armeesprecher betonen immer wieder, dass die Hamas Zivilisten als „Schutzschilde“ für Waffenlager und Kommandozentralen missbraucht und dass zivile Einrichtungen der Hamas als Verstecke dienen. Ein weitverzweigtes Tunnelsystem der Hamas im Gazastreifen wird bislang nur deshalb nicht geflutet, da dort auch noch nicht befreite Geiseln vermutet werden.

Ende November werden während einer nur wenige Tage dauernden Feuerpause etwas mehr als 100 Geiseln, vor allem Frauen, Kinder und alte Menschen, gegen knapp 200 palästinensische Gefangene aus Israel ausgetauscht. Danach geht der Krieg weiter. Die israelische Armee rückt mit einer Bodenoffensive in Gaza vor und greift auch Ziele im Süden des Gazastreifens an, wohin Hunderttausende flohen.

Der Sicherheitsrat der UNO sowie deren Vollversammlung fordern von Israel und der Hamas mehrfach einen Waffenstillstand und Verhandlungen. Nach mehreren Versuchen sind bisher alle Verhandlungen gescheitert.
Ende des Jahres sind mehr als 18 000 Menschen im Gazastreifen getötet, fast alle von ihnen Zivilisten. Auf Israels Seite haben nach Angabe der Militärführung etwas mehr als 430 Soldat*innen ihr Leben gelassen.

2024: Südafrikas Regierung unter Präsident Cyril Ramaphosa überrascht die Weltöffentlichkeit mit einem Antrag beim Internationalen Gerichtshof (IGH) in Den Haag, Israel wegen Völkermordes an Palästinenser*innen im Gazastreifen anzuklagen, über den UNO-Sicherheitsrat einen sofortigen Waffenstillstand durchzusetzen und humanitäre Hilfe für Zivilist*innen zu erlauben. Südafrika wirft Israel vor, ein Apartheidsregime etabliert zu haben, und verweist dabei auf seine eigene Vergangenheit.
Israel, die USA und Deutschland lehnen den Antrag Südafrikas als „haltlos“, „antisemitisch“ und „allein politisch“ motiviert ab, während der Antrag vor allem aus Ländern des globalen Südens wie Brasilien oder Indonesien Unterstützung erfährt. Der IGH akzeptiert den Antrag Südafrikas und erlaubt zwei Tage Anhörungen am 11. und 12. Januar.
Am 26. Januar entscheidet der IGH zwar nicht über die Anklage des Völkermords, fordert jedoch von der Regierung Israels, bei allem „Recht auf Selbstverteidigung“ die Zivilbevölkerung besser zu schützen und zu versorgen.
In von unabhängigen Organisationen wie dem Internationalen Roten Kreuz oder Ärzte ohne Grenzen bestätigten Zahlen hatte Südafrika belegt, dass in den drei Monaten seit dem 7. Oktober 2023 durchschnittlich alle 15 Minuten ein Kind im Gazastreifen getötet wurde. In absoluten Zahlen seien von den bis jetzt getöteten 23 210 Palästinenser*innen mindesten 70 Prozent Frauen und Kinder. Bis Anfang April hat sich die Zahl der getöteten palästinensischen Zivilisten auf über 33 000 erhöht, und ein Ende der Waffengewalt ist nicht abzusehen.
Im Februar bemüht sich auch US-Außenminister Antony

Blinken zunehmend um einen Waffenstillstand, allerdings ohne Erfolg. Israels Premierminister Netanjahu hält daran fest, die Hamas komplett vernichten zu wollen.
Trotz internationaler Warnungen, darunter auch von Verbündeten Israels wie den USA und Deutschland, attackiert Israels Armee am 11. Februar erstmals das Flüchtlingslager Rafah im Süden des Gazastreifens, wobei in der ersten Nacht bereits 37 Zivilisten getötet werden. Die Hamas-Führung bricht daraufhin Verhandlungen über die Freilassung der letzten ca. 100 israelischen Geiseln ab. In Tel Aviv fordern Hunderttausende israelische Demonstranten den Rücktritt von Netanjahu.
Am 9. März erklärt US-Präsident Joe Biden in einem Fernsehinterview: „Meiner Meinung nach schadet Netanjahu Israel mehr, als dass er dem Land nützt." Auch die USA unterstützen fortan die internationalen Bemühungen, Gazas Bevölkerung mit Hilfe zu versorgen, nachdem die ersten an Hunger gestorbenen Kinder gemeldet worden sind. Helikopter werfen Pakete über Gaza ab, und Schiffe sollen von Zypern aus mittels eines provisorischen Hafens vor der Küste des Gazastreifens weitere Hilfsgüter anliefern. Allerdings erreichen auf diese umständliche Weise sehr viel weniger Pakete die Notleidenden, als es mit Lastwagen auf dem Landweg möglich wäre.
Die Lage ist nach wie vor mehr als ernst, und ein stabiler Waffenstillstand, gar ein akzeptierter Plan für eine Zweistaatenlösung bleibt in weiter Ferne.

Quellen

Sämtliche Lebensgeschichten in diesem Buch basieren auf historischer Forschung.

Die Aussagen der biblischen Figuren Hagar, Aaron, Barak, Michal, Batseba, Esther und Josef sind nach verschiedenen Übersetzungen alt- wie neutestamentarischer Texte gestaltet. Die Aussagen von Moses ben Maimon (Maimonides), Baruch de Spinoza und Moses Mendelssohn sind nach hinterlassenen Briefen und anderen persönlichen Aufzeichnungen frei formuliert. Die Figur der Enkeltochter des Mainzer Gelehrten Gerschom ben Jehuda ist erfunden, ihre Aussagen über ihn und die geschilderten Ereignisse dagegen nach Zeitdokumenten recherchiert. Ebenso erfunden sind das Mädchen Chawa Sejdel aus New York sowie die junge Frau Riwka Grynberg aus Palästina, deren Aussagen aus verschiedenen historischen Dokumenten zusammengestellt sind.

Die Ringparabel ist nacherzählt aus Gotthold Ephraim Lessings *Nathan der Weise* (3. Aufzug, 7. Auftritt), Berlin 1779. Wörtlich zitiert wurde aus Theodor Herzls Buch *Der Judenstaat,* Wien 1896, hier nach der 9. Auflage 1933: S. 5, 8, 30-36, aus *Das Tagebuch der Anne Frank,* Frankfurt am Main 1979 (49. Auflage), S. 36-37 sowie aus dem Bericht des Journalisten Amnon Kapeliuk *Rabin – ein politischer Mord,* Heidelberg 1997, S. 11, 15, 44, 75-76.

Die Darstellung der Lebensläufe von Golda Meir, David Ben-Gurion und Hannah Arendt basieren auf verschiedenen biographischen und autobiographischen Publikationen. Die Zitate von Esther Bejarano stammen aus Interviews von Jens Michelsen und mir und sind veröffentlicht in dem Heft *Man nannte mich Krümel,* Hamburg 1989; die Zitate sowie weitere biographische Einzelheiten über Herschel Grynszpan, Jacob Gens und das Ghetto Wilna, Dalia Landau und Bashir el Khayri sind nachzulesen in meinen Büchern *Der Attentäter* (über Herschel Grynszpan), *Der Partisan* (über Hirsch Glik und das Ghetto Wilna) und *Aufstand im Gelobten Land - Erkundungen zur Intifada* (u. a. über Dalia Landau und Bashir el Kayri).

Dank an Ruth Weiss, Rozette Kats, Michel Bergmann und Marina Weisband für die Erlaubnis, ihre Stellungnahmen von Anfang 2021 in diesem Buch zu veröffentlichen. Ebenfalls Dank an Kerstin Streich für kritisches Lesen.

Alle Illustrationen basieren auf historischen Zeichnungen, Gemälden und Fotografien. Die Rechte für die gestalteten Abbildungen liegen bei der Illustratorin Renate Schlicht.

LvD

Register